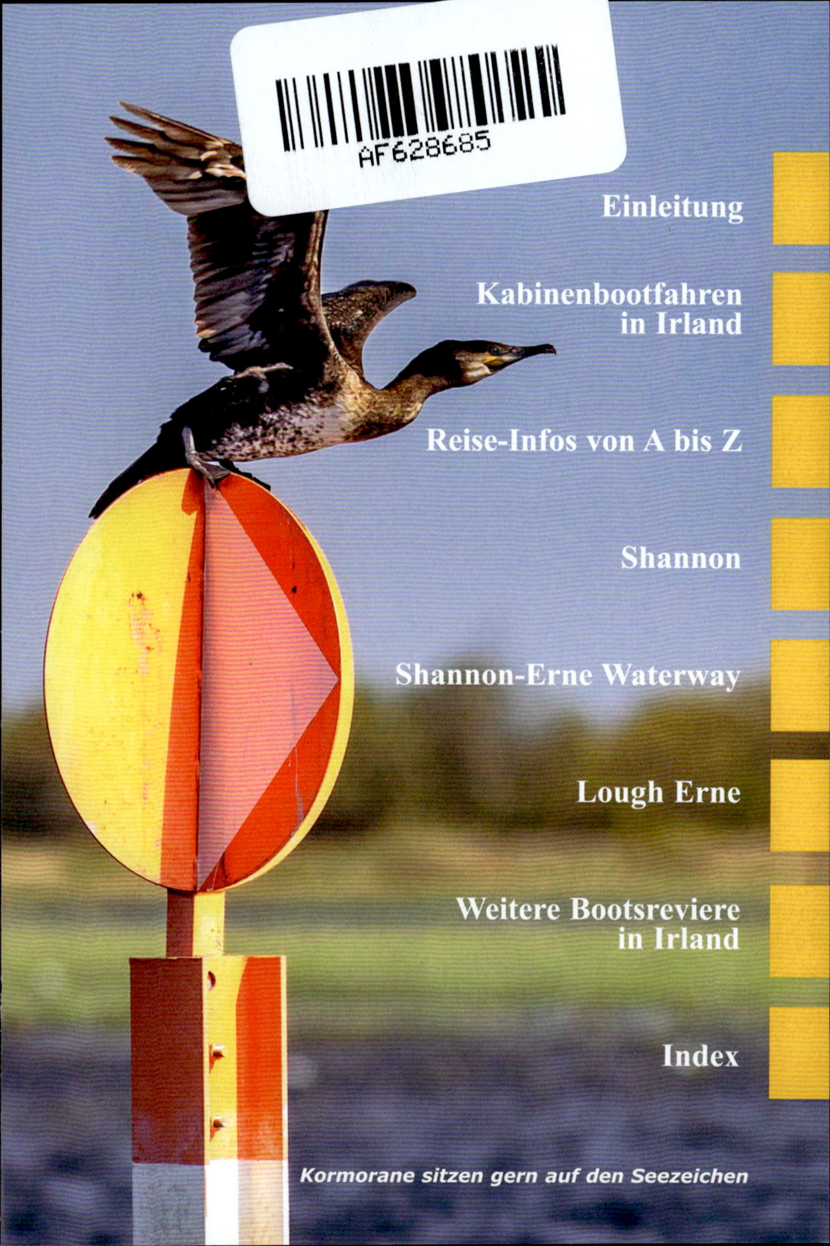

Kormorane sitzen gern auf den Seezeichen

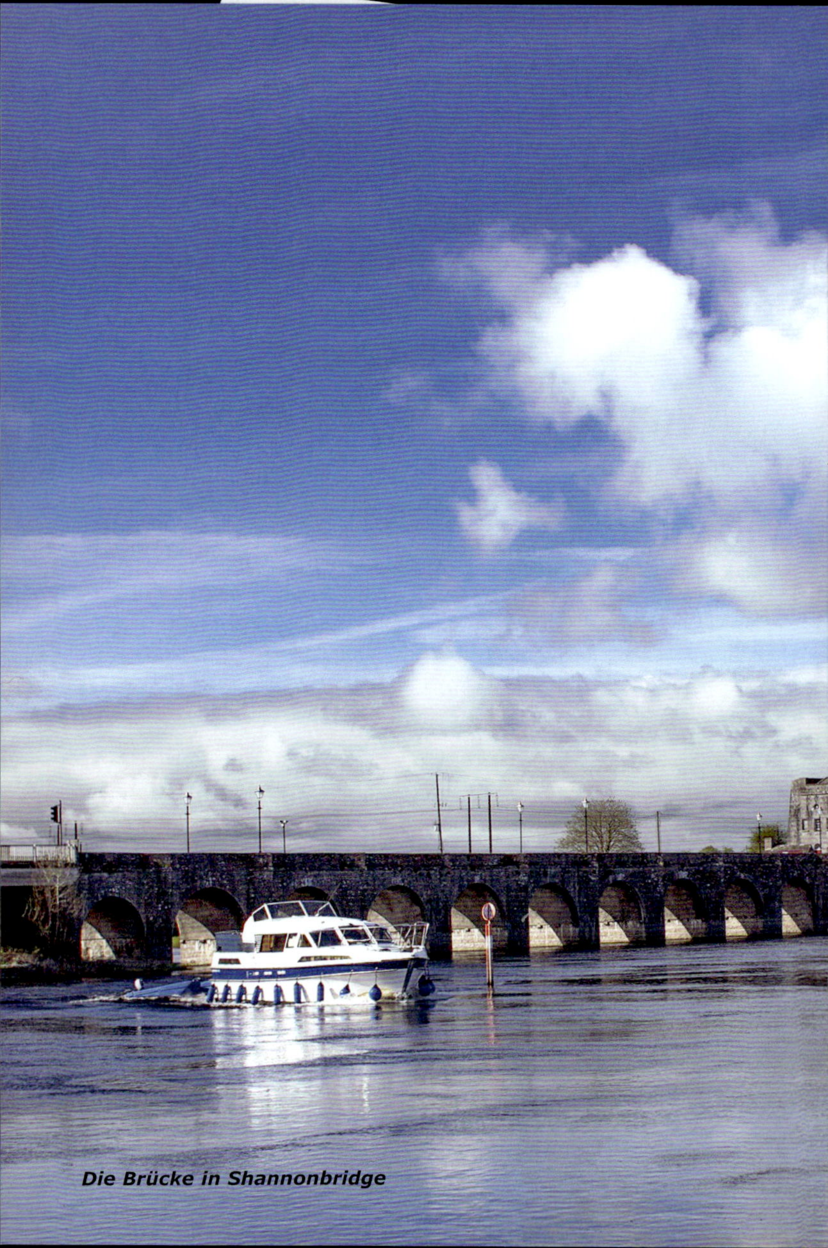

Die Brücke in Shannonbridge

Band 53

OutdoorHandbuch

Hartmut Engel

Irland: Shannon-Erne

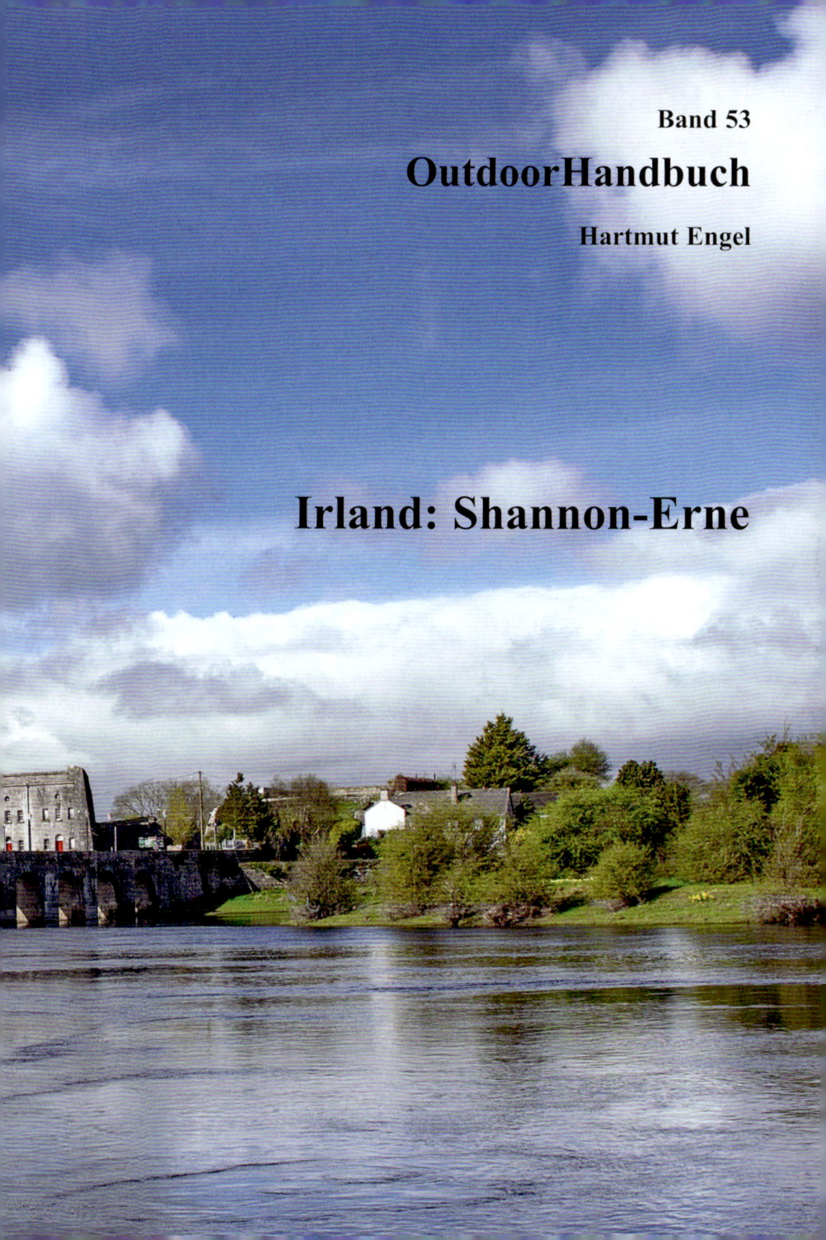

Irland: Shannon-Erne

Der Autor und der Verlag sind für Lesertipps und Verbesserungen (besonders per E-Mail) unter Angabe der Auflagen- und Seitennummer dankbar.

Dieses OutdoorHandbuch hat 224 Seiten mit 61 farbigen Abbildungen sowie 16 farbigen Kartenskizzen im Maßstab 1:270.000, 5 farbigen Stadtplänen und einer farbigen, ausklappbaren Übersichtskarte. Es wurde auf chlorfrei gebleichtem, FSC®-zertifiziertem Papier gedruckt, in Deutschland klimaneutral hergestellt und transportiert und wegen der größeren Strapazierfähigkeit mit PUR-Kleber gebunden.

FSC
www.fsc.org
MIX
Papier aus verantwortungsvollen Quellen
FSC® C009051

Klimaneutral
Druckprodukt
ClimatePartner.com/10951-2007-1005

Dieses Buch ist im Buchhandel und in Outdoor-Läden erhältlich und kann im Internet oder direkt beim Verlag bestellt werden.

OutdoorHandbuch aus der Reihe „Der Weg ist das Ziel", Band 53

ISBN 978-3-86686-664-5 6., überarbeitete Auflage 2020

Text: Hartmut Engel
Fotos: Hartmut Engel, Dr. A. Köder (ak)
Karten: Heide Schwinn
Lektorat: Anna-Lena Ebner
Layout: Alexandra Sauerland und Manuela Dastig

Gesamtherstellung: gutenberg beuys feindruckerei

Dieses OutdoorHandbuch wurde konzipiert und redaktionell erstellt vom:

Conrad Stein Verlag GmbH, Kiefernstr. 6, 59514 Welver,
☏ 023 84/96 39 12, FAX 023 84/96 39 13,
info@conrad-stein-verlag.de,
www.conrad-stein-verlag.de

Besuchen Sie uns bei Facebook & Instagram:

www.facebook.com/outdoorverlag

www.instagram.com/outdoorverlag

Titelfoto: Vom Anleger aus hat man einen wunderbaren Blick auf Clonmacnoise (📷 Waveline Cruisers)

Inhalt

Vorwort

Die vorliegende 6. Auflage des OutdoorHandbuchs über Hausbootfahren auf dem Shannon, dem Shannon-Erne Waterway und dem Erne sowie den angrenzenden Gewässern wurde komplett überarbeitet, neu gestaltet und mit zahlreichen aktuellen Ergänzungen und Korrekturen versehen.

Dieses Buch ist kein Navigationsführer. Ein aktuelles **Captain's Handbook** erhalten Sie bei der Übernahme des Bootes ohnehin. Das OutdoorHandbuch erschließt Ihnen vielmehr die Gegend um den Shannon mit seinen Seen und schiffbaren Nebenrevieren (Shannon Navigation) sowie Lough Erne (Erne System) und den Shannon-Erne Waterway.

Es enthält vielfältige Informationen über Ortschaften und Sehenswürdigkeiten entlang der Ufer und bietet wichtige Tipps und Hinweise zu Möglichkeiten der Versorgung mit Lebensmitteln, Wasser und Diesel sowie zu Pubs und Restaurants. Darüber hinaus zeigt Ihnen das Buch, was Sie sonst noch entlang des Shannon und Erne unternehmen können.

Da viele „Freizeitkapitäne" auf ihren gemieteten Kreuzern auch Fahrräder mitnehmen, sind die Tipps und Hinweise nicht nur auf Ortschaften beschränkt, die direkt mit dem Boot oder durch einen kleinen Fußmarsch erreicht werden können, sondern umfassen auch interessante Plätze, die bei einem kleinen Radausflug zu erkunden sind.

Die Detailkarten im Buch sind nicht zur Navigation auf den Gewässern geeignet. Sie enthalten vielmehr Informationen in einem größeren Rahmen. Detaillierte Navigationskarten erhalten Sie zusammen mit dem Captain's Handbook bei der Übernahme Ihres Schiffes.

In den Karten dieses OutdoorHandbuchs sind alle schiffbaren Gewässer eingezeichnet. Um auch die Orientierung an Land zu ermöglichen, wurden alle Hauptverkehrs- und Regionalstraßen sowie sonstige Straßen aufgenommen, wenn sie zu im Buch beschriebenen Orten oder Sehenswürdigkeiten führen. Für Eisenbahnbenutzer sind die Eisenbahnlinien (außer reine Werkbahnen) mit den zugehörigen Bahnhöfen eingezeichnet. Von einigen wichtigen Orten und Städten wurden Stadtpläne aufgenommen, um Besichtigungen und Besorgungen zu erleichtern.

Das Jahr 2020, in dem ich dieses Buch überarbeitet habe, hat große, ja dramatische Einschnitte für unser aller Leben mit sich gebracht. Da war zunächst der Ende 2019 vollzogene Brexit, der vor allem, aber nicht nur, den nordirischen Teil der grünen Insel betrifft. Welche Auswirkungen er nach dem Jahr 2020 hat, in dem zunächst einmal alles bleibt wie es war, bleibt abzuwarten.

Gegen dieses Szenario war das, was dann mit dem Corona-Virus über die Weltbevölkerung hereinbrach, nur ein Kinderspiel. Wie sich diese Pandemie auf unser aller Leben auswirken wird, war zum Zeitpunkt der Abfassung des Manuskriptes noch nicht einmal in Ansätzen zu erahnen. Auf jeden Fall sollten Sie damit rechnen, dass von den im Reiseteil aufgeführten Geschäften, Restaurants, Pubs oder auch Chartergesellschaften einige möglicherweise aufgeben mussten.

Hartmut Engel im Frühjahr 2020

Danke

Ich danke Anita und Sven Neubert von Hausboot Irland, die mir auch diesmal wieder mit Rat und Tat zur Seite standen. Mein ganz besonderer Dank gilt Herrn Dr. Albrecht Köder, einen intimen Kenner des Erne, der mir umfangreiches Material über dieses Fahrtgebiet zur Verfügung gestellt hat und ohne den dieses Buch nicht das geworden wäre, was es ist.

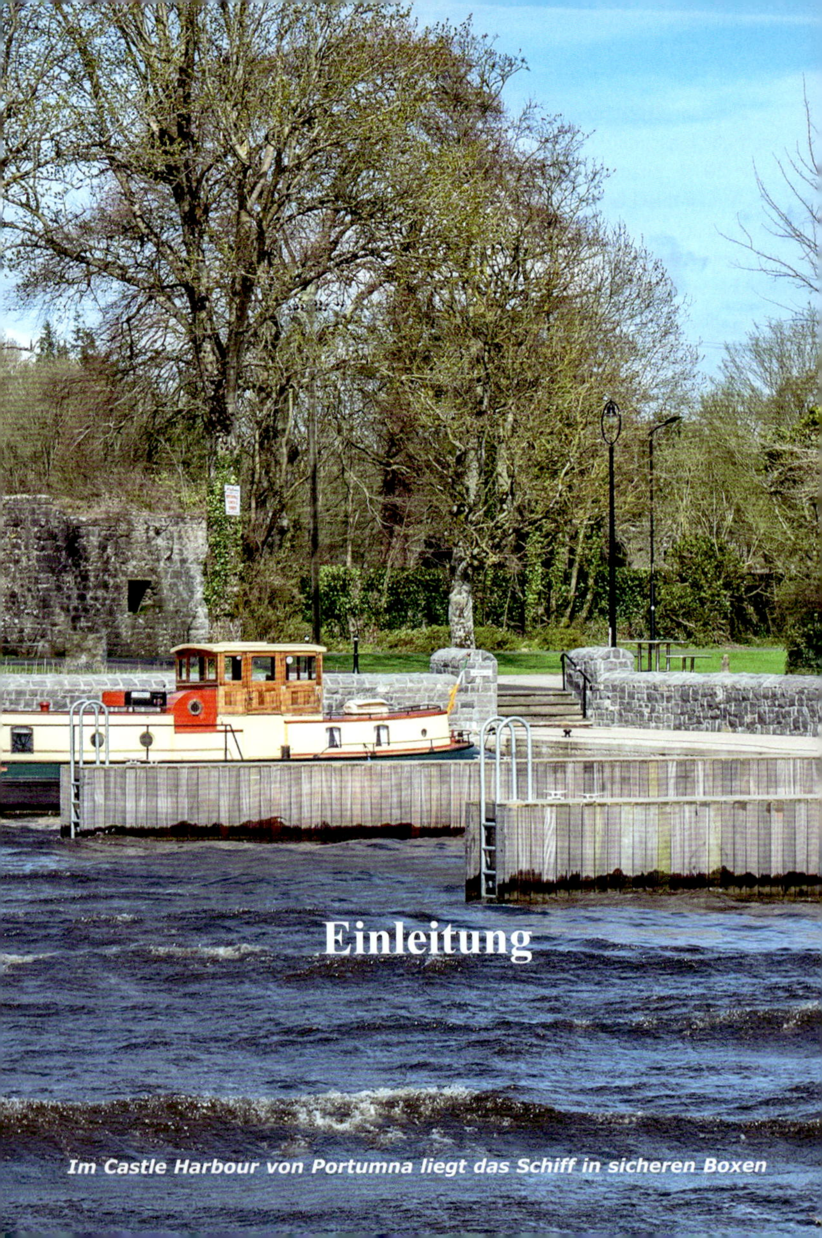

Einleitung

Im Castle Harbour von Portumna liegt das Schiff in sicheren Boxen

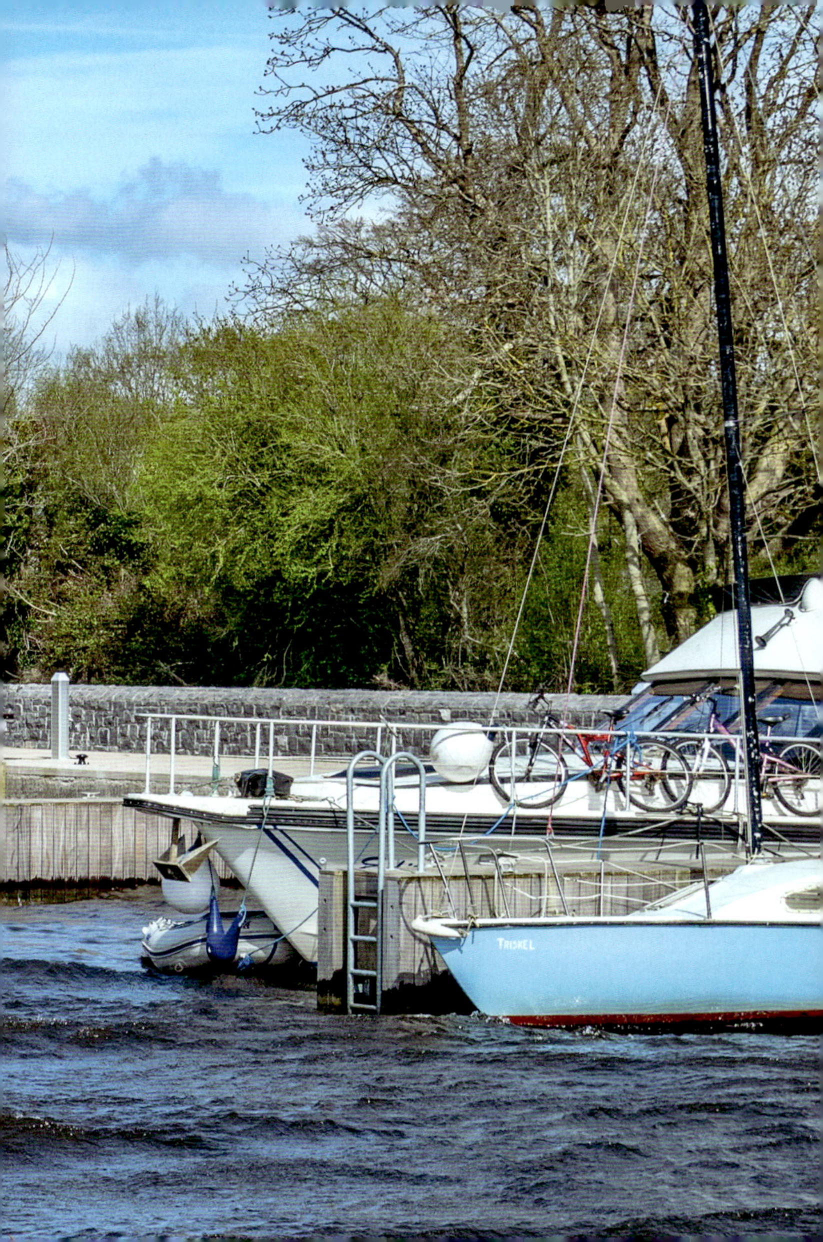
TRISKEL

Shannon und Erne

Der River Shannon und die beiden großen Seen des Erne sind seit langer Zeit die beliebtesten Reviere für Bootsurlaub in Irland und Europa. Jährlich kommen Tausende von Touristen, davon ein großer Teil aus Deutschland, um auf den Flüssen, Kanälen und Seen als „Freizeitkapitäne" gemächlich schippernd den Urlaub zu verbringen.

Einige sind nur auf den Gewässern, um im „Anglerparadies Irland" ihrem Hobby nachgehen zu können. Die meisten Urlauber aber kommen, um tagsüber in Ruhe Natur und Landschaft zu erkunden und auf sich wirken zu lassen und abends gemütlich am Torffeuer in einem Pub mit irischer Livemusik ein Pint Guinness zu trinken.

Flüsse und Seen sind in Irland seit langer Zeit als Transport- und Handelswege genutzt worden. Dies gilt insbesondere für den Shannon, der auch als **Irlands historischer Highway** bezeichnet wird, und den River Erne.

Im Zuge des sich entwickelnden Warentransportes im letzten Jahrhundert wurden viele Flüsse schiffbar gemacht und neue Kanäle geschaffen, um getrennte Systeme miteinander zu verbinden.

Auch Shannon und Erne verband man durch einen Kanal miteinander und erhoffte sich dadurch einen günstigen Transportweg. Allerdings war diese Verbindung von Anfang an ein Reinfall, sodass sie schon nach wenigen Jahren wieder aufgegeben und mehr als hundert Jahre nicht genutzt wurde (☞ Shannon-Erne Waterway). Das gleiche Schicksal ereilte die meisten in Irland geschaffenen Wasserwege. Schuld war der Bau von Eisenbahnverbindungen, die die Wasserwege unrentabel machten.

Erst zum Ende des letzten Jahrhunderts bemerkte man, dass die alten Wasserwege ein lukratives Geschäft für die **Tourismusbranche** werden könnten – und so wurden sie neu entdeckt. In rasantem Tempo restaurierte man die wichtigsten Wasserstraßen und gab sie für Touristenboote frei. Dazu gehören z. B. der Grand Canal, der Royal Canal, Lough Allen, der River Suck und der 1994 wiedereröffnete Shannon-Erne Waterway, der den Shannon mit dem Erne verbindet.

Mit dem Shannon, dem Grand Canal und dem von Letzterem nach Süden führenden System des River Barrow, dem Upper und Lower Lough Erne sowie dem Shannon-Erne Waterway haben Sie die Möglichkeit, die Insel fast in ihrer gesamten Länge und Breite zu durchqueren.

Geografie

Irland gehört ebenso wie England, Wales und Schottland zum **europäischen Festlandsockel**. Erst nach der letzten Eiszeit wurden die Britischen Inseln vom europäischen Kontinent getrennt. Durch das Abschmelzen der Gletscher und den damit verbundenen Anstieg des Wasserspiegels der Weltmeere vor etwa 6.000 Jahren wurden die tiefer gelegenen Gebiete wie die heutige Nordsee und die Irische See überflutet.

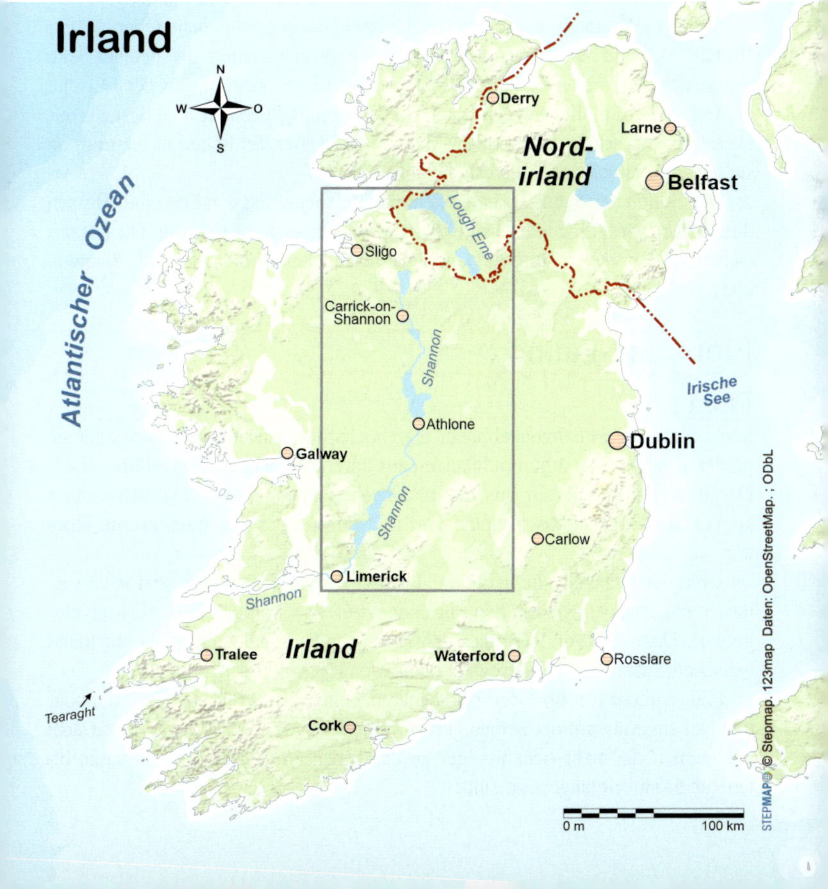

Im Osten der Insel trennt die **Irische See** Irland von Großbritannien. An der schmalsten Stelle ist sie weniger als 20 km breit. Im Süden, Westen und Norden grenzt Irland an den **Atlantischen Ozean**. Die gesamte Küstenlinie ist etwa 3.200 km lang. Im Atlantik, westlich vor der Dingle-Halbinsel, liegt mit der kleinen Insel Tearaght der westlichste Punkt Europas.

Irland hat eine Gesamtfläche von etwa 84.000 km², wovon 70.000 km² auf die Republik Irland entfallen. Zum Vergleich: Der Freistaat Bayern ist mit einer Fläche von ebenfalls 70.000 km² etwa gleich groß. Die maximale Nord-Süd-Ausdehnung beträgt 486 km, die größte West-Ost-Ausdehnung 285 km.

Aus dem Weltraum betrachtet, hat die Insel eine ungewöhnliche Oberflächenstruktur. Sie kann mit einer flachen Schüssel verglichen werden, die an einer Seite einen Ausgießer hat. Der Rand der Schüssel wird von dem nur an der Ostseite um Dublin herum offenen Felskranz der **Küstengebirge** gebildet. Die Berge erreichen zwar nur selten die 1.000-m-Marke, wirken aber viel höher als sie sind, da sie unvermittelt fast aus Meereshöhe aufsteigen.

Der Boden der Schüssel ist die **zentrale Tiefebene**, die von Seen und Flüssen durchzogen wird. Prägendes Landschaftsmerkmal sind die **Torfmoore**. Dies ist das Gebiet, in dem die im OutdoorHandbuch behandelten Bootsreviere des Shannon und Erne liegen.

Flora und Fauna

Flora

Irland ist für den Pflanzenliebhaber eine höchst interessante Insel, vereinigt sie doch auf relativ engem Raum Pflanzen aus unterschiedlichen Vegetationszonen. Dominierend sind Arten aus der **atlantischen Pflanzenwelt**. Darüber hinaus kommt aber auch **arktisch-alpine** und im Südwesten sogar **mediterrane Flora** vor.

Viele der Pflanzen, die heute das Landschaftsbild bestimmen, sind nicht heimisch, sondern wurden von den Engländern zur Verschönerung ihrer Gärten eingeführt. Dazu gehören z. B. die Fuchsien, die entlang der Straßen die für Irland typischen, mannshoch wachsenden blühenden Hecken bilden.

Während der Fahrt mit dem Kabinenkreuzer auf dem Shannon, dem Erne oder den Nebengewässern der beiden Flüsse werden Sie vor allem Pflanzen zu Gesicht bekommen, die mehr oder weniger an das Leben im Wasser oder an nasse bis feuchte Standorte angepasst sind.

Das Gebiet zwischen Portumna und Athlone entlang des Shannon wird **The Callows** genannt. Es wird im Herbst und Winter regelmäßig bis zu 2 m hoch und mehr überschwemmt, während es im Sommer trocken wird und als Heuwiese und Weideland für Rinder genutzt wird. Es ist bisher nie trockengelegt oder gepflügt oder sonst wie bearbeitet worden, sodass sich die Vegetation seit mehr als tausend Jahren erhalten konnte. Direkt am Ufer befindet sich zumeist ein Reetgürtel, der in einen Bereich von Riedgrasgewächsen übergeht. Vereinzelt befinden sich dicke Grasbüschel auf den Weiden, die u. a. mit Löwenzahn durchsetzt sind.

Wenn Sie sich eingehend mit diesem Thema beschäftigen möchten, dann empfehle ich eines der vielen auf dem Markt befindlichen Pflanzenbestimmungsbücher. Ein Nachteil der deutschsprachigen Bücher ist dabei in der Regel, dass sie sich nicht auf irische Arten beschränken und so eine Fülle von Pflanzen beschreiben, die auf der Insel gar nicht vorkommen, was zu Verwechslungen führen kann. Nur auf Irland beschränkte Arten, von denen es allerdings sehr wenige gibt, werden Sie in diesen Führern vergeblich suchen.

Wer sich mit der irischen Flora beschäftigen möchte, dem seien folgende englischsprachige Bücher empfohlen:

- **Flora Hibernica: The wild flowers, plants and trees of Ireland** von Jonathan Pilcher & Valerie Hill, ISBN 978-179043562-9, ca. € 24
- **The Wildflowers of Ireland** von Zoe Devlin, ISBN 978-184889202-6, als Taschenbuch ca. € 16
- **Collins Wild Flower Guide** von David Streeter, ISBN 978-000815675-6, als Taschenbuch ca. € 24,50

Fauna

Die Fauna Irlands ist durch Gegensätze gekennzeichnet. So gibt es z. B. unter den wirbellosen Tieren, wie Insekten, Krebsen oder Weichtieren, eine große Arten- und zum Teil auch Individuenzahl. Säugetiere sind dagegen nur mit weniger als 30 Arten vertreten.

Während es nur eine einzige Reptilienart und nur ganz wenige Amphibien auf der Insel gibt, ist der **Fischreichtum**, was die Vielfalt der Arten und die Anzahl der Individuen betrifft, weit über Irland hinaus bekannt. Übertroffen werden die Fische aber noch von der Vogelwelt Irlands. Etwa 400 Vogelarten, davon 135 Brutvogelarten, wurden auf der Insel beobachtet. Damit gehört Irland zu den vogelreichsten Gebieten Europas.

Irland hat inzwischen **mehr als 70 Vogelschutzgebiete**, und immer wieder werden neue ausgewiesen. Bekannt sind vor allem die großen Seevogelkolonien an den Küsten. Aber auch im Binnenland kommt eine große Anzahl an Vögeln vor, darunter auch sehr seltene Arten. So brütet z. B. der in weiten Gebieten Europas ausgerottete, sehr scheue Wachtelkönig in Irland noch an vielen Stellen, darunter auch am Shannon. Viele Arten von Zugvögeln, die von Island, Grönland und Osteuropa kommen, überwintern hier. Sie halten sich besonders auf den Heuwiesen und Viehweiden – den sogenannten **Callows**, (☞ Fauna) – zwischen Portumna und Athlone auf, darunter Rauch-, See-, Mehl- und Uferschwalben, Mauersegler, Uferschnepfen sowie die grönländischen Blässgänse (von denen es weltweit nur noch etwa 18.000 gibt).

Imposanteste Wasservögel sind die majestätischen Höckerschwäne, die stellenweise in großer Zahl vorkommen. Sie kreuzen oft keck und furchtlos den Kurs Ihres Bootes. Weil Schwäne nur dort gründeln können, wo die Wassertiefe ihrer Halslänge entspricht, sollten Sie niemals dort fahren, wo Schwäne tauchen.

Auch Kormorane, die mit Vorliebe auf den Seezeichen sitzen, und Graureiher sind häufig zu sehen. Zahlreich sind außerdem Haubentaucher und mit etwas Glück kann man auch den kleineren Zwergtaucher entdecken. Wer Glück hat, kann auch die bunten, flink umherschwirrenden Eisvögel beobachten, die ihre Nisthöhlen in sandige oder lehmige Steilufer graben. An Land fallen vor allem die großen Dohlenkolonien auf, die sich bevorzugt in alten Ruinen und Gemäuern aufhalten.

Durch ein Gesetz aus dem Jahr 1976 sind alle irischen Wildvögel geschützt. Verboten ist es, mit Ausnahme einiger extra erwähnter Arten, sie zu jagen oder auch nur zu stören.

Bei den **Säugern** sind vor allem die an den Ufern der Gewässer lebenden Fischotter hervorzuheben. In weiten Teilen ihres Verbreitungsgebietes in Europa ausgerottet, sind sie in der mittelirischen Tiefebene noch relativ häufig anzutreffen. Die großen Räuber, wie Bär oder Wolf, sind seit Jahrhunderten ausgerottet. Fledermäuse sind unter den Säugetieren mit fast 10 Arten am weitesten verbreitet.

Aufgrund der isolierten Lage der Insel haben sich bei einigen Arten eigenständige Unterarten entwickelt, die sich deutlich von ihren Nachbarn auf den Britischen Inseln oder dem Kontinent unterscheiden. Zu diesen Arten gehört z. B. der Irische Hase, der sich durch sein schokoladenbraunes Fell und die kürzeren Ohren von seinen Artgenossen abhebt.

Die **Reptilien** sind nur durch die Bergeidechse vertreten. Es gibt also **keine Schlangen** in Irland. Diese sind, wenn man der Legende glaubt, vom irischen Nationalheiligen St. Patrick von der Insel vertrieben worden. Weitverbreitet sind

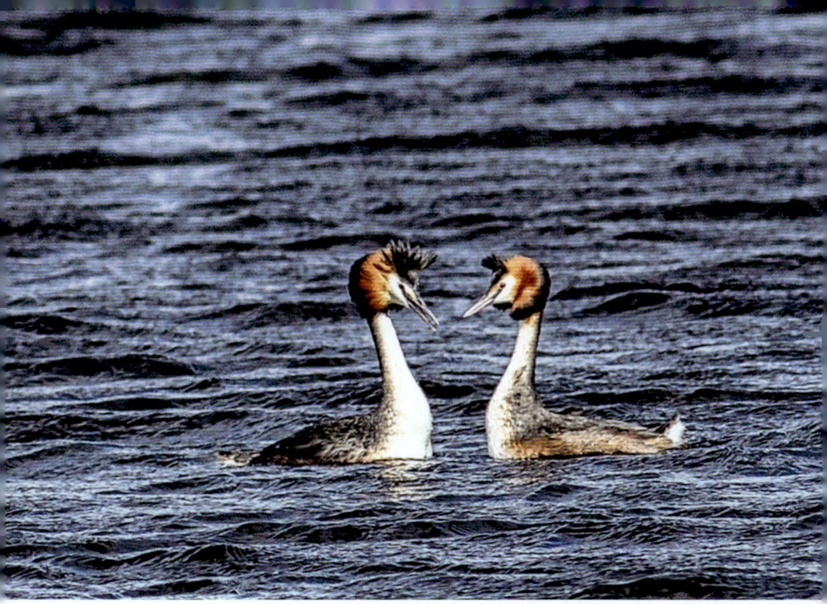

Haubentaucher sind auf Lough Ree nicht selten

die **Amphibienarten** Grasfrosch und Teichmolch. Darüber hinaus kommt im Südwesten noch die Kreuzkröte vor.

Fische kommen, wie oben bereits erwähnt, in großen Mengen vor. Charakteristisch sind die räuberischen Hechte, die bei vielen Anglern besonders beliebt sind. Einige Arten, wie z. B. Regenbogenforelle oder Schleie, gehören aber nicht zur irischen Fauna. Sie sind vor Jahrzehnten ausgesetzt worden und konnten sich im neuen Lebensraum gut behaupten. Weitere Informationen zu Fischarten: ☞ Reise-Infos von A bis Z, Angeln.

▷ Informationen zum Schutz und zu Möglichkeiten, Vögel zu beobachten, erhalten Sie von

♦ **BirdWatch Ireland**, 💻 www.birdwatchireland.ie

▷ Um den Erhalt der Tier- und Pflanzenwelt kümmert sich

♦ **Irish Wildlife Trust**, 💻 www.iwt.ie

📖 **Where to Watch Birds in Ireland** von Paul Milne, Verlag A & C Black, ISBN 978-1408105214, ca. € 22

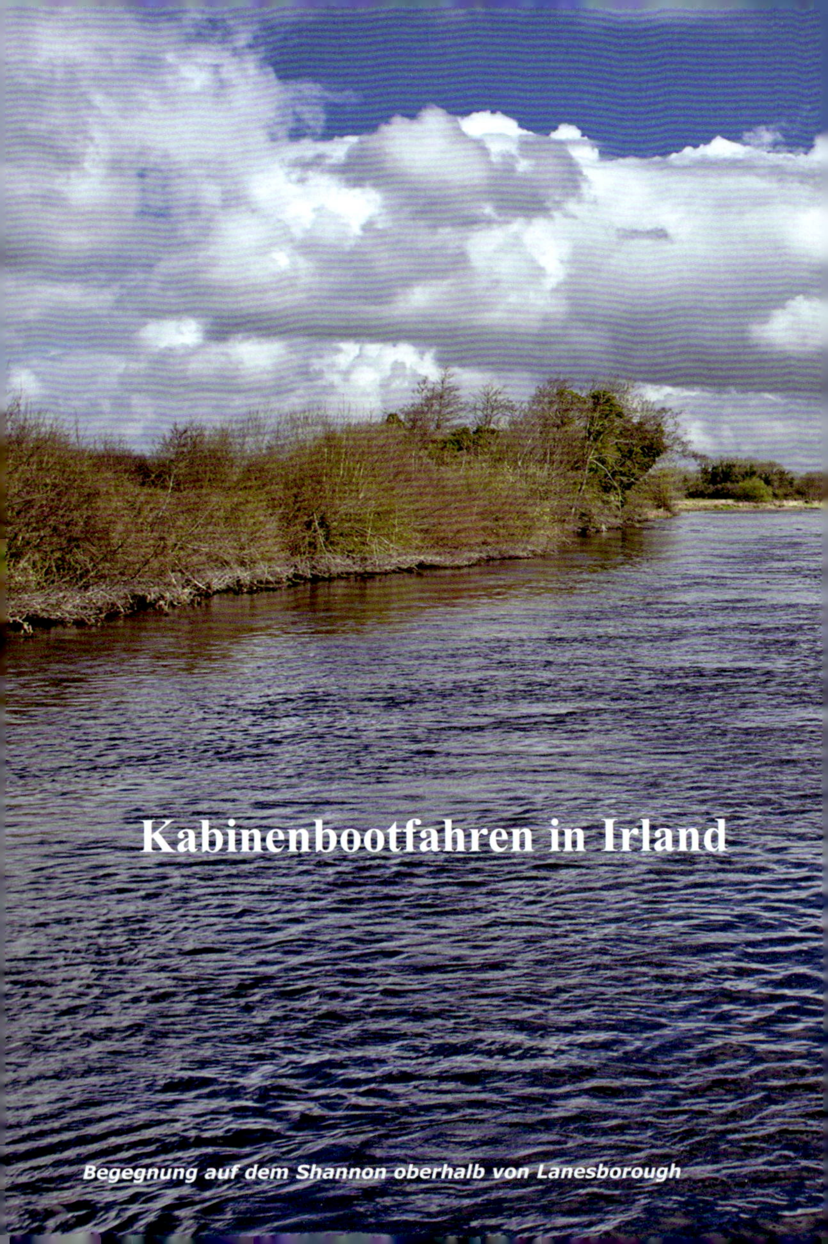

Begegnung auf dem Shannon oberhalb von Lanesborough

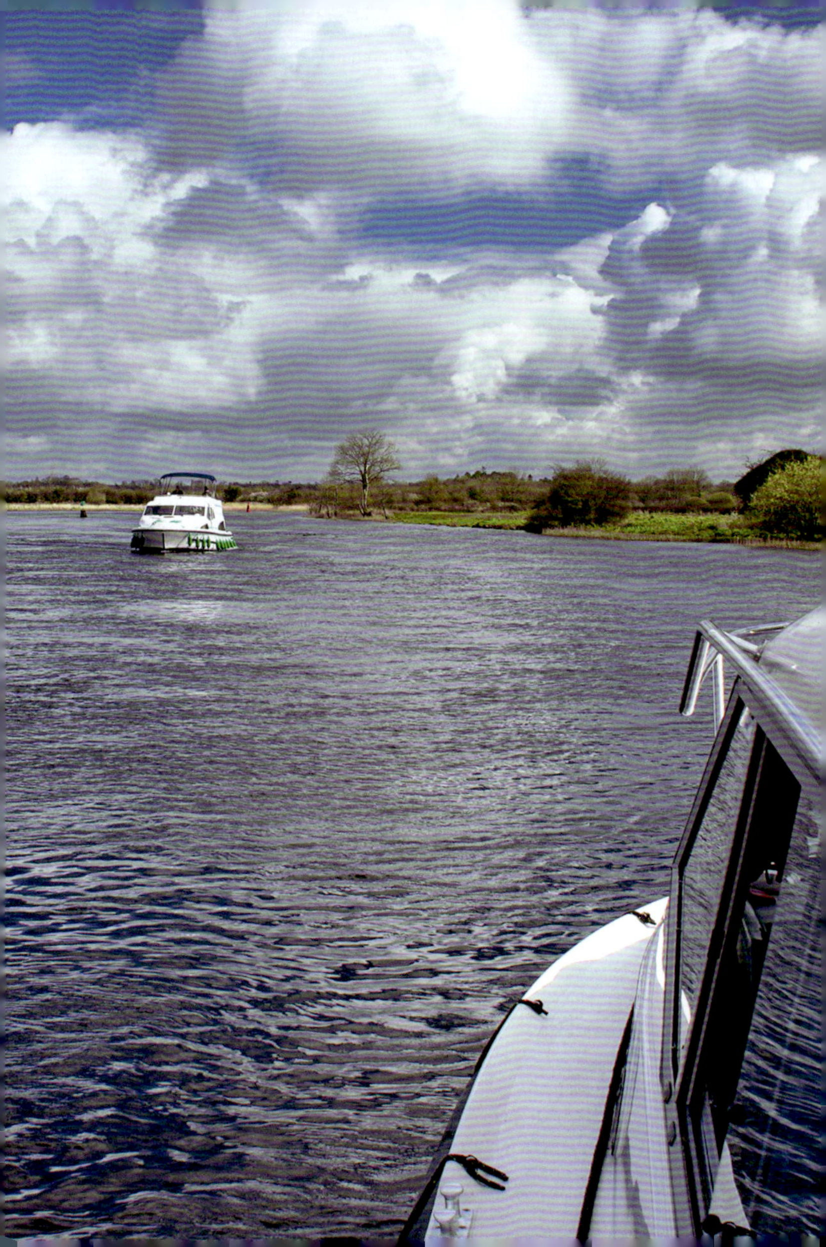

Kabinenbootfahren ist in Irland zu einem wichtigen Wirtschaftsfaktor geworden. Deshalb ist es auch nicht weiter verwunderlich, dass sich eine ganze Reihe staatlicher, halbstaatlicher oder privater Organisationen gebildet haben, die sich mit diesem Tourismuszweig beschäftigen.

Offiziell zuständig für die Wasserstraßen sowohl in der Republik als auch in Nordirland ist die 1999 gegründete binationale Behörde **Waterways Ireland** (WI). Auf ihrer Internetseite finden Sie sehr viele nützliche Informationen über alle Bootsreviere auf der ganzen Insel, wie z. B. aktuelle Veranstaltungen, Bauarbeiten, Sperrungen usw.

www.waterwaysireland.org

Eine private Organisation ist die 1954 gegründete **IWAI** (Inland Waterways Association of Ireland). Mitglied der Organisation kann jeder werden. Auch einige der Chartergesellschaften sind der IWAI beigetreten. Auch auf ihrer Internetseite finden Sie tagesaktuelle Informationen und eine Vielzahl interessanter Links.

www.iwai.ie

Hinweisen möchte ich an dieser Stelle noch auf die Website von Stefan Kupner. Er bietet umfassende Informationen zum Thema Bootsurlaub in Irland an, auch wenn einige Seiten schon länger nicht mehr überarbeitet wurden.

www.shannon-info.de

Wer weitere Reviere außerhalb Irlands erkunden will, dem empfehle ich folgendes Buch, das einen Überblick über die attraktivsten Reviere für Freizeitkapitäne in ganz Europa bietet:

Hausbootfahren von Katharina Engel, Conrad Stein Verlag, Basiswissen für draußen, OutdoorHandbuch Band 254, ISBN 978-3-86686-254-8, € 7,90

Voraussetzungen

Keine! Auf diese einfache Formel lässt sich dieses Kapitel eigentlich beschränken. Anders als z. B. in Deutschland, wo Sie zum Bootfahren einen Bootsführerschein benötigen, ist das Befahren irischer Gewässer ohne eine solche Lizenz möglich. Dies ist für deutsche Urlauber, die an die heimischen Verhältnisse mit einer Fülle von Regelungen und Restriktionen gewöhnt sind, zunächst einmal unvorstellbar. Denn immerhin werden dem Freizeitkapitän große Werte (ein größerer Kabinenkreuzer kann mehr als € 150.000 kosten) und die Sicherheit der Passagiere anvertraut.

Die zwei Bedingungen, die Sie erfüllen müssen, sind das **Mindestalter des Bootsführers** – der Skipper muss mindestens 21 Jahre alt sein – und die **Mindestanzahl der Passagiere**. Um in Schleusen und anderswo anlegen zu können, müssen Sie mindestens zu zweit sein. Einer allein kann ein Boot nicht handhaben.

Sie benötigen auch keinerlei wie auch immer geartete maritime Kenntnisse. Alles, was Sie zum Führen der Kreuzer brauchen, wird Ihnen in einem kurzen Einführungslehrgang und in einer kleinen Fahrpraxis durch den Vermieter vermittelt. Aber keine Angst, wenn Sie zum ersten Mal vor Ihrem Kreuzer stehen, der sich dann als wahrer Riese entpuppt, wo er doch zu Hause auf den Bildern so schön handlich erschien. Nach wenigen Stunden haben Sie ein Gefühl für das Schiff und seine Reaktionen entwickelt und können es, wenn Sie die einschlägigen Regeln beherzigen, problemlos durch die Gewässer navigieren.

☺ Natürlich kann es nicht schaden, wenn Sie bereits Vorkenntnisse mitbringen. So ist beispielsweise die Beherrschung der wichtigsten **Knoten** sehr nützlich, da Sie in vielen Situationen Taue verknoten, Geräte anbinden und nicht zuletzt auch das Schiff festmachen müssen. Wer weiß, wie schwierig es ist, einen falsch geknüpften Knoten wieder zu lösen, oder wer durch einen schlechten Knoten schon einmal das Beiboot oder andere Geräte verloren hat, der wird ganz schnell die wenigen wirklich wichtigen Knoten erlernen wollen.

Grundkenntnisse im Umgang mit **Karte und Kompass** sind vor allem auf den großen Shannonseen Lough Derg, Lough Ree und Lough Allen, auf denen man sich manchmal wie auf einem richtigen Meer vorkommt, von Nutzen.

🕮 Helfen können Ihnen diese Bücher:

- **Knoten** von Manuela Dastig & Dieter Großelohmann, Basiswissen für draußen, OutdoorHandbuch Bd. 3, Conrad Stein Verlag, ISBN 978-3-86686-377-4, € 7,90
- **Karte • Kompass • GPS** von Reinhard Kummer, Basiswissen für draußen, Outdoor-Handbuch Band 4, Conrad Stein Verlag, ISBN 978-3-86686-478-8, € 8,90
- **GPS: Grundlagen • Tourenplanung • Navigation** von Michael Hennemann, Basiswissen für draußen, OutdoorHandbuch Band 375, Conrad Stein Verlag, ISBN 978-3-86686-495-5, € 9,90

Es kann nicht schaden, wenn Sie einige grundlegende **technische Kenntnisse** mitbringen. So sind Sie nicht nur Kapitän auf dem Schiff und damit Nautiker, sondern auch Ihr eigener Maschinist. Abhängig vom jeweiligen Boot sind bestimmte tägliche Routinearbeiten, wie z. B. die Kontrolle und gegebenenfalls das Nachfüllen von Motoröl sowie das Checken des Kühlwasserfilters, von der Bootsbesatzung selbst durchzuführen.

Ausrüstung der Boote

Die Boote der verschiedenen Vermieter sind komfortabel eingerichtet und mit allem Notwendigen ausgerüstet. Die Einrichtung ist praktisch und den beengten Verhältnissen an Bord angepasst. Die Schiffe werden in verschiedenen Größen angeboten, wobei das Hauptkriterium die unterzubringende Anzahl der Personen ist. Die Anzahl der Ausrüstungsgegenstände und der Kojen entspricht der in der Bootsbeschreibung angegebenen Personenzahl.

☺ Achten Sie beim Anmieten darauf, dass eine **Flybridge** vorhanden ist, dann können Sie nicht nur von innen, sondern auch von außen ganz oben steuern.

✋ Allerdings kann eine Reise in einem voll belegten Boot unter Umständen sehr unbequem werden. Nicht immer reicht z. B. die Anzahl der Sitzplätze aus, um gemeinsam zu essen, sodass die Mahlzeiten im Schichtbetrieb eingenommen werden müssen. Auch muss meist der als Salon bezeichnete Wohnraum bei voller Belegung des Kreuzers zum Schlafen genutzt werden. Durch einen schnellen Umbau wird aus dem Salon ein Schlafzimmer. Buchen Sie daher nach Möglichkeit immer ein etwas größeres Boot. Dies wird im Übrigen auch von den meisten Vermietern empfohlen.

▷ Die Kabinenboote sind mit **fließend heißem und kaltem Wasser** ausgestattet. Das Wasser wird über die laufende Maschine erhitzt, sodass es nach längeren Standzeiten, vor allem morgens, zu Engpässen bei der Versorgung mit heißem Wasser kommen kann. Lässt man die Maschine nur kurze Zeit mit ausgekuppelter Schraubenwelle laufen, steht wieder genügend warmes Wasser zur Verfügung.

▷ Die Kreuzer verfügen über **elektrischen Strom**, dessen 12 Volt während der Fahrt durch eine Lichtmaschine erzeugt werden und während der Standzeiten aus Batterien kommen. Oft befinden sich 12-V-Steckdosen, wie man sie aus Kraftfahrzeugen (Zigarettenanzünder) kennt, an Bord. Hier können die Geräte aufgeladen werden – sofern Sie einen entsprechenden Adapter mitgebracht haben. Meist ist auch eine 220-V-Steckdose vorhanden, die aber nur für Geräte geeignet sind, die wenig Strom benötigen (beispielsweise zum Laden eines Handys oder Laptops).

▷ Der **Kühlschrank** wird meist auch elektrisch betrieben. Da sein Stromverbrauch relativ hoch ist, ist es empfehlenswert, ihn bei längeren Standzeiten, z. B. über Nacht, auszuschalten.

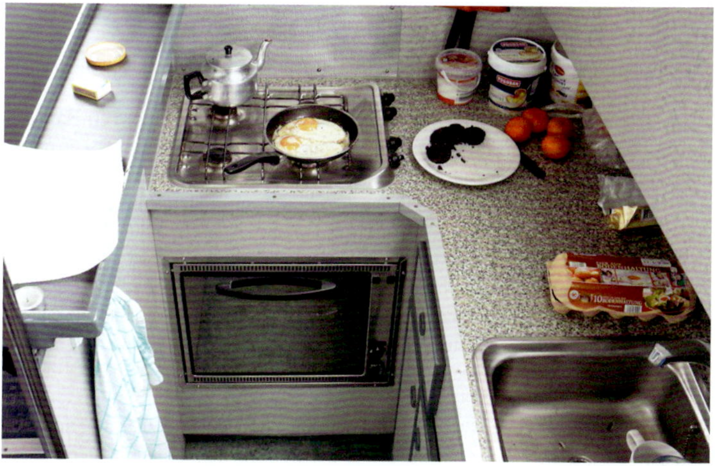

Die Boote sind mit kleiner, aber kompletter Pantry ausgerüstet

▷ Alle Boote haben eine **Zentralheizung** und/oder **Klimaanlage**. Auf manchen Schiffen funktioniert sie nur bei laufender Maschine.

▷ Die Küche wird **Pantry** genannt und ist komplett eingerichtet. Töpfe, Pfannen, Schalen, Besteck, Gläser und Geschirr sind ausreichend vorhanden. Der Gasherd hat meist auch einen Backofen und oft einen separaten Grill mit Oberhitze auch zum Toasten.

▷ **Bettzeug, Bettwäsche, Decken** und **Kissen** gibt es an Bord. Das Gleiche gilt für **Hand-, Dusch- und Geschirrtücher**.

▷ Ganz wichtig für die Sicherheit der Passagiere sind **Rettungswesten**, die zum Zubehör der Boote gehören. Allerdings passen die Westen in der Regel nur Erwachsenen. Kinderwesten erhalten Sie auf Anfrage beim Vermieter.

▷ Nichtschwimmer und Kinder sollten immer **Schwimmwesten** tragen, wenn sie sich außerhalb der Kabine aufhalten. Auf den großen Seen des Shannon empfiehlt sich diese Vorsichtsmaßnahme auch für geübte Schwimmer.

▷ Zum **Navigieren** erhalten Sie das bereits erwähnte Captain's Handbook, in dem die wesentlichen Verhaltensregeln erläutert werden, sowie einen Navigationsführer, der detaillierte Seekarten und wichtige Informationen enthält. Achten Sie darauf, dass Sie die möglichst aktuellste Auflage erhalten. Ältere Karten stiften bei der Navigation oft Verwirrung, weil Änderungen noch nicht verzeichnet sind.

▷ Zu Beginn Ihrer Fahrt erhalten Sie außerdem ein einfaches **Fernglas**, das bei der sicheren Standortbestimmung, vor allem auf den größeren Seen, unabdingbar ist. Prüfen Sie vor Antritt der Fahrt, ob das Glas in Ordnung ist. Die Optik vieler Ferngläser ist durch mechanische Erschütterungen derartig verstellt, dass man nur noch Doppelbilder sieht und das Gerät eigentlich unbrauchbar ist.

▷ **Mietfahrräder** werden von den meisten Charterfirmen gegen Aufpreis angeboten. So können Sie auch mal einen Ausflug machen oder bequemer einkaufen. Besonders auf kleineren Booten nehmen diese jedoch viel Platz weg und behindern das Bordleben. Pro Woche kostet so ein Rad zwischen € 50 und 70 Miete.

▷ **Dingis** bieten den Vorteil, dass Sie auch in seichteren Gewässern mobil sind und beispielsweise alte Gemäuer auf Inseln besuchen können. Auch Angler schätzen so ein Beiboot, und für Kinder ist es auch ein großer Spaß. Manche Verleiher stellen ein einfaches Dingi kostenlos zur Verfügung, ansonsten müssen Sie mit ca. € 50 pro Woche und mit Außenborder etwa € 120 bis 150 pro Woche rechnen. Der Nachteil ist das umständliche Rangieren mit einem Dingi im Schlepptau beim Anlegen im Hafen und vor allem in Schleusen. Außerdem besteht die Gefahr, dass der Außenborder gestohlen wird. Er sollte also in den gefährdeten Orten jedes Mal demontiert und sicher an Bord verstaut werden.

Handhabung des Bootes

Die Handhabung und Navigation der Kabinenkreuzer werden Ihnen zu Beginn Ihrer Reise ausführlich von Mitarbeitern der Charterfirmen erklärt. Darüber hinaus haben Sie während einer Probefahrt Gelegenheit, unter Anleitung die wichtigsten Bootsmanöver kennenzulernen und zu probieren. In dem von den Vermietern zur Verfügung gestellten **Captain's Handbook** wird in deutscher Sprache ausführlich auf Handhabung und Navigation der Schiffe eingegangen, sodass an dieser Stelle nur noch einige Tipps und Ergänzungen vonnöten sind.

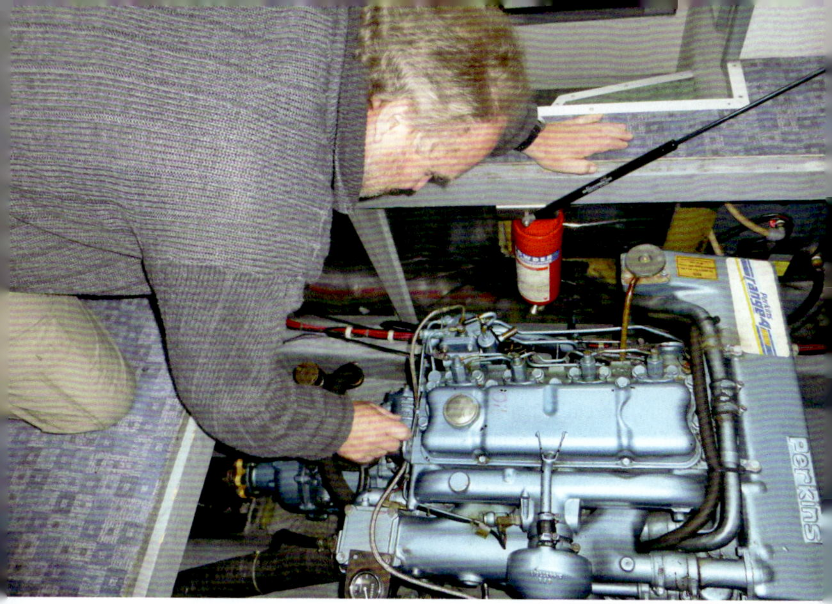

Routinekontrolle am Dieselmotor

▷ Vergessen Sie nicht, die von Ihrer Charterfirma für das jeweilige Boot vorgeschriebenen **Routinekontrollen** und **Wartungsarbeiten** durchzuführen, wie z. B. das Lenzen (das Abpumpen von Wasser, wenn es nicht automatisch erfolgt), das Prüfen und ggf. Ergänzen von Motorenöl oder das Reinigen des Kühlwasserfilters. So kann z. B. ein mit Wasserpflanzen zugesetzter Kühlwasserfilter durch Überhitzung zu einem Totalschaden am Motor führen – behalten Sie deshalb immer die Kühlwassertemperatur im Blick! Ein plötzlicher Anstieg der Temperatur ist ein sicheres Zeichen dafür, dass etwas nicht stimmt! Diese täglichen, am besten morgens bei kaltem Motor durchzuführenden Arbeiten nehmen nicht mehr als 5 Minuten in Anspruch.

▷ Überprüfen Sie regelmäßig Ihren **Dieseltank** und ergänzen Sie ihn rechtzeitig! Besonders in der Vor- und Nachsaison – aber nicht nur – sind nicht alle Tankstellen in Betrieb. **Tanken** Sie deshalb immer rechtzeitig. Nicht nur dass Sie ohne Diesel steuerlos herumtreiben, sondern die Einspritzpumpe muss auch noch aufwendig entlüftet werden. Außerdem kann sich im Tank Schlamm abgesetzt haben, der Leitungen oder Filter verstopft. Fahren Sie deshalb niemals mit einem Dieselmotor auf Reserve!

▷ Sorgen Sie dafür, dass **Gegenstände an Deck** während der Fahrt, besonders bei rauem Wetter, nicht von Bord fallen können. Über Bord gegangene Rettungsringe, Enterhaken oder andere Gerätschaften müssen Sie wieder ersetzen. Legen Sie Leinen immer nach Gebrauch ordentlich aufgeschossen (= zusammengelegt) ab, andernfalls können sie zu Stolperfallen werden. Besonders unangenehm können Tampen sein, die außenbords hängen. Hier besteht die Gefahr, dass sie in die Schraube kommen, sich dort aufwickeln und schließlich zum Wellenbruch (teuer!) und damit zur Manövrierunfähigkeit des Schiffes führen.

▷ Wenn Sie ein **Dingi** mitschleppen, sollten Sie es vor jedem Fahrtantritt leerschöpfen. Wegen des höheren Gewichts kann sonst leicht das Zugseil reißen oder die Krampe aus der Verankerung gerissen werden. Es sollten sich niemals Personen im geschleppten Beiboot aufhalten.

▷ Passen Sie beim **Tanken** auf, dass kein Diesel überläuft und das Gewässer verschmutzt.

▷ Um Missverständnisse zu vermeiden, werden in der Seefahrt für die Seiten eines Schiffes die Begriffe **Backbord** und **Steuerbord** gebraucht. Dabei bezeichnet Backbord, vom Heck (hinten) zum Bug (vorne) gesehen, die linke Seite eines Schiffes. Entsprechend wird Steuerbord für die rechte Seite genutzt. Beide Begriffe sind eindeutig, egal ob das Schiff vorwärts oder rückwärts fährt oder wie der Beobachter steht. Für Backbord wird die Farbe rot benutzt, für Steuerbord grün.

Fahren und Navigieren

▷ Halten Sie sich an die **markierten Fahrrinnen** und fahren Sie nicht zu dicht an die Ufer! Die Boote haben zwar einen sehr stabilen, extra verstärkten Kiel, sodass normalerweise keine Schäden am Rumpf auftreten, wenn Sie auf weichen Grund laufen. Ganz auszuschließen sind Risse und Löcher, verbunden mit einem Wassereinbruch, allerdings nicht, vor allem wenn Sie einen Felsen treffen. Auf jeden Fall ist es, wie ich aus eigener Erfahrung weiß, sehr unangenehm, wenn man irgendwo festsitzt, die Notsignalflagge gehisst hat und freigeschleppt werden muss.

▷ Einige Freizeitkapitäne fahren ihr Boot auch in die **flache Schilfzone** am Ufer der Gewässer und können sich dann nicht mehr aus eigener Kraft befreien. Außerdem wird durch ein solches Manöver die empfindliche Vegetation zerstört, unter Umständen werden auch brütende Vögel verschreckt und sogar Gelege zerstört.

▷ Bedenken Sie, dass sich die **Positionen der Marker** durch Verschiebungen des Untergrunds und durch die Nutzung durch unvernünftige Zeitgenossen als Angel- oder Badeboje verändern können. Besonders im Frühjahr sind viele Marker beschädigt, versetzt oder gar ganz verschwunden. Reparaturen und Ersatz dauern oft mehrere Wochen. Fahren Sie also nicht zu dicht daran vorbei.

▷ Frei stehende Marker an Land werden als **Baken** bezeichnet und schwimmende Marker als **Bojen** oder **Tonnen**. Auf den Flussabschnitten oder seichten Seen stecken manchmal **Pfähle** oder **Stangen** mit oder ohne **Topzeichen** im Wasser. Sehr gut zu sehen sind die **Steinhaufen** oder Betonblöcke mit Markern obendrauf, weniger gut schwimmende **Ölfässer** ohne was drauf, teilweise ist die Farbe (rot oder grün?) von Bojen oder Tonnen durch Vogeldreck kaum mehr zu erkennen.

▷ Die Marker auf dem Shannon sind rot und grün. Stromaufwärts haben Sie die roten, runden Markierungen auf der Backbordseite (= linke Seite) des Bootes und die grünen, eckigen auf der Steuerbordseite (= rechts). Vorsicht bei Flüssen und Kanälen, hier hängt die Markierung ebenfalls von der Fließrichtung ab, was manchmal für Verwirrung sorgen kann. Auf dem Shannon-Erne Waterway und auf dem Erne entsprechen die Markierungen internationalem Standard. Sie sind rot/weiß halbiert. Dabei zeigt die weiße Hälfte jeweils die Begrenzung des Fahrwassers an.

▷ Bei tief stehender Sonne sind die Farben der Marker nur sehr schwer zu erkennen. Hier hilft ihre Form: Die roten sind rund, die grünen eckig.

▷ Gelbe oder orangefarbene Marker, die Sie vor allem auf den großen Seen finden, sind in der Regel Bojen für Segelregatten.

▷ Nicht immer stimmt die Wirklichkeit mit der Navigationskarte überein. In solchen Fällen hat selbstverständlich immer die Markierung auf dem Gewässer Vorrang vor der Seekarte.

▷ Der Wasserstand auf den irischen Gewässern kann erheblich schwanken. Dadurch verändert sich je nach Wasserstand auch die Durchfahrtshöhe unter den Brücken. Etwa 50 bis 100 m finden Sie vor vielen Brücken eine **Airdraft-Anzeige** (*airdraft gauge)* im Wasser, eine stabile Messlatte, auf der Sie die jeweilige Durchfahrtshöhe ablesen und mit der Höhe Ihres Bootes vergleichen können.

Airdraft zur Anzeige der Durchfahrthöhe unter Brücken

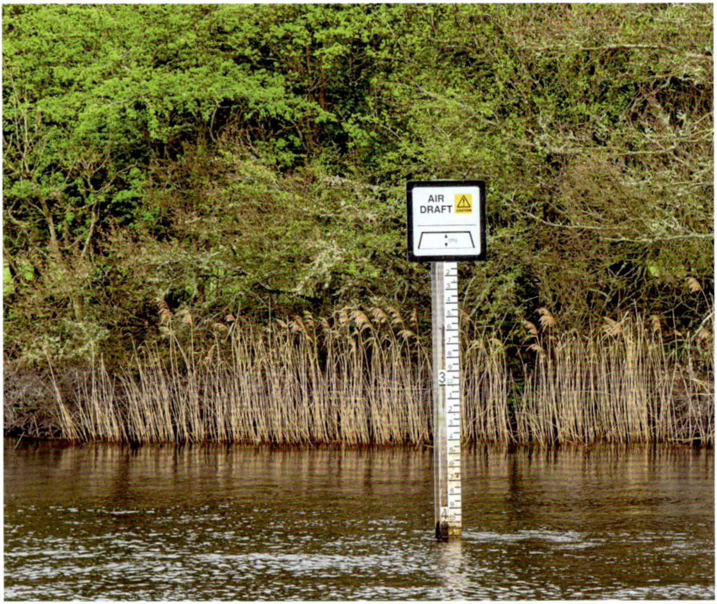

▷ Fahren bei **Dunkelheit** ist verboten und äußerst gefährlich – ebenso das Ankern über Nacht.

▷ Denken Sie daran, dass auf den Gewässern **rechts (!) gefahren und links überholt** wird, während auf Irlands Straßen links gefahren wird. Bedenken Sie auch, dass Iren und Engländer vom Autofahren her den Linksverkehr gewöhnt sind: Obwohl auf dem Wasser Rechtsverkehr herrscht, wird das oft vergessen.

▷ In schmalen Durchlässen, beispielsweise bei Brückendurchfahrten, hat bei der Begegnung immer der **stromabwärts** Fahrende Vorfahrt.

▷ **Vorfahrt** haben alle Boote, die von rechts kommen bzw. im Hauptfahrwasser unterwegs sind. Segelboote unter Segeln, Kanus und Ruderboote sowie Ausflugsschiffe haben grundsätzlich Vorfahrt, egal ob von rechts oder links!

▷ **Schneiden Sie keine Kurven** in engen Flüssen und Kanälen. Erzwingen Sie nicht Ihre Vorfahrt!

▷ **Drosseln** Sie beim Passieren von festgemachten Booten an Anlegestellen und Häfen im Umkreis von 200 m Ihr Tempo auf 5 km/h – auch beim Passieren von Segelbooten, Dingis und Anglern. Der Schwell, die Bug- und Heckwelle (*wash*), könnte die Boote zum Kentern bringen.

▷ Steuern Sie Ihr Boot nie unter **Alkoholeinfluss**! Das ist nicht nur verboten, sondern auch gefährlich. Darüber hinaus verlieren Sie unter Umständen Ihren Versicherungsschutz, was bei den oft sehr teuren Booten schwerwiegende finanzielle Folgen haben kann.

▷ Bei Windstärken über 4 dürfen Sie mit dem Charterboot nicht mehr auf den großen Seen fahren. Hier können sich gefährliche, bis zu 2 m hohe Wellen aufbauen. Sollten Sie von stärkeren Winden auf dem See überrascht werden, steuern Sie möglichst schnell den nächsten Hafen an. Fahren Sie dabei nicht quer zu den Wellen, sondern immer schräg mit oder schräg gegen die Welle.

Aktuelle Windvoraussagen liefert die Webseite

www.windfinder.com.

▷ Und noch ein Tipp zum Abschluss: Lassen Sie möglichst keine **Wertsachen** an Bord zurück, wenn das Schiff unbeaufsichtigt ist! Obwohl Irland insgesamt ein sehr sicheres Reiseland ist, kann es in den größeren Häfen entlang des Shannon zu Diebstählen kommen, da sich die Kabinenkreuzer kaum sicher verschließen lassen. Besonders Athlone war in der Vergangenheit dafür bekannt, dass Wertsachen aus Schiffen verschwanden. Heute wird der Anleger deshalb bis Mitternacht von Wachpersonal kontrolliert. In vielen neueren Booten sind bereits Safes eingebaut. Sprechen Sie sich mit Ihren Schiffsnachbarn ab, wer gegebenenfalls auf die Schiffe aufpassen kann.

Anlegestellen

Zum Anlegen und Übernachten finden Sie in allen Revieren ausreichend Gelegenheit. Die **Anlegestellen**, im Englischen *mooring* oder *jetty* genannt, variieren von einfachen Holzstegen in freier Natur ohne weitere Einrichtungen bis hin zu gut ausgebauten **Marinas** in kleineren oder größeren Ortschaften mit allen Versorgungs-, Entsorgungs- und Freizeitmöglichkeiten. Besonders auf Shannon und Erne, die bereits auf eine längere Kabinenboottradition zurückschauen können, ist die Anzahl der Anlandungsmöglichkeiten groß.

☺ Versuchen Sie möglichst immer gegen die Strömung anzulegen, auch wenn Sie deswegen zunächst am Anleger vorbeifahren müssen. Das Anlegen mit der oftmals starken Strömung ist viel schwerer und endet häufig mit einem kräftigen „Rumms".

▷ Viele Anlegestellen sind öffentlich (*public*) und für jedermann zugänglich. An allen öffentlichen Anlegern kann man kostenlos übernachten.

▷ Auch an privaten Marinas und denen anderer Chartergesellschaften können Sie meist festmachen. Für Boote von Vermietern, die der **IBRA** (Irish Boat Rental Association) angehören, ist das Übernachten hier ebenfalls kostenlos. Ansonsten muss in der Regel eine Gebühr von € 10-15 bezahlt werden. Fragen Sie im Büro nach. Schwierig kann es an den „Wechseltagen" Freitag und Samstag (evtl. auch Mittwoch) werden, wenn die Boote wieder zurückgegeben werden und neue Besatzungen ankommen. An diesen Tagen sind die Stege oft bis auf den letzten Platz gefüllt, und ein Anlegen ist nicht erlaubt.

▷ An den meist kurzen Anlegestellen an den Schleusen darf zum Übernachten erst nach Betriebsschluss der Schleuse festgemacht werden. An Anlegern für Ausflugsschiffe darf nur festgemacht werden, wenn diese offensichtlich nicht benutzt werden. Dasselbe gilt für Stege mit Abpumpstationen und Tankstellen.

▷ Auch einige öffentliche Anleger sind in der Hochsaison oft hoffnungslos überfüllt. So wird z. B. der kleine Anleger bei Clonmacnoise, einem Ziel, das wohl jeder Shannonfahrer ansteuert, von einer Traube von Booten umlagert, die bis in die zweite und dritte Reihe parken, „im Päckchen liegen", wie man sagt. Und davor kreuzen noch etliche Kabinenboote in Warteschleifen.

▷ Nur wenige Stege sind für die Öffentlichkeit gesperrt. Sie befinden sich in Privatbesitz oder gehören zu Vereinen.

▷ Mit der Zunahme des Bootsverkehrs ist auch das Netz der **Tankstellen** an den Gewässern dichter geworden, sodass Sie an vielen Stellen Ihren Dieselvorrat ergänzen können. In den Navigationskarten der einzelnen Reviere, die Sie von den Vermietern erhalten, sind die Tankmöglichkeiten verzeichnet. Sie sollten sich von dem Aussehen der oft schrottreifen Anlagen nicht abschrecken lassen. Meistens funktionieren sie noch und werden von einem freundlichen Tankwart bedient. Allerdings sind in der Vor- und Nachsaison nicht alle Anlagen geöffnet. In dieser Zeit sollten Sie auf die größeren Marinas ausweichen, wo Sie zu jeder Jahreszeit Ihren Treibstoff erhalten.

▷ Seit 2007 sind auf allen Booten **Abwassertanks** vorgeschrieben. Das frühere Entsorgen der Fäkalien durch das Auspumpen außenbords ist seitdem verboten. Das Entleeren geschieht jetzt durch Abpumpen in Abpumpstationen, den sog. *pumpouts*, für die Gebühren zwischen € 5 und 10 bei den Vermietern berechnet werden. Abpumpstationen an öffentlichen Anlegern werden mit der *SmartCard* bedient, von der zwei *units* abgebucht werden. Wo es diese Anlagen gibt, finden Sie im Reiseteil bei den jeweiligen Häfen bzw. Anlegern.

Pumpouts zum Abpumpen des Schmutzwassers gibt es in vielen Häfen

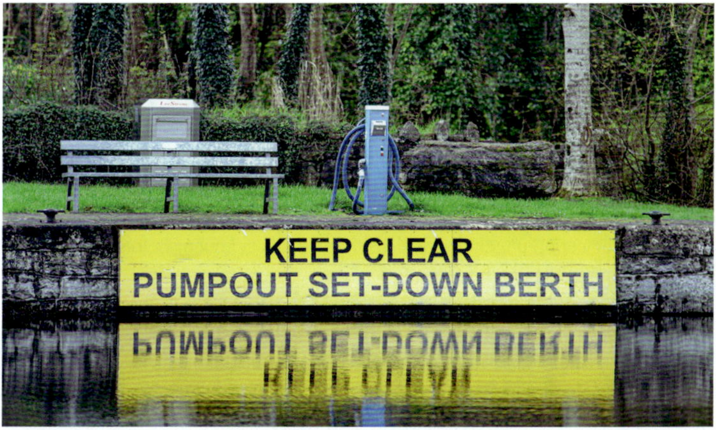

Schleusen und Brücken

Die Schleusen auf dem Shannon stammen zum Teil noch aus dem 19. Jh. Einige sind seit über 100 Jahren unverändert geblieben. Die meisten wurden inzwischen jedoch auf den neuesten Stand der Technik gebracht. Zu diesen gehört z. B. die große Schleuse bei Athlone, wo der Schleusenwärter bequem per Hydraulik mithilfe von Hebeln und Schaltern die Schleusentore öffnet bzw. schließt sowie den Wasserstand reguliert – ein technischer Vorgang, der keinerlei romantisches Flair ausstrahlt.

Bei einigen Schleusen fühlt man sich aber in ein längst vergangenes Zeitalter versetzt. Hier müssen wie z. B. am Clondara Lock die Tore mit Muskelkraft geöffnet und geschlossen werden. Dies geschieht über lange, mächtige Hebelarme aus Holz, gegen die sich der Schleusenwärter mit seinem ganzen Gewicht legt und so die schweren Schleusentore langsam in Bewegung versetzt. Wer Lust hat, kann ihm hierbei gern helfen.

▷ Alle **Schleusen** (*locks*) und **Brücken** (*bridges*) auf dem Shannon mit seinen Nebenrevieren Lough Key, Lough Allen und Camlin River werden von Schleusenwärtern bedient, die für jede Durchfahrt und jedes Öffnen von Brücken € 1,50 verlangen (Stand 2020). Passendes Geld wird gern gesehen. Auch über ein Trinkgeld freuen sich die in aller Regel sehr freundlichen und hilfsbereiten Schleusenwärter, die immer für einen kleinen Schwatz Zeit haben.

☺ Legen Sie sich einen kleinen Vorrat an Zwei-Euro-Münzen in einem unbenutzten Aschenbecher o. Ä. an und stecken sich das Schleusenwärtergeld rechtzeitig in die Hosentasche. So erübrigt sich eine hektische Sucherei nach dem Geld in der Schleuse.

✋ Wenn die Schleuse einen Schleusenwärter hat, so werfen Sie ihm die Leine niemals zu. Vielmehr wird er Ihnen einen **Bootshaken** (auch Enterhaken genannt) hinhalten, in den Sie die Leine geschlauft hineinlegen. Es hat in der Vergangenheit immer wieder Verletzungen des Schleusenpersonals gegeben. Befolgen Sie immer die Anweisungen des *lock-keepers*!

✋ Machen Sie niemals in einer Schleuse das Tau an Land fest, sondern halten Sie es lose in der Hand und lassen Sie es langsam durchlaufen, um sich dem neuen Wasserstand anzupassen.

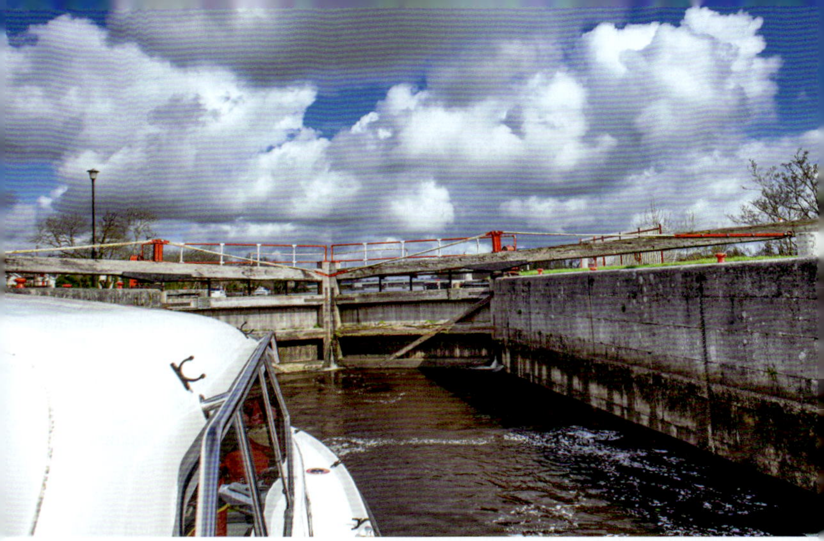

Auf den Wasserstraßen der Insel regulieren viele Schleusen den Wasserstand

▷ Achten Sie beim Einfahren in die Schleusenkammer vor allem beim Bergabfahren auf die **Markierungen** an der Schleusenwand. Bleiben Sie mit dem Boot und dem Dingi unbedingt innerhalb dieser Markierungen. Am bergseitigen Ende der Kammer befindet sich der **Drempel**, eine Art Stufe unterhalb des Schleusentors. Beim Ablassen des Wassers könnte das Beiboot hier aufsetzen. Beim Stromauffahren ist der Drempel gut zu sehen, und eine Gefahr besteht dann eigentlich nicht.

▷ Nicht jede Schleuse oder Brücke hat einen eigenen **Wärter**. Manchmal ist ein Schleusenwärter für zwei Schleusen oder eine Schleuse und eine Brücke zuständig. Hier kann es zu längeren Wartezeiten kommen, bis der Wärter wieder an „Ihrer" Schleuse ist. Besonders an den von Hand betriebenen Schleusen freuen sich die Wärter, wenn man die Gebühr aufrundet.

▷ Alle 16 Schleusen im **Ballinamore-and-Ballyconnel-Canal**, wie der Shannon-Erne Waterway offiziell heißt, sind mit moderner Technik ausgestattet. Die Bedienung erfordert keine Muskelkraft mehr, Tore und Schieber werden hydraulisch verstellt. Die Bedienung erfolgt durch die Bootsbesatzungen selbst, denn Schleusenwärter sind nicht mehr vorhanden. Allerdings sind in der Regel an der ersten bzw. letzten Schleuse (Schleuse 16 und Schleuse 1) Mitarbeiter von Shannon-Erne Navigation postiert, die die Neulinge unter den „Schleusenwärtern" kurz in die Tätigkeit einweisen.

Das Öffnen und Schließen der Schleusentore sowie das Ein- bzw. Auslassen des Wassers wird von einem Kontrollpult mithilfe einfacher Drucktasten geregelt. Sicherheitsmechanismen verhindern, dass der „Hobbyschleusenwärter" versehentlich beide Tore gleichzeitig öffnet, was eine mittlere Katastrophe zur Folge hätte.

Die Steuertafel kann nur bedient werden, wenn zuvor eine **SmartCard** in einen Schlitz gesteckt wurde. Diese Schleusenkarten mit einem Chip kosten € 6,35 für 10 Einheiten und € 12,70 für 20 Einheiten (*units*). Bei der Passage durch eine Schleuse wird eine Unit abgebucht, sodass man mit einer 20er-Karte bequem alle 16 Schleusen vom Shannon zum Erne oder umgekehrt passieren kann.

Allerdings empfiehlt es sich, gleich mehrere Karten zu kaufen, da sie auch der Schlüssel für Duschen und andere Dienstleistungen an den sechs neu geschaffenen Anlegestellen entlang des Shannon-Erne-Kanals sind und inzwischen auch den Zutritt in einige Sanitärgebäude entlang des Shannon ermöglichen.

Während für das Schleusen nur eine Einheit abgebucht wird, schlägt Duschen mit zwei, die Benutzung von Waschmaschinen und Trocknern (sofern vorhanden) mit je fünf Einheiten ordentlich zu Buche. Das Abpumpen des Abwassertanks, kostet zwei Einheiten.

Wenn Sie Schwierigkeiten bei der Bedienung der Schleusen haben – so kann es z. B. schon mal vorkommen, dass sich ein Schleusentor nicht öffnen oder schließen lässt, weil ein Gegenstand eingeklemmt ist –, dann können Sie über die in der Kontrolltafel eingebaute Gegensprechanlage einen Schleusenwärter rufen.

Alle Schleusen im Shannon-Erne Waterway können von 9:00 bis 20:00 bedient werden.

Die **SmartCards** erhalten Sie in vielen Orten, die Sie mit Ihrem Hausboot erreichen können. Sie werden in verschiedenen Shops und Supermärkten verkauft, in Postämtern, in den Basen der Charterfirmen, in den Büros von Waterway Ireland, in Touristinformationen, an einigen Schleusen (Lock 1 und 16 des Shannon-Erne Waterways), an Tankstellen und natürlich auch bei Ihrem Vermieter. Einzelheiten finden Sie bei den Ortsbeschreibungen.

▷ Auf dem **River Erne** gibt es nur eine Schleuse. Das Portara Lock bei Enniskillen weit im Norden ist in der Regel immer geöffnet, sodass man bequem hindurchfahren kann. Nur bei Niedrigwasser wird sie geschlossen, um im Upper Lough Erne einen gewissen Mindestwasserstand zu erhalten. Die Durchfahrt ist kostenlos.

▷ Schleusen und Brücken werden **nur zu bestimmten Zeiten** bedient, was Sie bei der Planung Ihres Tagesziels berücksichtigen müssen. In der Saison ist das an Werktagen in der Regel von 9:00 bis 20:30 mit einer Mittagspause (*lunch break*) von 13:00 bis 14:00 der Fall. An Sonntagen und zu anderen Jahreszeiten ist die Passiermöglichkeit eingeschränkt.

▷ Die Brücke bei ☞ **Portumna** im Süden des Shannon, über die eine vielbefahrene Straße führt und die für alle Schiffe geöffnet werden muss, kann täglich nur sechsmal (sonntags viermal) zu festgelegten Zeiten passiert werden.

☺ Die genauen Öffnungszeiten der Schleusen und Brücken finden Sie in der Navigationskarte. Darüber hinaus gibt Ihnen Ihr Vermieter Auskunft über geänderte Öffnungszeiten von Schleusen und Brücken.

Obwohl der Schleusenvorgang an sich relativ schnell vonstattengeht und man manchmal schon nach 15 Min. auf der anderen Schleusenseite ist, müssen Sie besonders in der Hochsaison mit Wartezeiten rechnen. Dies gilt vor allem für Schleusen oder Brücken, an denen nicht ständig ein Wärter stationiert ist.

Durchschnittliche Fahrtzeiten

Zur Planung Ihrer Reiseroute sind in der folgenden Tabelle die Fahrzeiten in Stunden zwischen den wichtigsten Orten entlang des Shannon sowie des Erne aufgelistet. Bedenken Sie bitte, dass je nach individueller Fahrweise die Zeiten erheblich variieren können.

	Beelleek	Enniskillen	Belturbet	Ballyconnell	Ballinamore	Leitrim	Carrick-on-Shannon	Dromod	Roosky	Tarmonbarry	Lanesborough	Athlone	Shannonbridge	Banagher	Portumna
Enniskillen	5														
Belturbet	9	4													
Ballyconnell	12	7	3												
Ballinamore	15	10	6	3											
Leitrim	22	16	13	10	7										
Carrick-on-Shannon	23	18	14	11	8	1									
Dromod	25	20	16	13	10	3	2								
Roosky	26	21	17	14	11	4	3	1							
Tarmonbarry	28	23	19	16	13	6	5	3	2						
Lanesborough	29	24	20	17	14	7	6	4	3	1					
Athlone	32	27	23	20	17	10	9	7	6	4	3				
Shannonbridge	34	29	25	22	19	12	11	9	8	6	5	2			
Banagher	36	31	27	24	21	14	13	11	10	8	7	4	2		
Portumna	39	34	30	27	24	17	16	14	13	11	10	7	5	3	
Killaloe	43	38	34	31	28	21	20	18	17	15	14	11	9	7	4

Vermieter

Auf Shannon und Erne bieten eine Reihe von Vermietern ihre Boote an. Die größeren Gesellschaften sind an verschiedenen Stützpunkten vertreten. Bei diesen haben Sie unter Umständen die Möglichkeit, die Kreuzer an einem anderen Ort als am Startpunkt wieder zurückzugeben. In der Regel wird für diese Einwegmieten eine zusätzliche Gebühr erhoben. Darüber hinaus bieten viele deutsche Reiseveranstalter Ferienreisen mit Kabinenkreuzern irischer Vermieter an.

☝ Die Finanzkrise ist an vielen Chartergesellschaften nicht spurlos vorbeigegangen. Zahlreiche Firmen mussten aufgeben oder haben sich mit anderen Anbietern zusammengeschlossen, um überleben zu können. „Alte Hasen" werden daher die ein oder andere Gesellschaft vermissen und werden sich nach neuen Anbietern umschauen müssen, ☞ siehe dazu auch die Auflistung Seite 37.

Die **Preise** für die Schiffe liegen pro Woche zwischen etwa € 800 für einfache kleine Boote für zwei Personen in der Vor- bzw. Nachsaison und bis zu € 3.000 und mehr für große Schiffe in der Hauptsaison. Den Treibstoff (Diesel) müssen Sie selbst zahlen. Je nach Größe des Bootes sowie Fahrweise und -dauer müssen Sie mit € 150 bis 250 pro Woche rechnen.

Gleich hinter der Wiese am Anleger in Leitrim liegt Carthy's Pub

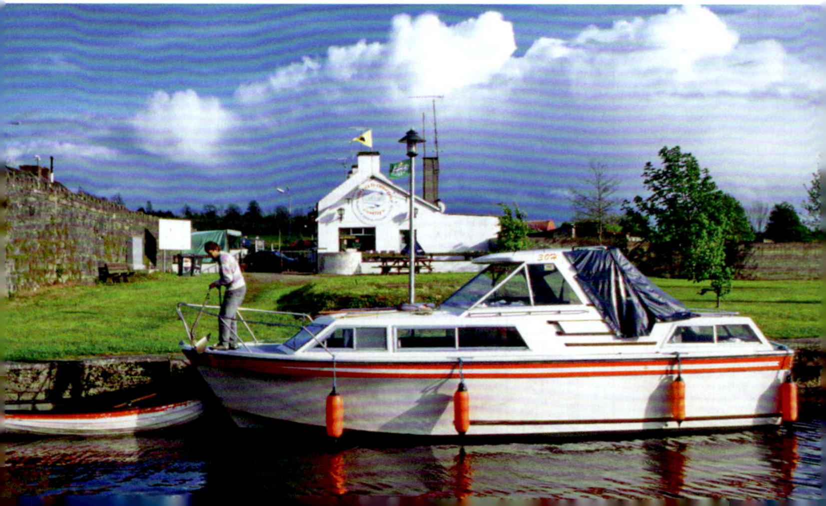

Die Schiffe sind versichert, wobei Sie bei Schadensfällen oder Verlusten je nach Schiffstyp einen Eigenanteil von € 700 bis 3.000 zahlen müssen. Diesen Eigenanteil müssen Sie bei Übernahme der Boote als Kaution hinterlegen. Bei ordnungsgemäßer Rückgabe des Bootes sowie sämtlicher Zubehörteile wird sie vollständig zurückgezahlt. Mit einer Zusatzversicherung (etwa € 75 pro Woche) können Sie das Eigenrisiko ausschließen.

☺ Während es in der Hauptsaison unbedingt ratsam ist, den gewünschten Schiffstyp weit im Voraus zu buchen, können Sie außerhalb dieser Zeiten die Schiffe direkt vor Ort in den Marinas mieten. Dort erhalten Sie oft erhebliche Nachlässe auf die Katalogpreise.

Einige Vermieter haben sich in der freiwilligen Vereinigung **Irish Boat Rental Association** (IBRA) zusammengeschlossen. Diese gibt Sicherheits- und Qualitätsstandards vor, an die die Vermieter gebunden sind. Darüber hinaus haben sich die Mitglieder verpflichtet, bei Notfällen oder Pannen auch Schiffe anderer Gesellschaften zu unterstützen sowie für die „Besatzungen" aller Boote ihrer Mitglieder kostenloses Übernachten zu ermöglichen.

💻 www.boatholidaysireland.com

In der folgenden Übersicht sind die der IBRA angehörenden Chartergesellschaften in alphabetischer Reihenfolge aufgelistet:

- **Cruise-Ireland (Hausboot Irland)** ist der gemeinsame Marketingname der Gesellschaften Locaboat, Carrickcraft, Waveline Cruisers und Linssen Boating Holidays. 💻 www.cruiseireland.com
- **Emerald Star by Le Boat ,** 💻 www.emeraldstar.ie
- **Silver Line Cruisers** , 💻 www.silverlinecruisers.com

Bis auf Carrickcraft (in der Republik und in Nordirland) haben alle o. g. Vermieter ihre Basen in der Republik Irland.

In Nordirland haben folgende Gesellschaften, die allerdings nicht der IBRA angehören, ihren Sitz:

- **Aghinver Boat Company,** 💻 www.abcboats.com
- **Manor House Marine,** 💻 www.manormarine.com

Alle Vermieter unter einem Dach und noch viel mehr (z. B. Flüge, Mietwagen, Literatur, Reiseversicherungen) finden Sie bei dem auf Bootsferien in Irland spezialisierten Reiseveranstalter:

- **Shannon-Travel,** 💻 www.shannon-travel.de

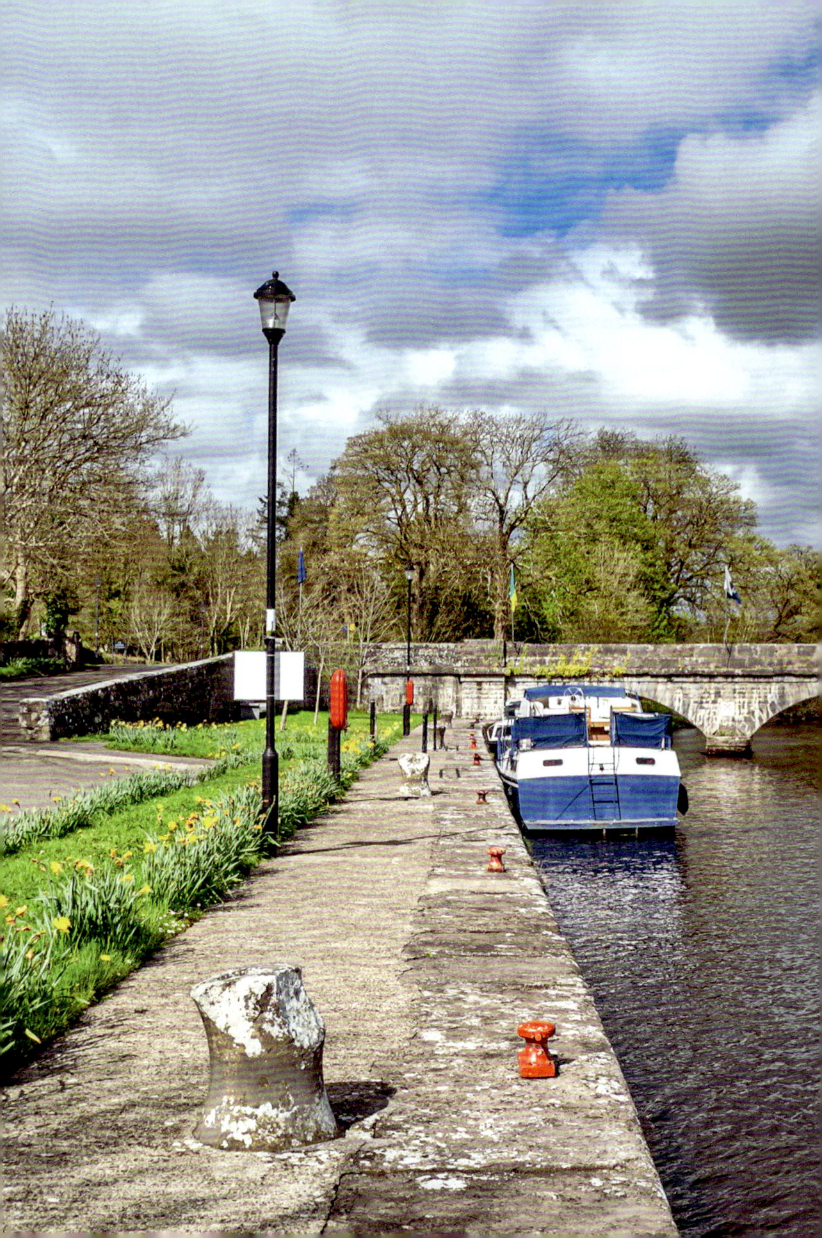

Reise-Infos von A bis Z

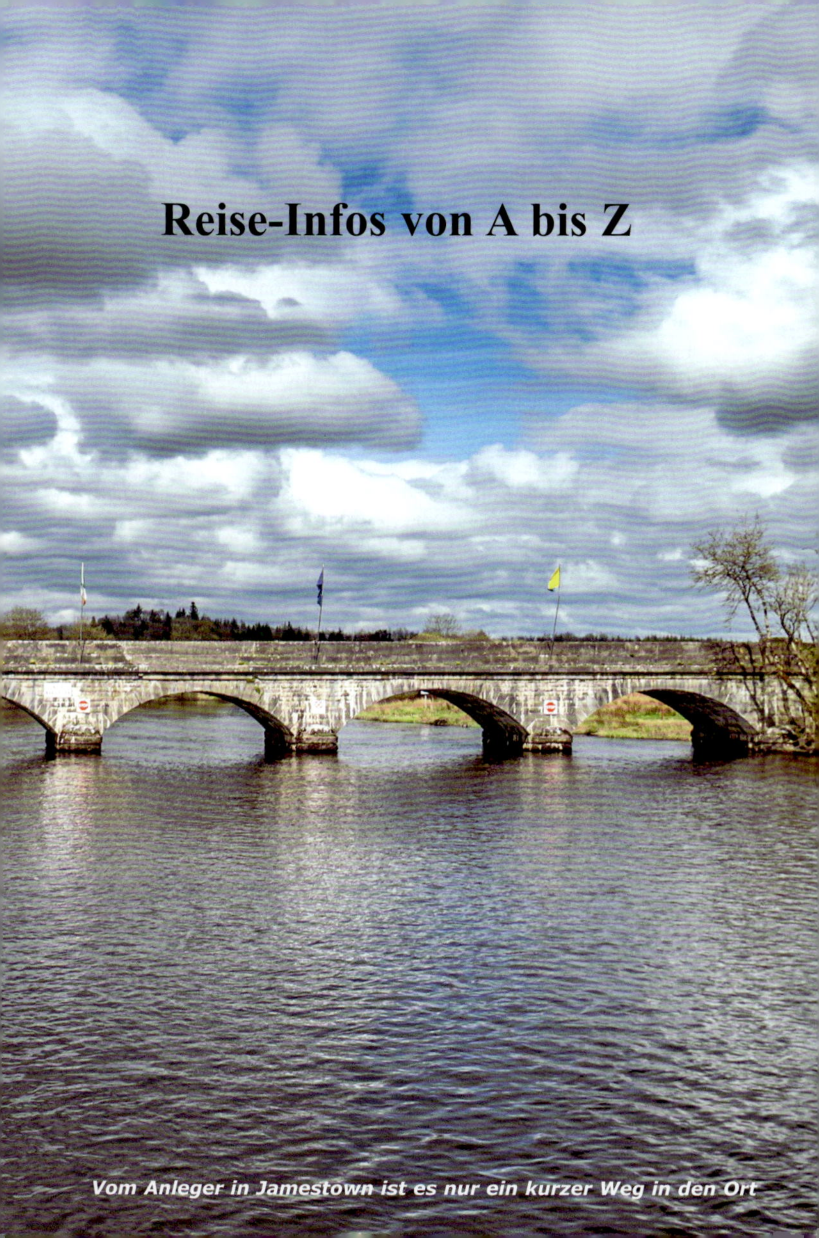

Vom Anleger in Jamestown ist es nur ein kurzer Weg in den Ort

Angeln

Irland ist das klassische Land des Angelsports. Ertragreiche Angelgewässer gibt es praktisch überall auf der Insel. Zu diesen gehören auch der Shannon mit seinen Seen und Nebengewässern sowie der Erne.

Viele Urlauber mieten sich nur deshalb einen Kabinenkreuzer auf Irlands Gewässern, um günstige Angelstellen erreichen zu können oder um direkt vom Schiff aus ihrem Hobby nachzugehen. Bootsbesatzungen, die in der Mehrzahl oder ausschließlich aus passionierten Anglern bestehen, sind eher die Regel als die Ausnahme. Und wenn Sie von Einheimischen nach Ihren Angelerfolgen gefragt werden und darauf antworten, dass Sie „nur" Boot fahren, um die wunderbare Landschaft zu genießen, sich fürs Angeln aber überhaupt nicht interessieren, lösen Sie oft nur ungläubiges Erstaunen aus.

Abends in den Pubs ist es nicht selten der Fall, dass man als Nichtangler zwischen den Petrijüngern hoffnungslos in der Unterzahl ist und keine Chance hat, um ein Gespräch über Riesenhechte, Fliegenfischen oder die richtige Mischung zum Anfüttern herumzukommen.

Irland ist auch deshalb bei Anglern so beliebt, weil es, anders als z. B. in Deutschland, keine persönlichen Voraussetzungen zu erfüllen gibt. Einen Angelschein benötigen Sie nämlich nicht. Sie müssen lediglich für einige Reviere **Angelerlaubnisse** bzw. **Lizenzen** erwerben. Da in jedem Revier verschiedene Behörden zuständig sind und unterschiedliche Regelungen für die einzelnen Fischarten gelten, ist es nicht ganz einfach, einen Überblick zu bekommen, was wann und wo bei welcher Fischart erlaubt bzw. verboten ist.

Offizielle Informationen zu Regelungen zum Angeln in den verschiedenen Gewässern sowie Angaben zu den besten Fangplätzen und zu unterschiedlichen Fangmethoden finden Sie bei:

- **Inland Fisheries Ireland** (Republik Irland) unter 💻 www.angelninirland.info (deutschsprachig)
- **nidirect** (Nordirland) unter 💻 www.nidirect.gov.uk/information-and-services/outdoor-recretion/angling

Bei den Iren am beliebtesten ist der Fang von **Salmoniden** (*game fishing*). Hinter dieser Bezeichnung verbergen sich die verschiedenen Forellenarten sowie Lachse. Für das Angeln auf Lachs und Meerforelle müssen Sie in ganz Irland eine staatliche Lizenz erwerben, die aber relativ preisgünstig ist.

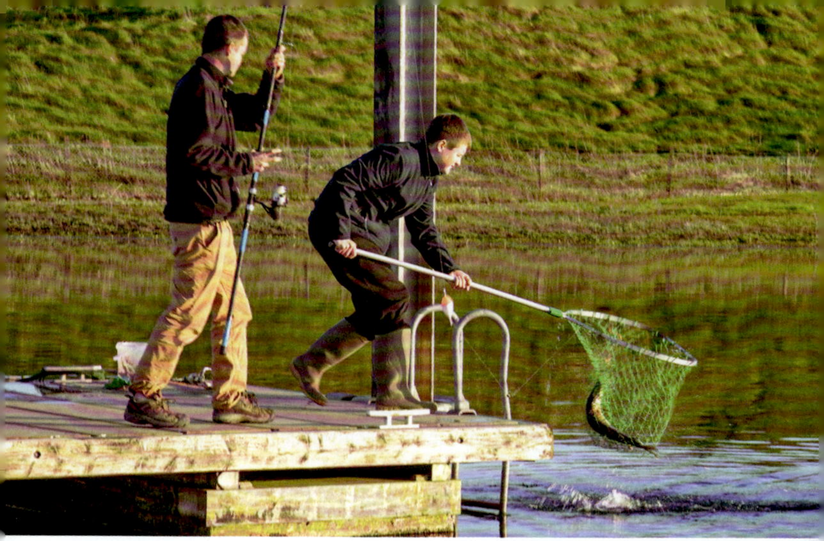

Zu zweit lässt sich der Hecht besser bewältigen

Das Angeln auf **Nichtsalmoniden** (*coarse fishing*), wie z. B. Hecht, Brachse oder Barsch, ist vielfach kostenlos möglich. In einigen Regionen müssen aber spezielle Erlaubnisscheine erworben werden. Fragen Sie jeweils in den örtlichen Angelgeschäften oder Fremdenverkehrsbüros nach, welche Lizenzen Sie in der jeweiligen Region für bestimmte Fische erwerben müssen.

📖 **Angeln** von Harald Barth & Ron Metzger, Basiswissen für draußen, OutdoorHandbuch Band 21, Conrad Stein Verlag, ISBN 978-3-86686-021-6, € 9,90

Anreise

Mit dem Flugzeug

Die einfachste und schnellste Anreisemöglichkeit nach Irland ist der **Flug**, zumal der **Transfer** vom Flughafen zur Bootsstation von den meisten Bootsvermietern gegen eine Gebühr (je nach Entfernung zwischen € 35 und 50 pro Person und Strecke) organisiert wird. Wenn Sie dem Vermieter Ihre Ankunftszeit und den Airport mitgeteilt haben, steht entweder der Fahrer eines Sammeltransportbusses oder ein Angestellter Ihres Vermieters mit einem Schild am Flughafenausgang bereit. Erkundigen Sie sich bei Ihrer Bootchartergesellschaft, von welchen Flughäfen Sie abgeholt werden können.

Die **Preise** für den Hin- und Rückflug sind zum Teil konkurrenzlos niedrig. Inzwischen bieten nicht nur die „Billigfluggesellschaften" Flüge zu sehr günstigen Konditionen an. Auch die traditionellen Linienfluggesellschaften haben dieses Marktsegment entdeckt. Allerdings gibt es meist nur eine eng begrenzte Anzahl der besonders billigen Plätze. Wer zeitlich nicht an einen bestimmten Termin gebunden ist oder früh buchen kann, hat die größten Chancen, besonders preiswerte Flüge zu bekommen.

☞ Achten Sie bei vermeintlich besonders günstigen Angeboten darauf, ob auch alle von Ihnen gewünschten Leistungen im Preis enthalten sind. So verlangen inzwischen die meisten Airlines für aufgegebene Gepäckstücke zusätzlich Gebühren, die in manchen Fällen höher als der gesamte Flugpreis sein können.

Erkundigen Sie sich auch unbedingt vor dem Flug bei der jeweiligen Gesellschaft, welche Maße und Gewichte das Handgepäck und gegebenenfalls das Aufgabegepäck haben darf. So mancher Reisende hat beim Check-in schon eine böse Überraschung erlebt, wenn das Handgepäck die vorgeschriebenen Maße überschritt und es nachträglich teuer aufgegeben werden musste. Gebühren werden z. T. auch fällig, wenn man nicht mit der von der Fluggesellschaft ausgegebenen Kreditkarte zahlen möchte.

Da sich die Flugpläne, -routen und -preise sowie die Gepäckbedingungen ständig ändern, sollten Sie sich vor Antritt der Reise in Ihrem Reisebüro oder im Internet nach den günstigsten Möglichkeiten erkundigen.

Es besteht eine ganze Reihe Flugverbindungen vom Kontinent nach Irland. Direktflüge gibt es von einigen Städten nach Dublin, Shannon und Belfast. Da sich Preise und Routen (und auch die Airlines) häufig ändern, sollten Sie sich vor der Reise im Internet, im Reisebüro oder direkt bei den Fluggesellschaften nach der für Sie günstigsten Verbindung erkundigen.

Beachten Sie auch die strengen Sicherheitsbestimmungen: z. B. keine spitzen Gegenstände und nicht mehr als 100 ml Flüssigkeiten im Handgepäck.

☺ Die günstigsten Angebote erhalten Sie im Internet. Auch wer frühzeitig bucht, bekommt meist günstigere Preise. Achten Sie aber beim Vergleichen unbedingt auf die angebotenen Leistungen. Unterm Strich sind die Billigflieger nicht immer die günstigsten.

Anreise

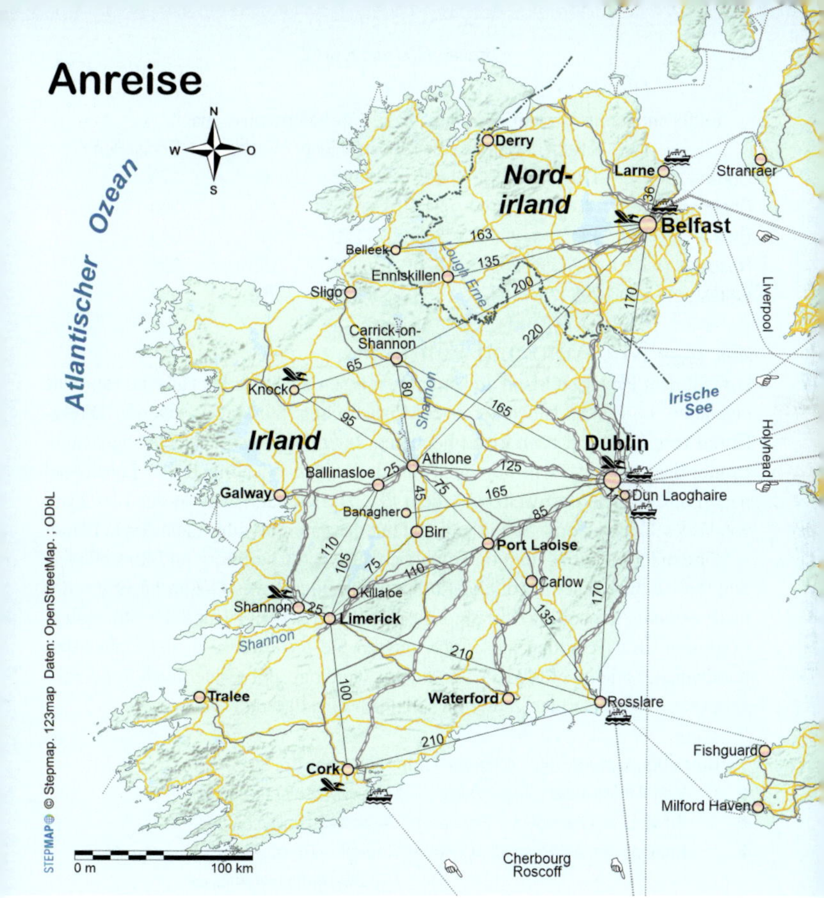

U. a. bieten folgende Airlines Flüge vom Kontinent nach Irland an:

- Aer Lingus — www.aerlingus.com
- Austrian Airlines — www.aua.com
- Easyjet — www.easyjet.de
- Eurowings — www.eurowings.com
- FlyBe — www.flybe.com
- Lufthansa — www.lufthansa.com
- Ryan Air — www.ryanair.com
- Swiss — www.swiss.com

Entfernungen in km von den Flug- bzw. Fährhäfen von ... nach ...

	Killaloe	Carrick	Belleek	Athlone	Banagher	Enniskillen
Dublin	170	165	215	125	165	175
Shannon Airport	40	195	247	135	105	260
Cork	120	295	345	220	210	345
Rosslare	182	283	320	200	180	325
Belfast	295	198	163	225	250	135

Mit Auto und Fähre

Um mit dem **Pkw** nach Irland zu kommen, müssen Sie auf jeden Fall eine Fährfahrt einplanen. Im Prinzip haben Sie zwei Möglichkeiten: Sie können eine der **Direktfähren** vom Kontinent nach Irland benutzen, oder Sie fahren über die sogenannte **Landbridge** zunächst vom Kontinent mit dem Schiff oder durch den Eurotunnel nach England, von dort weiter mit dem Pkw zu den Fährhäfen an der Westküste von Wales, England oder Schottland und mit der Fähre bis zum Zielhafen in Irland.

Direktfähren gibt es nur von Frankreich aus. Von Cherbourg und Roscoff werden die irischen Häfen Cork und Rosslare im Süden sowie Dublin im Osten der Insel bedient. Je nach Strecke sind die Schiffe zwischen 14 und 19 Std. unterwegs. Für zwei Personen plus Auto müssen Sie pro Strecke in der einfachsten Kabinenkategorie ab etwa € 350 rechnen. Allerdings gibt es hier auch Sonderangebote zu verkehrsarmen Zeiten mit deutlich günstigeren Konditionen.

Betrieben werden die Direktverbindungen von

- Irish Ferries (Cherbourg – Dublin), 💻 www.irishferries.ie
- Stena Line (Cherbourg – Rosslare), 💻 www.stenaline.de
- Britanny Ferries (Roscoff – Cork und Roscoff – Rosslare), 💻 www.brittannyferries.de

Die Möglichkeiten, über die Landbridge nach Irland zu gelangen, sind äußerst vielfältig und beliebig kombinierbar. Einige Gesellschaften bieten für bestimmte Strecken sogenannte **Durchbuchertickets** an, die dann die Fährverbindungen vom Kontinent nach England und von dort nach Irland enthalten. Diese Tickets sind in der Regel deutlich günstiger als der Gesamtpreis der jeweiligen Einzelfahrten. Die Aufzählung der verschiedenen Möglichkeiten würde den Rahmen dieses Buches sprengen. Daher verweise ich auf die sehr informative Aufstellung der Anreisemöglichkeiten auf der Internetseite der irischen Fremdenverkehrszentrale (☞ Information). Dort finden Sie sämtliche Verbindungen.

▷ Von den Fährhäfen müssen Sie auf teilweise engen und kurvigen Straßen zu Ihrem Zielort weiterfahren. Die Karte „Anreise“ soll Ihnen bei der Planung helfen. Die Kilometerangaben dienen nur als Anhaltswerte und variieren je nach gefahrener Strecke. Für eine Strecke von 100 km sollten Sie etwa zwei Stunden Fahrzeit rechnen. Auf manchen Abschnitten werden Sie noch mehr Zeit benötigen.

▷ Die Umstellung auf den **Linksverkehr** macht erstaunlicherweise kaum Schwierigkeiten, zumal der Verkehr auf dem Land sehr viel weniger dicht ist. Besondere Vorsicht ist beim Abbiegen oder Einbiegen an einer Abzweigung oder Kreuzung geboten, da Sie dabei leicht auf die „falsche“ Straßenseite geraten können.

▷ Zu beachten ist auch, dass trotz Linksverkehr bei unbeschilderten Kreuzungen oder Einmündungen immer der von rechts Kommende Vorfahrt hat. Die bei uns üblichen Ampeln sind in Irland meist durch **Roundabouts** ersetzt. In diesen Kreisverkehren, die einen stetigen Verkehrsfluss ermöglichen, hat wie auch bei uns derjenige Vorfahrt, der sich im Kreis befindet.

▷ Die Höchstgeschwindigkeit beträgt in der Republik in Ortschaften 50 km/h, auf der Landstraße 100 km/h und auf Autobahnen 110 km/h. Inzwischen ist bei den Entfernungsangaben auf Hinweisschildern fast überall die Umstellung von Meilen auf Kilometer erfolgt.

Die Angabe von Höchstgeschwindigkeiten auf Verkehrsschildern erfolgt in Nordirland immer noch in Meilen.

Mit der Bahn

Die Anreise mit der Bahn erfolgt über London. Von dort geht es weiter zum Fährhafen nach Holyhead in Wales. Mit dem Schiff überqueren Sie die Irische See und landen in Dublin oder Dun Laoghaire. Je nach Startbahnhof müssen Sie für die gesamte Reise mit bis zu 30 Stunden und mehr rechnen.

Außerdem ist die Fahrt nicht ganz billig. Da sowohl Deutsche Bundesbahn als auch British Rail ein kompliziertes Tarifgefüge mit einer Reihe von Ermäßigungen haben, für die unterschiedliche Voraussetzungen gelten, ist die Angabe eines allgemeingültigen Preises nicht möglich. Erkundigen Sie sich daher vor der Fahrt nach den für Sie günstigsten Bedingungen.

Ausrüstung

Für die Bootstour auf irischen Gewässern benötigen Sie keine spezielle Ausrüstung. Sie sollten lediglich an Bord **leichte Schuhe mit rutschfesten Sohlen** tragen, z. B. Turnschuhe. Wenn Sie eine empfindliche Haut haben, sollten Sie sich für das Hantieren auf dem Boot einfache **Garten- oder Arbeitshandschuhe** mitnehmen.

Achten Sie darauf, dass Sie an Bord nicht unbedingt Ihre besten Sachen anziehen, da diese leicht verschmutzen können. Jeans, Wollpullover und leichte, sportliche Kleidung und eine Mütze haben sich am besten bewährt. Selbst wenn Sie in der Vor- oder Nachsaison mit dem Boot unterwegs sind, sollten Sie ein Sonnenschutzmittel dabeihaben. Durch die Spiegelung der Sonne im Wasser wirkt die Strahlung doppelt. Also in der Hauptsaison auf gar keinen Fall vergessen! Für eine Reise nach Irland sollten Sie, dem Klima entsprechend, auch im Sommer nicht auf **warme Kleidung** verzichten. Eine legere Fleecehose und -jacke sind für die Abende an Bord das Bequemste. Unerlässlich ist zu jeder Jahreszeit ein **Regenschutz** und zum abendlichen Spaziergang zum Pub ein Regenschirm.

Denken Sie bei der Zusammenstellung Ihrer Ausrüstung daran, dass die Kleidungsstücke, die Sie mitnehmen wollen, Sie nicht in Ihrer Bewegungsfreiheit auf dem Kabinenkreuzer einschränken dürfen.

Baden

Schilder warnen Badende vor Blaualgen

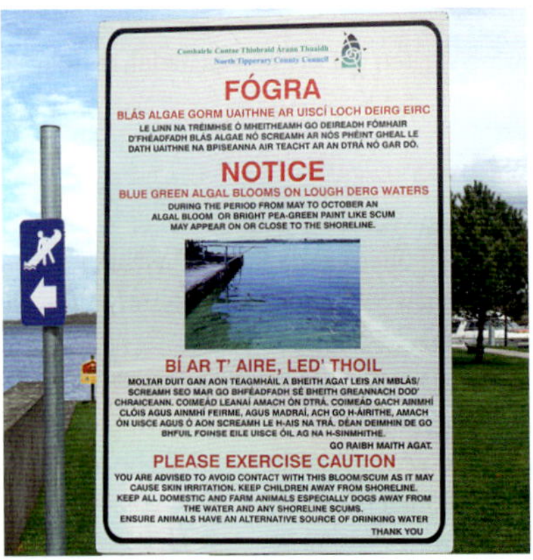

Irlands Binnenseen sind auch bei den Iren beliebte Badegewässer. Besonders in seichten Buchten der größeren Seen können die Wassertemperaturen auch für Mitteleuropäer erträglich sein. Es gibt zahlreiche sandige Badestrände am Lough Derg, Lough Ree und den anderen Seen. Wer mag, kann auch direkt vom Boot aus baden. Aber Vorsicht: Vergewissern Sie sich, dass Ihr Boot sicher vor Anker liegt oder an einer Festmacherboje vertäut ist und nicht abtreiben kann, während Sie sich im Wasser befinden.

Von Mai bis Oktober kann es an den Ufern einiger Seen, besonders im Lough Derg, zu einer gut sichtbaren „Algenblüte“ von Cyanobakterien kommen. Ein gesundheitliches Risiko kann durch einige dieser auch als Blaualgen (engl. *blue green algae*) bezeichneten Einzeller nicht ausgeschlossen werden. Sie sollten immer dann vorsichtig sein, wenn die Sichttiefe durch eine starke Trübung des Wassers eingeschränkt ist oder dichte, bläulich schimmernde, schlieren- oder rahmartige Teppiche zu sehen sind. An einigen Stellen wird durch Warntafeln auf diese Gefahr hingewiesen

Diplomatische Vertretungen

... in (IRL)

- **Deutsche Botschaft**, 31 Trimleston Avenue, Booterstown, Co. Dublin, ☏ 01/277 61 00, 💻 www.dublin.diplo.de
- **Österreichische Botschaft**, 6 Ailesbury Road, Dublin 4, ☏ 01/269 45 77, 💻 www.bmeia.gv.at/botschaft/dublin.html
- **Schweizer Botschaft**, 6 Ailesbury Road, Dublin 4, ☏ 01/218 63 82, 💻 www.eda.admin.ch/dublin

... in (D)

- **Botschaft der Republik Irland**, Jägerstraße 51, 10117 Berlin, ☏ 030/22 07 20, 💻 www.embassyofireland.de
- **Britische Botschaft***, Wilhelmstr. 70, 10117 Berlin, ☏ 030/20 45 70, 💻 www.ukingermany.fco.gov.uk

... in (A)

- **Botschaft der Republik Irland**, Rotenturmstr. 16-18, 1010 Wien, ☏ 01/715 42 46, 💻 www.embassyofireland.at
- **Britische Botschaft***, Jauresgasse 12, 1030 Wien, ☏ 01/71 61 30, 💻 www.ukinaustria.fco.gov.uk

... in (CH)

- **Botschaft der Republik Irland**, Kirchenfeldstr. 68, 3005 Bern, ☏ 031/3 52 14 42, 💻 www.embassyofireland.ch
- **Britische Botschaft***, Thunstr. 50, 3000 Bern 15, ☏ 031/359 77 00, FAX 031/359 77 65, 💻 www.ukinswitzerland.fco.gov.uk

* Nordirland wird von den **Vertretungen Großbritanniens** repräsentiert.

Einkaufen

Einige Charterfirmen bieten die Möglichkeit, Lebensmittel für die ersten Tage im Voraus zu bestellen, die dann direkt an Bord gebracht werden. Ein sinnvoller Service vor allem für Gäste, die nicht mit einem Wagen anreisen. In einigen Orten bieten darüber hinaus manche Geschäfte einen Lieferservice zum Boot an, der meist kostenlos ist.

In den größeren Häfen gibt es Supermärkte verschiedener Ketten, darunter auch Lidl. Die Lidl-Märkte sind für irische Verhältnisse sehr preiswert und bieten fast das gleiche Sortiment wie in Deutschland. Wer lieber „irisches Einkaufsflair" erleben möchte, sollte sich deshalb besser in anderen Geschäften wie beispielsweise SuperValu umsehen.

Die Läden sind meist Mo bis Sa von 9:00 bis 18:00 geöffnet, manchmal auch länger. Manche Geschäfte haben zusätzlich auch sonntags (meist nachmittags) geöffnet.

Irland ist sehr teuer geworden, und man fragt sich, wie sich die Iren dieses Preisniveau leisten können. Teilweise liegen die Lebensmittelpreise bis zu 100 % über den deutschen Preisen (irischer Camembert € 3,60, Flasche Bier über € 2, der günstigste irische Whiskey Dunphy's kostet knapp € 20), lediglich Brot und Kartoffeln sind billiger als bei uns.

Alkohol darf nur in sogenannten Off-License-Geschäften und nur zu bestimmten Zeiten verkauft werden. An Werktagen zwischen 10:30 und 22:00 und an Sonntagen zwischen 12:30 und 22:00.

Einreise und Zoll

Durch den Austritt Großbritanniens aus der EU Anfang 2020 ist automatisch auch Nordirland aus der Gemeinschaft ausgetreten. Während einer Übergangsfrist bis Ende des Jahres 2020 gelten allerdings noch die alten Regelungen beim Grenzübertritt vom EU-Mitglied Irland nach Nordirland. Wie es danach weitergeht, war beim Abfassen des Buches im Frühjahr 2020 noch nicht absehbar. Erkundigen Sie sich rechtzeitig, ob es neue Regelungen gibt.

Sowohl für die Republik Irland als auch für Nordirland genügt zur Einreise für Bürger der EU und der Schweiz ein gültiger **Personalausweis** oder **Reisepass**, wenn der Aufenthalt nicht länger als 3 Monate dauert. Ein Visum ist nicht erforderlich.

Der **Grenzübertritt** zwischen der Republik und Nordirland ist frei. Man erkennt nur an den plötzlich anderen Straßenschildern, dass man im jeweils anderen Land ist.

Der Übergang mit dem Kabinenkreuzer auf dem Shannon-Erne Waterway von einem Land ins andere ist völlig frei. Grenzanlagen sind nicht vorhanden und Kontrollen finden nicht statt. Aber auch hier gilt der obige Hinweis zum EU-Austritt.

Wer mit dem eigenen Kfz einreist, benötigt den **Fahrzeugschein** und den **nationalen Führerschein**. Die **Grüne Versicherungskarte** ist nicht obligatorisch, es wird jedoch empfohlen, sie mitzunehmen. Da die Haftpflichtversicherung in Irland in der Regel nur Personenschäden abdeckt, Sachschäden jedoch nur unzureichend ersetzt, empfiehlt sich für die Dauer des Aufenthalts eine **Kurzkaskoversicherung**.

Im Reiseverkehr innerhalb der EU sind Waren zum eigenen Verbrauch zollfrei. Dies gilt nicht bei gewerblicher Verwendung der Waren. Als persönlicher Bedarf werden folgende **Höchstmengen** angesehen:

- 800 Zigaretten, 400 Zigarillos, 200 Zigarren, 1 kg Tabak, 10 l Spirituosen, 45 l Wein, 55 l Bier

Für **Bürger der Schweiz** und anderer Nicht-EU-Länder gelten geringere Höchstmengen:

- 200 Zigaretten oder 100 Zigarillos oder 50 Zigarren oder 250 g Tabak und 1 Liter Spirituosen oder 2 l Sherry u. Ä. und 2 l Wein und 50 ml Parfum oder 250 ml Eau de Cologne

Zu beachten ist noch, dass Personen, die jünger als 17 Jahre sind, weder alkoholhaltige Getränke noch Tabakprodukte aus- oder einführen dürfen. Außerdem ist die Einfuhr jeglicher Art von Waffen strikt verboten.

Elektrizität

In Irland beträgt die elektrische Spannung 220 V, in Nordirland 240 V. Allerdings sind die Stecker mit drei Polen ausgestattet, sodass die kontinentalen Stecker nicht passen. Entsprechende **Adapter** erhalten Sie zu Hause in fast jedem Elektro- oder Haushaltswarengeschäft.

Bedenken Sie bitte, dass Sie an Bord der Kabinenkreuzer keine größeren elektrischen Geräte anschließen können. Nicht alle Marinas haben Steckdosen am Steg. Die anderen sind mit blauen CEE-Steckdosen versehen, wie man sie von Campingplätzen her kennt.

Geld

- Wie auch in Deutschland und Österreich wurde 2002 in der Republik Irland der Euro eingeführt.
- In den meisten größeren Orten finden Sie **Geldautomaten**. Hier können Sie Tag und Nacht Geld abheben. Allerdings sind die Gebühren bei vielen Banken relativ hoch.
- In Nordirland ist das britische Pfund Sterling (£) die gültige Währung, das in 100 Pence (p) unterteilt wird. Banknoten gibt es im Wert von £ 5, £ 10, £ 20, £ 50 und £ 100. £ 1 hat derzeit (März 2020) etwa den Gegenwert von € 1,20.
- Sie können in Nordirland zwar mit Eurobanknoten bezahlen, erhalten aber als Wechselgeld nur Pound und Pence zurück.
- Alle gängigen Kreditkarten werden in der Regel sowohl in Irland als auch in Nordirland akzeptiert. Dennoch empfiehlt es sich, vor allem in Nordirland, vorher nachzufragen, ob die jeweilige Karte angenommen wird.

Gepäck

Die meisten Boots-Chartergesellschaften bieten die Möglichkeit an, die leeren Koffer während der Reise in der Basis zu deponieren. Dies ist aus Platzgründen sehr praktisch, weil sich die großen Koffer auf dem Boot oft nur schwer oder gar nicht verstauen lassen.

Haustiere

Die **Einfuhr von Haustieren** nach Irland und Großbritannien unterliegt strengen Regeln. War es früher praktisch unmöglich, sein Haustier mit nach Irland zu nehmen, gibt es nun die Möglichkeit, eigene Haustiere ohne Quarantäne über Großbritannien einzuführen, wenn sie über Verkehrswege erfolgt, die dem **Pets Travel Scheme (PETS)** unterstehen.

Informationen erhalten Sie hier:

- zu Irland vom Department of Agriculture, www.agriculture.gov.ie/pets (auf Englisch)
- zu Nordirland vom Department of Agriculture and Rural Development, www.daera-ni.gov.uk (auf Englisch)
- www.gov.uk/take-pet-abroad (auf Englisch)

Beachten Sie, dass sich wegen des britischen EU-Austritts die Bedingungen für die Einreise mit Haustieren nach Nordirland ab 2021 ändern können.

Information

Sowohl in der Republik Irland als auch im Norden der Insel gibt es eine Vielzahl örtlicher und überregionaler **Touristenbüros**. Allein in der Republik sind es 85, von denen mehr als 60 ganzjährig geöffnet sind. Nur einige örtliche Büros schließen außerhalb der Saison. In der Regel sind sie an Werktagen von 9:00 bis 18:00 und samstags von 9:00 bis 13:00 geöffnet. Allerdings sind saisonale und regionale Abweichungen von dieser Norm nicht selten.

In den Büros können Sie sich über örtliche Sehenswürdigkeiten, Veranstaltungen, Reiserouten sowie Sportmöglichkeiten informieren und Unterkünfte reservieren. Die meisten bieten darüber hinaus noch ein breites Spektrum von Büchern über Souvenir- und Geschenkartikel bis hin zu lokalen Erzeugnissen. Darüber hinaus gibt es noch eine Reihe anderer Quellen, wie z. B. regionale Tourismus-Entwicklungsgesellschaften, von denen Sie für bestimmte Regionen ausführliches Informationsmaterial anfordern können.

Als übergeordnete Informationsquelle dient die im Jahr 2002 geschaffene offizielle Tourismusmarketingorganisation **Tourism Ireland**, die derzeit noch sowohl für die Republik als auch für Nordirland zuständig ist. Tourism Ireland ersetzt die bekannten Fremdenverkehrszentralen, unterhält aber in Deutschland, Österreich und der Schweiz keine Büros mehr.

Eine Kontaktaufnahme ist nur noch über das Internet möglich:

- www.discoverireland.com

Örtliche Touristenbüros finden Sie in:

- **Athlone:** Athlone Tourist Information Office, Athlone Castle, ROI, www.athlone.ie, Mitte März bis Ende Oktober tgl.

- **Belleek:** Local Information, Erne Gateway, Corry, Nordirland, Ende Mai bis Ende September tgl.
- **Carrick-on-Shannon:** Tourist Information, The Old Barrel Store, ROI, www.mycarrick.ie, Mai bis September tgl.
- **Enniskillen:** Tourist Information Centre, Wellington Road, Nordirland, www.enniskillen.com und www.fermanaghlakelands.com, ganzjährig Mo bis Fr, in der Saison auch Sa und So
- **Killaloe:** Tourist Information Office, The Bridge, ROI, www.discoverloughderg.ie/killaloe-tourist-office, Mai bis Sep. tgl.
- **Shannon:** Shannon Airport, ROI, ganzjährig

Insekten

Im Sommer und Herbst können Mücken und andere lästige Insekten zu echten Plagegeistern werden. Sie halten sich teilweise in großen Schwärmen über dem Wasser auf, fallen dann über die ahnungslosen Besatzungen her und nehmen im Nu ein ganzes Boot in Beschlag. Ein gutes Insektenmittel schafft hier meist Abhilfe.

Kanu

Selbstverständlich eignen sich die in diesem Führer beschriebenen Reviere auch sehr gut für die Freunde des Kanusports. In mancher Hinsicht sind die Kanuten sogar besser dran als ihre motorisierten Kollegen mit den großen Booten. Sie können nämlich oft noch Gebiete der teilweise felsigen oder sehr seichten Gewässer erkunden, in denen die Motorboote längst nicht mehr fahren können.

Auch an vielen sehenswerten Inseln, die mit den großen Schiffen nie erreicht werden, können Kanus mühelos anlegen.

▷ **Einschränkungen** gibt es nur bei allen Schleusen, die aus Sicherheitsgründen nicht befahren werden dürfen. An diesen Stellen müssen Sie das Boot umtragen.

▷ Auch sollten Sie auf den großen Shannonseen und dem Lower Lough Erne sehr vorsichtig sein, weil bei Wind extremer Wellengang herrschen kann.

▷ Vorsicht ist auch vor einigen Freizeitkapitänen geboten, die mitunter nur wenig Rücksicht auf die unmotorisierten Wassersportler nehmen. Besonders an engen Stellen kann eine Begegnung mit einem Kabinenkreuzer manchmal unangenehme Folgen haben, wobei nicht immer Rücksichtslosigkeit eine Rolle spielt. Manche Bootsführer sind, vor allem in der Anfangszeit ihrer „seemännischen" Erfahrung, einfach noch zu ungeübt und zu unsicher, um kritische Situationen regelgerecht zu meistern.

In Irland gibt es etwa 50 Kanuclubs, die sich zur **Irish Canoe Union** zusammengeschlossen haben. Hier erhalten Sie auch Informationen über Kanukurse, -touren und -vermietungen.

Irish Canoe Union, https://canoe.ie

- **Kanuwandern** von Rainer Mareik, Basiswissen für draußen, OutdoorHandbuch Band 11, Conrad Stein Verlag, ISBN 978-3-86686-011-7, € 8,90
- **Solo im Kanu** von Falk Bruder, Basiswissen für draußen, OutdoorHandbuch Band 10, Conrad Stein Verlag, ISBN 978-3-86686-010-0, € 8,90
- **Seekajak** von Björn Nehrhoff von Holderberg, Basiswissen für draußen, Outdoor-Handbuch Band 65, Conrad Stein Verlag, ISBN 978-3-86686-352-1, € 8,90

Karten

Zum Navigieren auf dem Shannon, Erne und Shannon-Erne Waterway erhalten Sie von Ihrem Vermieter eine aktuelle Karte mit Navigationshinweisen und anderen wichtigen Informationen.

☺ Darüber hinaus gibt es noch zahlreiche weitere Navigationskarten und Handbücher, auch für den Royal Canal, den Grand Canal und den Barrow. Eine gute Auflistung finden Sie auf der Seite www.iwai.ie.

▷ Am besten geeignet zur kleinräumigen Orientierung bei Landausflügen sind die Karten der **Discovery-Serie** des Irischen Vermessungsamtes (*Ordnance Survey of Ireland*). Die Karten im Maßstab 1:50.000 sind alle sehr aktuell. Die Karten enthalten auch noch die kleinsten Wege und Pfade (u. a. auch die markierten Wanderwege), genaue Höhenangaben sowie Details von touristischem Interesse, wie z. B. Campingplätze, Jugendherbergen oder besondere Aussichtspunkte. Allerdings benötigt man für das gesamte in diesem Führer behandelte Gebiet mehr als zehn Blätter. Bei einem Einzelpreis von ca. € 10-15 kommt dabei eine ganz stattliche Summe zustande.

▷ Um einen großräumigen Überblick zu erhalten, sollte man sich der Holiday Maps des Ordnance Survey of Ireland bedienen. Die guten Karten im Maßstab 1:250.000 kosten ca. € 12. Die gesamte Insel wird durch vier Blätter abgedeckt. Für Shannon und Erne benötigen Sie die Blätter 1, 2 und 3.

▷ In Irland erhalten Sie die Karten in den meisten Buchhandlungen und in den Touristinformationen. Es ist allerdings gerade bei den 1:50.000er-Karten empfehlenswert, sich diese schon vorab zu beschaffen, da sie vor Ort nicht immer vorliegen. Im deutschsprachigen Raum erhalten Sie die Karten in geografischen Buchhandlungen, z. B. in der Geobuchhandlung Kiel (auch über den Onlineshop 💻 www.geobuchhandlung.de).

Maße und Gewichte

Im Zuge der Schaffung des Europäischen Binnenmarktes gelten nun auch in Irland offiziell **metrische Maße und Gewichte**. In vielen Bereichen hat sich diese Umstellung aber noch nicht durchgesetzt, sodass noch mit den traditionellen Angaben gearbeitet wird. Entfernungsangaben auf Straßenschildern werden manchmal noch in Meilen angegeben, und im Pub bestellen Sie immer noch ein *pint* (1/8 einer Gallone, die ca. 4,54 Liter enthält) oder seltener ein *half pint*. Daher ist es sinnvoll, die wichtigsten Maße und Gewichte zu kennen.

Längen		**Flächen**	
1 inch (in.)	2,54 cm	1 square yard (sq.yd.)	0,84 m²
1 foot (ft.)	30,48 cm	1 acre	4.047 m²
1 yard (yd.)	91,44 cm	1 square mile (sq.mi.)	2,59 km²
1 mile (mi.)	1.609 m		

Volumen		**Gewichte**	
1 pint	0,57 l	1 ounce (oz.)	28 g
1 quart	1,14 l	1 pound (pd.)	454 g
1 gallon	4,54 l		

Auch die **Temperatur** wird offiziell in Grad Celsius gemessen. Dennoch werden Sie in Wetterberichten oft noch auf die Temperatureinheit Fahrenheit (°F) treffen. Die Umrechnung erfolgt dabei nach folgenden Formeln:

°F = (°C mal 1,8) plus 32 °C = (°F minus 32) geteilt durch 1,8

In der folgenden Tabelle sind für einige Temperaturen die Werte für die Einheiten Celsius und Fahrenheit gegenübergestellt:

°C	-5	0	5	10	15	20	25	30
°F	23	32	41	50	59	68	77	86

Geschwindigkeiten werden in der Republik sowohl auf der Straße als auch auf dem Wasser in km/h angegeben, in Nordirland auf der Straße in mph (Meilen pro Stunde) und auf dem Wasser in knots (Knoten = nautische Meile pro Stunde). Dabei entsprechen:

1 km/h =	0,62 mph =	0,54 Knoten
1 mph =	1,61 km/h =	0,87 Knoten
1 Knoten =	1,85 km/h =	1,15 mph

Medizinische Versorgung

In Deutschland gesetzlich Versicherte erhalten von ihrer gesetzlichen Krankenkasse die EHIC-Karte (European Health Insurance Card). Mit dieser Karte erhalten Sie alle notwendigen medizinischen Leistungen, als wären Sie vor Ort versichert. Es genügt, beim Arzt oder im Krankenhaus die Karte vorzulegen.

Die E-Card der österreichischen Sozialversicherung enthält auch die Krankenversicherung und ist auch in Irland gültig. Österreichern wird allerdings der Abschluss einer Krankenrücktransportversicherung empfohlen.

Privat Versicherte sollten ihren Versicherungsschutz zeitlich begrenzt auf das Ausland erweitern. Über Einzelheiten informiert Sie Ihre Krankenversicherung. Für Reisende aus Drittländern empfiehlt sich eine private Auslandskrankenversicherung.

Im **Notfall** können Sie unter der kostenlosen Rufnummer **999** Hilfe anfordern. Die Nummer gilt sowohl für die Republik als auch für Nordirland. Sie erreichen damit Polizei, Feuerwehr und Krankenwagen.

Post

Die großen Postämter sind in der Regel von 9:00 bis 17:30 oder 18:00 geöffnet, samstags nur bis zum Mittag. Kleinere Postämter haben davon abweichende Öffnungszeiten. In vielen kleineren Orten gibt es eine **Postagentur**, die oft in einem Krämer-, Papier- oder Zigarettenladen untergebracht ist.

Nordirland wird von der britischen Royal Mail versorgt. Briefe und Postkarten bis 20 g werden in Mitgliedsländer der EU per Luftpost verschickt. Die Preise für einen Brief oder eine Karte von Irland auf den Kontinent betragen € 1,50 (Republik) bzw. £ 1,25 (Nordirland).

In der Republik ist die Irische Post (💻 www.anpost.ie) an der leuchtend grünen Farbe zu erkennen, in Nordirland die Royal Mail (💻 www.royalmail.com) am typischen Rot.

Pubs

Pub ist die Kurzform von *Public Bar*, also einer öffentlichen Bar. Oft gehören Pubs zu einem Hotel, und ein Restaurant oder eine etwas vornehmere *Lounge Bar* für die Ladies gehört auch oft dazu. Für die Iren ist ein Pub (heißt es nun der Pub oder das Pub oder eigentlich die Pub?) wie ein Wohnzimmer. Er trifft sich dort mit Nachbarn, Freunden, Arbeitskollegen und debattiert die Ereignisse des Tages im Dorf, in der Stadt und der Welt. Deshalb sind die Pubs auch ein beliebter abendlicher Aufenthaltsort von Irlandfreizeitkapitänen und ihren Mannschaften. Oft sind die Räume urig dekoriert, und alles macht einen verräucherten Eindruck. Doch weit gefehlt – seit geraumer Zeit darf drinnen nicht mehr geraucht werden – man steht draußen vor der Tür. Oft (aber nicht immer) wird ab 20:00 oder später überwiegend von Amateuren **Livemusik** dargebracht – Irish Folk oder Traditional. Meist weisen Schilder draußen an der Kneipentür auf dieses Ereignis hin. Es ist also ratsam, nicht zu früh dem Genuss von Guinness zu frönen. Beliebte Instrumente sind Fiedel, Banjo, Akkordeon, Gitarre, seltener ein Klavier, auf denen manchmal ohne Gesang endlose Strophen irischer Balladen dargeboten werden. Als Sänger produzieren sich oft der Wirt oder mehr oder weniger sangeskundige Einheimische mit zu Herzen gehenden Schnulzen, wie „My mother died last springtime, when Erins fields were green" …

Sie sollten auf jeden Fall mal ein Guinness probieren, das schwarze Stout, das am Shannon fast ausschließlich ausgeschenkt wird. Die anderen Stout-Biermarken sind Beamish, Murphys und Bulmers, die längst nicht so bitter (oder lakritzig?) wie das Original schmecken. Wenn dieses Bier Ihren Gaumen nicht kitzelt, versuchen Sie es mit einem rötlichen Ale oder einem Lager, das in etwa unserem Pils entspricht.

✋ Minderjährige dürfen sich in einem Lokal, in dem Alkohol ausgeschenkt wird, in der Republik Irland bis 21:30 aufhalten, in Nordirland nur bis 21:00.

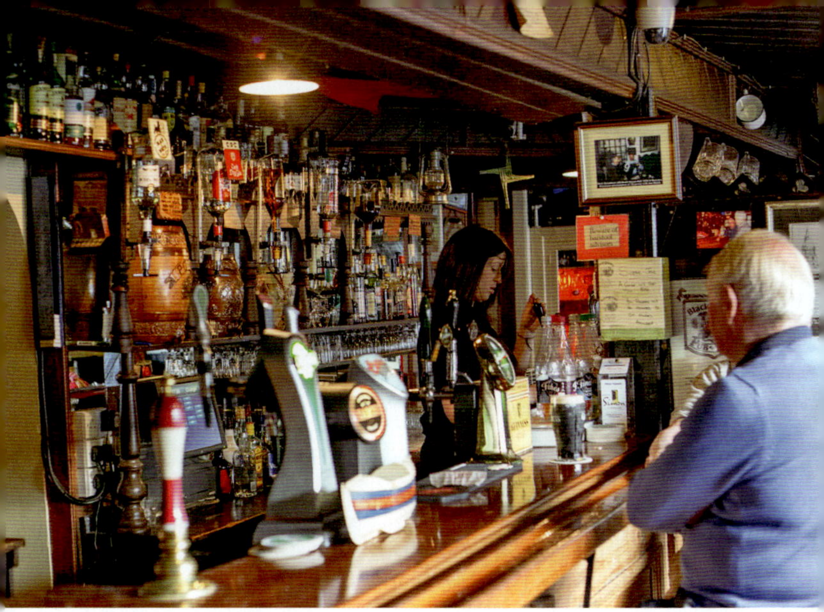

Das Sortiment an alkoholischen Getränken in den Pubs ist meist sehr groß

In der Republik Irland sind die Pubs in der Regel Mo bis Do von 10:30 bis 23:30, Fr und Sa von 10:30 bis 0:30 und So von 12:30 bis 22:00, in Nordirland Mo bis Sa von 11:30 bis 23:00 und So von 12:30 bis 22:00 geöffnet. Besonders Fr und Sa gelten oft auch längere Öffnungszeiten.

Reisezeit

Wegen des ausgesprochen **milden Klimas** gilt Irland als ein Reiseland, das man zu (fast) jeder Jahreszeit besuchen kann. Dies liegt im Wesentlichen am Golfstrom, der die Westküste entlangzieht. Die Sommer werden warm, aber nicht heiß. Temperaturen über 24 °C sind selten. Auch den Winter, wie wir ihn kennen, gibt es eigentlich nicht. Nur sehr selten werden Temperaturen unter dem Gefrierpunkt erreicht, und eine geschlossene Schneedecke ist ein Naturereignis. Frühjahr und Herbst sind mild. Allerdings muss man zu jeder Jahres- und Tageszeit mit **Regen** rechnen. Und wie Heinrich Böll in seinem *Irischen Tagebuch* (☞ Literatur) schreibt, ist *„der Regen hier absolut, großartig und erschreckend"*. Die trockensten Monate sind Mai, Juni und September.

Auch in den Revieren des Shannon und Erne können Sie im Prinzip das ganze Jahr über Bootsurlaub machen. Wer kann, sollte aber auf die **Hochsaison** von Mitte Juni bis Ende August verzichten, weil dann auf Flüssen, Kanälen und Seen sowie in den Häfen und an den Anlegestellen Hochbetrieb herrscht und einiges von der typischen irischen Ruhe und Gelassenheit verloren geht.

In der Zeit von November bis Ostern werden wegen des hohen Wasserstandes und dringend notwendiger Wartungsarbeiten nicht von allen Gesellschaften Boote vermietet. Es gibt aber auch während dieser Jahreszeit, in der Sie große Teile des Reviers oft ganz für sich allein haben, genügend Vermieter, bei denen Sie ein Schiff chartern können. Meistens werden die Boote in diesen Monaten zu besonders günstigen Konditionen angeboten.

Sprache

Während in Nordirland **Englisch** die einzige Amtssprache ist, gibt es in der Republik zwei: **Irisch** und **Englisch**. Irisch gehört, wie auch das schottische Gälisch, zur keltischen Sprachfamilie. Es war die Sprache der Iren, bevor sie von den englischen Besatzern seit dem 16. Jh. durch Verbote und andere Repressalien, wie z. B. der Nichtberücksichtigung Irisch sprechender Bewerber für ein Amt, mehr und mehr zurückgedrängt wurde. In den Schulen sprach man nur noch Englisch, und die Kinder wurden verprügelt, wenn sie sich ihrer ursprünglichen Sprache bedienten.

Irisch gehört zu den keltischen Sprachen

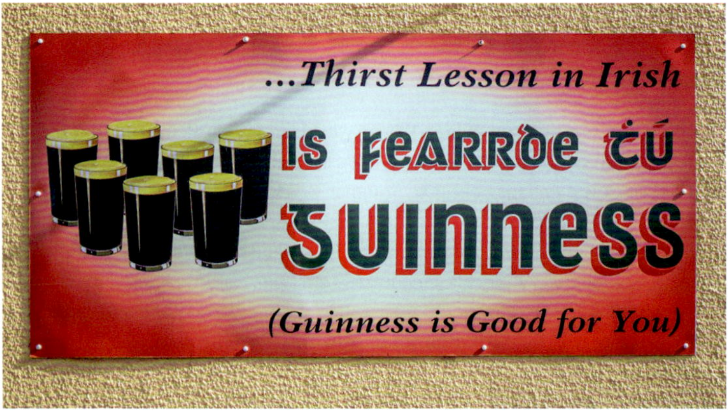

Bereits Mitte des 19. Jh. hatten die Engländer die Sprache so weit zurückgedrängt, dass nur noch etwa 25 % der Iren sie beherrschten. Bis Anfang des 20. Jh. sank der Anteil auf gut 10 %. Dennoch blieb Irisch erhalten und ist bis heute auch ein Ausdruck des irischen Widerstandes gegen die britische Herrschaft.

Mit der Gründung der Republik wurde dann Irisch Amtssprache. Heute wird es als Umgangssprache im täglichen Leben nur noch wenig gesprochen. Nur etwa 10.000 Iren sprechen einzig Irisch. Aber etwa 1 Mio. Iren haben Irisch in der Schule, wo die keltische Sprache Pflichtfach ist, wie eine Fremdsprache gelernt.

In den sogenannten **Gaeltacht-Gebieten** hat die alte Sprache am längsten überdauert und wird dort auch von einigen Bewohnern als Umgangssprache genutzt. Englisch wird aber in der Regel dennoch verstanden. Darüber hinaus haben sich in diesen Landesteilen auch alte Sitten und Gebräuche zumindest noch teilweise erhalten. Diese Gebiete liegen bis auf kleine Ausnahmen (um Waterford an der Südküste und im Co. Meath nördlich von Dublin) im Westen des Landes in den Grafschaften Donegal, Mayo, Galway, Kerry und Cork.

Telefon

▷ Sowohl in der Republik Irland als auch in Nordirland sind die alten Münztelefone zunehmend durch **Kartentelefone** ersetzt worden. Karten erhalten Sie in Postämtern und den meisten Zeitschriftenläden. Anders als in den meisten Telefonzellen bei uns können Sie sich in den öffentlichen Telefonzellen Irlands auch anrufen lassen. Die Nummer ist an jedem Apparat angegeben.

▷ Sie erreichen einen irischen Anschluss aus dem Ausland, indem Sie zunächst die Landesvorwahl für Irland wählen (00353), dann die örtliche Vorwahl **ohne** die führende „0“ (z. B. 902 für Athlone) und dann die Nummer des Anschlusses.

▷ Das Telefonieren in umgekehrter Richtung erfolgt analog. Denken Sie daran, auch hier die „0“ vor der Ortsvorwahl wegzulassen.

▷ Mit Handys können Sie in ganz Irland telefonieren. Innerhalb der EU fallen keine Roaming-Gebühren an, das gilt bis Ende 2020 auch noch für Nordirland.

☝ Der **Notruf** hat auf der ganzen Insel die Nummer 999. Er ist selbstverständlich kostenlos.

✆ Die wichtigsten Landesvorwahlen:

Deutschland	0049
Österreich	0043
Schweiz	0041
Irland	00353
Großbritannien mit Nordirland	0044

Transport

Bus und Bahn

Der Fernverkehr innerhalb Irlands erfolgt im Wesentlichen mit **Expressbussen** sowie mit der **Eisenbahn**. Die meisten Orte entlang des Shannon und des Erne sind durch ein dichtes Netz von Überlandbuslinien miteinander verbunden. Dadurch haben Sie, z. B. bei Einwegmieten von Booten, keine Probleme, mit öffentlichen Verkehrsmitteln wieder an Ihren Ausgangspunkt zu gelangen. Beachten Sie aber bitte, dass einige Linien nur im Sommer verkehren.

Das Eisenbahnnetz verläuft sternförmig von Dublin aus. Für den Transport entlang des Shannon ist es wenig geeignet, weil Sie weite Umwege zu Umsteigebahnhöfen in Kauf nehmen müssten. Der River Erne und Shannon-Erne Waterway sind überhaupt nicht an die Eisenbahn angeschlossen.

Aktuelle Informationen zu Fahrplänen und -preisen erhalten Sie von den jeweiligen Gesellschaften. Fragen Sie auch nach Sonderangeboten, mit denen für einen bestimmten Zeitraum sämtliche Busse und Bahnen genutzt werden können.

Im Allgemeinen können Sie davon ausgehen, dass die Busfahrt für die gleiche Strecke billiger ist als die Bahnfahrt.

Irish Rail, www.irishrail.ie
♦ Northern Ireland Railways, www.translink.co.uk
Irish Bus, www.buseireann.ie
♦ Intercity-Bus, www.citylink.ie
♦ Ulster Bus, www.translink.co.uk

Mietwagen

Unter Umständen ist es günstiger, sich in Irland einen Wagen zu mieten als einen eigenen mit auf die Insel zu nehmen – was natürlich besonders bei der günstigen Anreisevariante per Billigflieger zutrifft. Internationale und irische Mietwagenfirmen verfügen über ein dichtes Netz an Vertretungen. An allen Flughäfen, Fährhäfen und in den meisten größeren Städten können Sie Wagen mieten. Preisvergleiche lohnen sich; oftmals sind lokale Vermieter günstiger als die internationalen Firmen.

Sie benötigen Ihren **nationalen Führerschein**. Das **Mindestalter** liegt bei 21 Jahren. An Personen, die älter als 70 Jahre sind, wird in der Regel kein Auto mehr vermietet.

Falls Sie mit Ihrem Mietwagen die innerirische Grenze überschreiten wollen, müssen Sie dies wegen des Versicherungsschutzes im Voraus mit Ihrem Vermieter abklären. Oftmals erhalten Sie günstigere Konditionen, wenn Sie Ihren Leihwagen nicht direkt vor Ort mieten, sondern schon zu Hause. Einige Airlines arbeiten mit Vermietern vor Ort zusammen und bieten bei der Buchung über das Internet besonders günstige Preise. Auch über den ADAC lassen sich preiswert Autos in Irland mieten.

Da in Irland **Linksverkehr** herrscht, haben die Leihwagen, wie alle übrigen Autos auch, das Steuer auf der rechten Seite. Die Pedale sind wie bei den kontinentalen Fahrzeugen angeordnet, schalten müssen Sie aber mit der linken Hand. Auch die Anordnung einzelner Bedienungshebel und -schalter ist etwas anders. Machen Sie sich vor Antritt der Fahrt mit den Unterschieden vertraut!

Motorräder und Mopeds werden in Irland nicht vermietet.

Trinkgeld

In Restaurants sind 10 bis 15 % Trinkgeld üblich, wenn auf der Rechnung der Service nicht extra ausgewiesen ist. In Pubs wird in der Regel kein Trinkgeld erwartet.

Unterkunft

Da Sie während der Bootsfahrt auf dem Kabinenboot wohnen, entfällt während dieser Zeit die Suche nach einer Unterkunft. Viele Reisende wollen aber vor oder nach der Bootstour noch einige Zeit im Lande verbringen oder benötigen für die An- bzw. Abreise eine Unterkunft. Deshalb zeige ich an dieser Stelle kurz die verschiedenen Unterkunftsmöglichkeiten in Irland auf.

Hotels

Fast 1.000 Hotels bieten dem Reisenden auf der Insel Unterkunft. Sie sind in Kategorien von einem bis zu fünf Sternen eingeteilt. Die Preise variieren dabei von € 60 (ein Stern) bis über € 200 (fünf Sterne) für Übernachtung und Frühstück, können aber auch deutlich darüber liegen. Wer besonders anspruchsvoll ist und das nötige Kleingeld hat, kann sich auch Landsitze, Herrenhäuser und sogar Schlösser inklusive Koch und Butler mieten.

Meist etwas kleiner und einfacher als Hotels sind die **Pensionen** *(guesthouses)*. Die in Kategorien von einem bis vier Sternen ausgezeichneten Häuser bieten oftmals eine eher „private" Atmosphäre. Sie sind deutlich preiswerter als Hotels. In einem 4-Sterne-Gästehaus können Sie schon ab € 80 inkl. Frühstück übernachten.

- Irish Hotels Federation, www.irelandhotels.com
- ♦ Northern Ireland Hotels Federation, www.nihf.co.uk

B&B

Weit verbreitet ist in Irland die Möglichkeit, in Privathäusern zu übernachten. In nahezu jeder noch so kleinen Ortschaft werden Sie die typischen B&B-Schilder entdecken. B&B bedeutet *bed and breakfast*, was so viel heißt wie „Zimmer mit Frühstück". Diese für die Britischen Inseln typische Unterkunftsmöglichkeit ist nicht nur bei Touristen sehr beliebt, sondern wird auch gern von den Iren selbst in Anspruch genommen. Oft sind es Hausfrauen oder alleinstehende ältere Damen, die sich durch die Vermietung von Zimmern in ihrem Haus ein kleines Zubrot verdienen.

Diese Angebote erfreuen sich großen Zuspruchs, weil sie einerseits relativ preiswert sind (Übernachtung und Frühstück ab € 60) und andererseits dem Gast eine gemütliche Unterkunft in einem privaten Heim bieten, anders als die meist unpersönlichen Hotels oder Gästehäuser. In den B&B-Häusern kommt man ganz zwanglos mit den Einheimischen in Kontakt. Bei der Wahl der B&B-Unterkunft sollte man darauf achten, dass der Vermieter nicht zu viele Zimmer anbietet, denn manchmal, besonders in größeren Orten, versteckt sich hinter dem populären B&B-Schild ein verkapptes Gästehaus.

- B&B Ireland, www.bandbireland.com

Jugendherbergen

Insgesamt gibt es in der Republik 27 Herbergen, die dem **Internationalen Jugendherbergsverband** angeschlossen sind, außerdem 6 in Nordirland. Die meisten liegen allerdings in den Küstenregionen.

Entlang des Shannon gibt es leider keine Jugendherbergen – wohl aber am Erne in Enniskillen in Nordirland. Allerdings werden seit Herbst 2013 nur noch angemeldete Gruppen aufgenommen. Das Café ist inzwischen auch geschlossen.

- ♦ An Óige, Irish Youth Hostel Association, www.anoige.ie

Bitte denken Sie daran, dass Sie für Übernachtungen in Jugendherbergen einen gültigen **Herbergsausweis** benötigen, den Sie sich am besten schon zu Hause ausstellen lassen. Sie können aber auch eine Gastkarte in Irland direkt in der Jugendherberge erwerben.

▷ Neben den Jugendherbergen gibt es in Irland etwa 150 unabhängige Herbergen, für die kein Jugendherbergsausweis verlangt wird. Diese Unterkünfte haben sich zu den **Independent Holiday Hostels** zusammengeschlossen. Sie werden sowohl vom irischen als auch vom nordirischen Fremdenverkehrsverband überwacht. Die Preise für eine Übernachtung schwanken je nach Herberge zwischen € 15 und € 25.

- Hostelling International Northern Ireland, www.hini.org.uk
- Independent Holiday Hostels of Ireland, http://hostels-ireland.com

Wenn Sie in der Republik oder in Nordirland im Zelt, Wohnwagen oder Wohnmobil übernachten wollen, haben Sie die Auswahl zwischen etwa 150 offiziell anerkannten und überwachten Plätzen. Informationen erhalten Sie vom jeweiligen Fremdenverkehrsverband. In der Republik gibt es eine Broschüre über *Caravan & Camping Parks*. Die nordirischen Plätze sind in dem Buch *Camping & Caravan Parks* enthalten, das auch Auskunft über Campingplätze in England, Schottland und Wales gibt.

Nach Auskunft der Irischen Fremdenverkehrszentrale ist Camping außerhalb der offiziellen Plätze nicht erlaubt. Allerdings wird, wenn nicht ausdrücklich Verbotsschilder aufgestellt worden sind, das Zelten auch außerhalb offizieller Plätze in der Regel toleriert. Wenn möglich, sollte man aber den Grundstücksbesitzer um Erlaubnis bitten.

Leider sind die meisten Parkplätze auf dem Land mit Balken in etwa 2 m Höhe an der Einfahrt versehen, um vor allem Wohnanhänger der irischen Landfahrer (*tinker*) fernzuhalten.

Informationen zu allen Unterkunftsarten erhalten Sie natürlich auch in den jeweiligen Touristen-Informationszentren oder für ganz Irland von Tourism Ireland (☞ unter Information), wo Sie auch Broschüren bestellen können und die Möglichkeit haben, direkt über das Internet zu buchen.

Updates

Der Conrad Stein Verlag veröffentlicht Updates zu diesem Buch, die direkt vom Autor oder von Lesern dieses Buches stammen. Bitte suchen Sie vor Ihrer Abreise auf der Verlags-Homepage www.conrad-stein-verlag.de diesen Titel. Unter „Updates" finden Sie alle wichtigen Informationen. Der QR-Code führt Sie direkt zu der richtigen Seite.

Wandern

Obwohl Irland eigentlich ein ideales Wanderland ist, hat diese Sportart keine große Tradition auf der Insel. Erst mit der Entwicklung des Tourismus Anfang der 90er-Jahre wurden auch verstärkt Anstrengungen unternommen, Wanderer in das Land zu locken.

Der erste offizielle Wanderweg, der Wicklow Way, wurde erst 1982 eröffnet. Inzwischen gibt es 32 markierte Wanderwege mit einer Gesamtlänge von über 3.000 km in der Republik. Das eigens gegründete *National Waymarked Ways Committee of the Department of Education* sorgt für Ausbau und Instandhaltung der Wanderwege. Weitere Informationen finden Sie auf der Website von Tourism Ireland auf Deutsch.

www.ireland.com

Obwohl noch keine 20 Jahre alt, sind einige Wanderwege schon zu echten „Klassikern" geworden, wie z. B. der im Südwesten der Insel liegende **Dingle Way** oder der **Kerry Way** sowie in Nordirland der **Coastal Ulster Way**.

- **Irland: Kerry Way** von Hartmut Engel, Der Weg ist das Ziel, OutdoorHandbuch Band 62, Conrad Stein Verlag, ISBN 978-3-86686-554-9, € 12,90
- **Irland: Dingle Way** von Diana Steinhagen, Der Weg ist das Ziel, OutdoorHandbuch Band 329, Conrad Stein Verlag, ISBN 978-3-86686-659-1, € 10,90
- **Irland: Wicklow Way** von Karl-Georg Müller, Der Weg ist das Ziel, OutdoorHandbuch Band 440, Conrad Stein Verlag, ISBN 978-3-86686-607-2, € 12,90
- **OutdoorRegional: 24 Wanderungen an Irlands Westküste** von Hartmut Engel, OutdoorHandbuch Band 413, Conrad Stein Verlag, ISBN 978-3-86686-544-0, €12,90

Auch in dem in diesem Führer behandelten Gebiet verlaufen mehrere Wanderwege.

- **Cavan Way** (26 km): von Lough Allen über die Quelle des Shannon (Shannon Pot) bis Blacklion
- **Leitrim Way** (48 km): von Drumshanbo am Lough Allen bis Manorhamilton östlich von Sligo
- **Lough Derg Way** (52 km): entlang des Sees von Limerick bis Dromineer
- **East Clare Way** (180 km): Ein Rundkurs im Westen von Lough Derg, der u. a. durch Killaloe, Mountshannon und Scarriff führt.
- Entlang des Grand Canal führt über 114 km der **Grand Canal Way** und entlang des Royal Canal über 77 km der **Royal Canal Way**.

☺ In den letzten Jahren sind an vielen Marinas und Häfen an Shannon und Erne eine Vielzahl markierter Wanderwege unterschiedlicher Länge entstanden, die sich als idealer Ausgleich und Ergänzung zur Fahrt mit dem Boot anbieten. Im Internet können Sie auf der Homepage der 1949 gegründeten IWAI (The Inland Waterway Association of Ireland) ausführliche Informationen abfragen.

www.iwai.ie

Zeit

In Irland gilt die auf den Längengrad Null bezogene **Greenwich Mean Time** (GMT), die von unserer mitteleuropäischen Zeit (MEZ) um 1 Std. abweicht. Wenn es bei uns z. B. 16:00 ist, ist es in Irland erst 15:00. Die Uhren gehen auf der Insel also um 1 Std. „nach“. Die Umstellung von Sommer- auf Winterzeit erfolgt seit 1996 bis auf Weiteres an denselben Tagen wie bei uns.

Die Einteilung der Tageszeit in 24 Std. ist immer noch weitgehend ungebräuchlich, setzt sich aber immer mehr durch. In Irland besteht der Tag aus 2 x 12 Std. Um Verwechslungen zu vermeiden, benutzt man für Zeiten **vor** 12:00 mittags den Zusatz **a.m.** (lat. *ante meridiem*) und für Zeiten **nach** 12:00 mittags den Zusatz **p.m** (lat. *post meridiem*). 10 a.m. bedeutet also 10:00 morgens, während mit 10 p.m. 22:00 gemeint ist.

Für Verwirrung sorgt manchmal eine englische Bezeichnung für die halbe Stunde. Wenn wir von „halb sieben“ sprechen, meinen wir 6:30 Uhr. In Irland meint „half seven“ dagegen 7:30 Uhr. Das englische „half seven“ ist eine Verkürzung des gebräuchlichen Ausdrucks „half past seven“ (halb **nach** sieben). Fragen Sie also lieber nochmals nach, um nicht eine Stunde zu früh am Treffpunkt zu erscheinen.

Im Übrigen gilt für die Lebenseinstellung vieler Iren immer noch „Als Gott die Zeit schuf, hat er genug für alle gemacht.“

Shannon

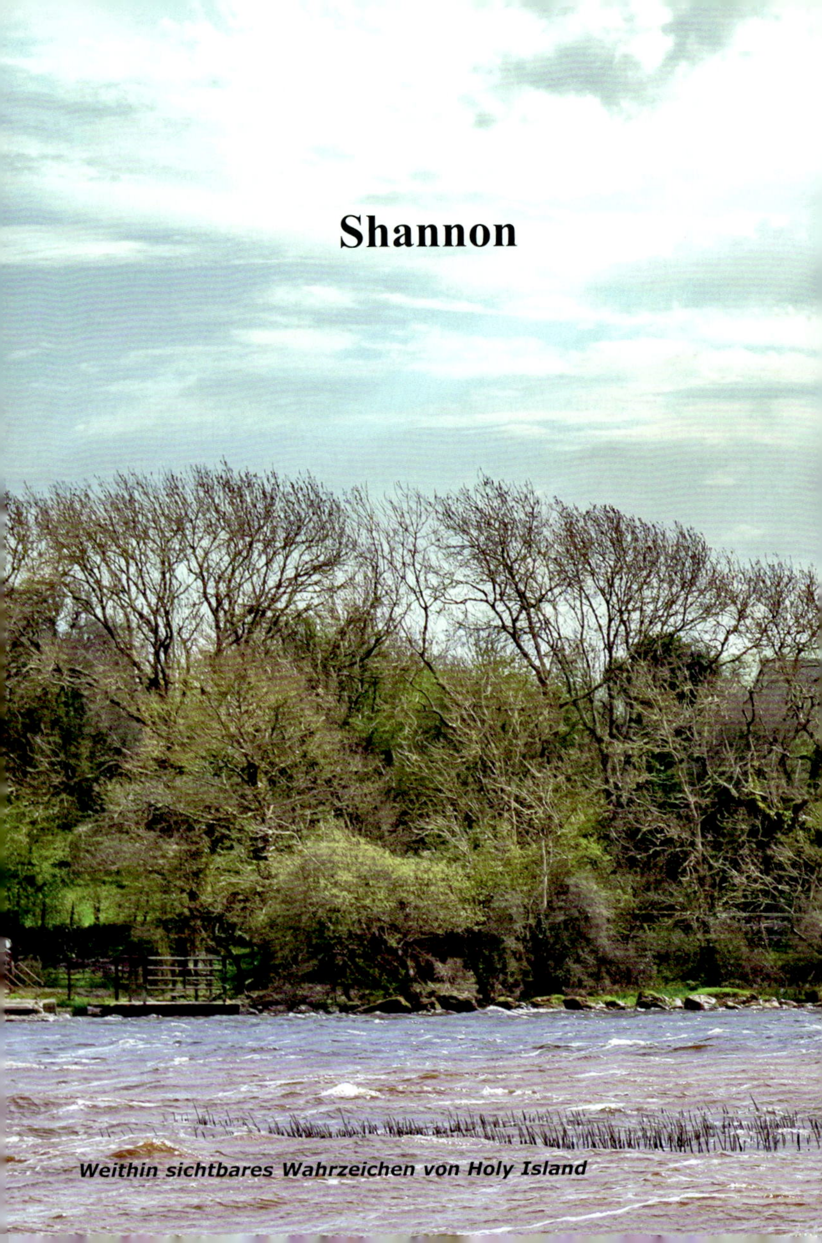

Weithin sichtbares Wahrzeichen von Holy Island

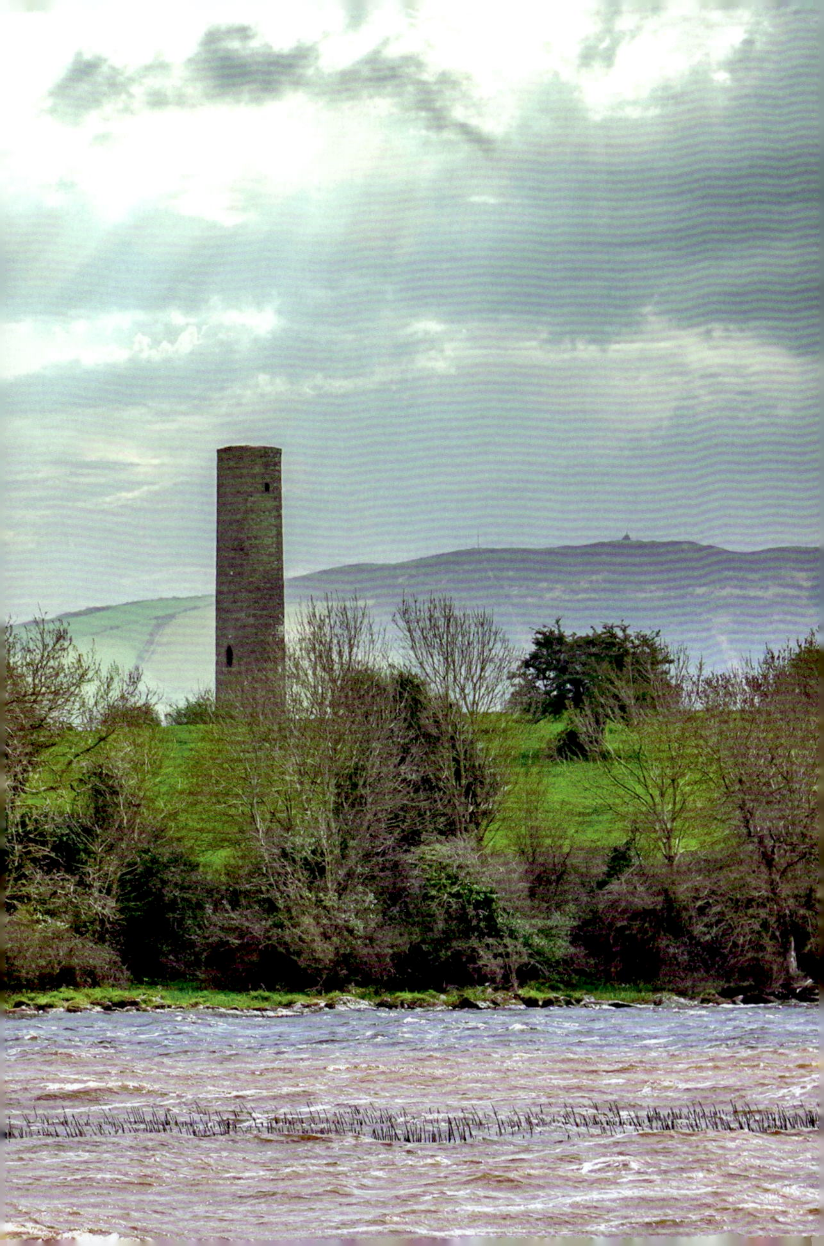

Der Shannon ist der **längste Fluss der irischen Insel**. Von seiner Quelle, dem sogenannten *Shannon Pot* an den Hängen des Cuilcagh Gebirges in der Grafschaft Cavan, bis zur Mündung in den Atlantik bei Loop Head ist er 344 km lang. Eine große Zahl von Bächen und Flüssen fließt ihm zu. Er hat damit ein Einzugsgebiet von mehr als 15.000 km^2.

Bei einer Gesamtfläche der Grünen Insel von 84.000 km^2 entwässert der Shannon damit mehr als 1/6 der gesamten Inselfläche. Der Fluss lässt sich in **drei Bereiche** einteilen:

▷ Der erste, nur 14 km lange nicht schiffbare Abschnitt verläuft von der Quelle bis zum Lough Allen durch gebirgige Landschaft. Hier verliert der junge Fluss 104 Höhenmeter.

▷ Vom Lough Allen bis nach Killaloe im Süden verläuft er gemächlich durch die mittelirische Ebene. Dies ist der schiffbare Bereich. Auf dem 186 km langen Abschnitt hat der Shannon nur noch ein Gefälle von 12 m, das die Schiffe durch Schleusen überwinden.

▷ Hinter Killaloe, für Charterboote ist dieser Abschnitt gesperrt, werden auf der kurzen Strecke bis Limerick nochmals 30 m Gefälle überwunden. Bei Limerick weitet sich der Shannon zu einer lang gezogenen Bucht, die in den Atlantik mündet.

Nur streckenweise ist der Shannon als typischer Fluss zu erkennen. Vielfach erweitert er sich zu den großen **Binnenseen** Lough Derg, Lough Ree und Lough Allen. Stellenweise bildet er eine Abfolge kleinerer Seen, wie sie für den Abschnitt südlich von Carrick-on-Shannon typisch sind.

Wussten Sie, dass die gelblichbraune Farbe des Flusswassers nicht durch industrielle Verschmutzung verursacht wird, sondern durch natürliche Torfrückstände im Wasser? Die gelblichbraune Färbung ist typisch für Gewässer in torfigen Regionen und kein Anzeichen für eine schlechte Wasserqualität.

Insgesamt steht dem Freizeitkapitän auf dem Shannon mit seinen Nebenrevieren, wie z. B. Lough Key, ein schiffbarer Wasserweg von nahezu 300 km zur Verfügung. Die gesamte Wasserfläche beträgt dabei über 2.000 km^2.

1. Lough Derg

Mit gut 40 km Länge ist Lough Derg der **größte Shannonsee** und der drittgrößte Irlands mit fast 13.000 ha Fläche. Im Norden ist der See flach, im Durchschnitt nur etwa 6 m tief. Zum Süden hin wird er immer tiefer und erreicht ein Maximum von über 40 m. Fast 70 Inseln, von denen einige in früheren Zeiten besiedelt waren, liegen im See verstreut.

Tourist Information Centre, touristische Informationen über den See und die Region finden Sie unter www.discoverloughderg.ie.

Lough Derg (= See des blutigen Auges) verdankt einer Legende nach seinen Namen folgender Begebenheit: Der einäugige König Eochy Mac Luchta erhielt Besuch von dem einflussreichen Barden Ahirny. Der Tradition gemäß musste der König dem Barden einen Wunsch erfüllen. Und dieser wünschte sich nichts weniger als das verbliebene Auge des Königs. Der König ging auf den Wunsch ein und riss sich das Auge heraus. Der jetzt vollkommen blinde König ließ sich an das Ufer des Sees führen und wusch sich dort die Augenhöhle aus, worauf sich das Wasser des Sees rot (= dearg) färbte.

Um den ganzen See mit seinen wichtigsten Sehenswürdigkeiten zu erkunden, sollten Sie mehrere Tage einplanen. Wer nur schnell von Killaloe nach Portumna oder umgekehrt fahren will, benötigt dafür auch schon einen halben Tag.

Der See ist bei stärkeren Winden häufig sehr aufgewühlt. Der Wellengang kann die kleinen Charterkreuzer in Schwierigkeiten bringen. Suchen Sie in solchen Fällen am besten einen schützenden Hafen auf, und warten Sie auf Wetterbesserung, die in Irland meist sehr schnell eintritt.

Die einzige Möglichkeit, auf dem Lough Derg an Diesel zu kommen, bietet die private Marina in Dromineer (☏ 067/244 99).

☺ Um die Orientierung auf dem See zu erleichtern, gibt es an markanten Stellen grüne bzw. rote Tonnen, die von Süd nach Nord aufsteigend mit den Buchstaben von A bis H gekennzeichnet sind.

Zur besseren Planung Ihrer Route auf dem Lough Derg finden Sie in der folgenden Aufstellung die einzelnen Anlegemöglichkeiten (in Nord-Süd-Richtung) mit ihren Serviceeinrichtungen:

	Plätze	WC					@			
Killaloe/Ballina	75	X	X	X		X	X		X	X
Tuamgraney/ Reddans Quay	4								X	X
Scarriff	16	X	X	X		X	X		X	X
Mountshannon	55	X		X		X	X			X
Garrykenedy	28	X	X	X	X	X	X		X	X
Dromineer	44	X	X	X		X	X	X		
Dromaan	22			X						
Williamstown	20	X		X						
Rossmore	22									
Kilgarvan	3	X								X
Terryglass	45	X	X	X			X		X	X
Portumna/Castl	25	X	X	X		X	X		X	X
Portumna/Connaught	8			X				X	X	X

Killaloe/Ballina

Tourist Information Centre auf der Killaloeseite der Brücke über den Shannon, 01/37 68 38, www.discoverloughderg.ie/killaloe-tourist-office, in der Saison tgl. 10:00-18:00

Private Anleger gibt es in ausreichend großer Anzahl, die öffentlichen Anleger, immerhin über 70, sind dem Ansturm in der Saison dagegen nicht immer gewachsen. Öffentliche Anleger mit Sanitäranlagen und Wasseranschluss gibt es auf der Westseite des Flusses gleich nördlich der Brücke und weiter flussauf am Ende des Hafens, die Duschen befinden sich in dem nördlichen Serviceblock. Darüber hinaus gibt es noch sechs Liegeplätze auf der Ostseite, allerdings ohne Sanitäranlagen, aber mit Abpumpstation. Während der Saison ist es ratsam, die Anleger möglichst früh anzusteuern, da die Liegeplätze schnell belegt sind.

SmartCards gibt es in Ballina in der Main Street in T.J's Angelzentrum (061/37 60 09 und 087/810 82 25). Von der Brücke geht man direkt auf das Geschäft zu.

Das Befahren des alten Kanals auf der Westseite des Flusses, der schöne Liegeplätze bot, ist aus Sicherheitsgründen für Mietboote verboten. Heute liegen dort nur Boote von Einheimischen, die überwiegend zum Angeln benutzt werden.

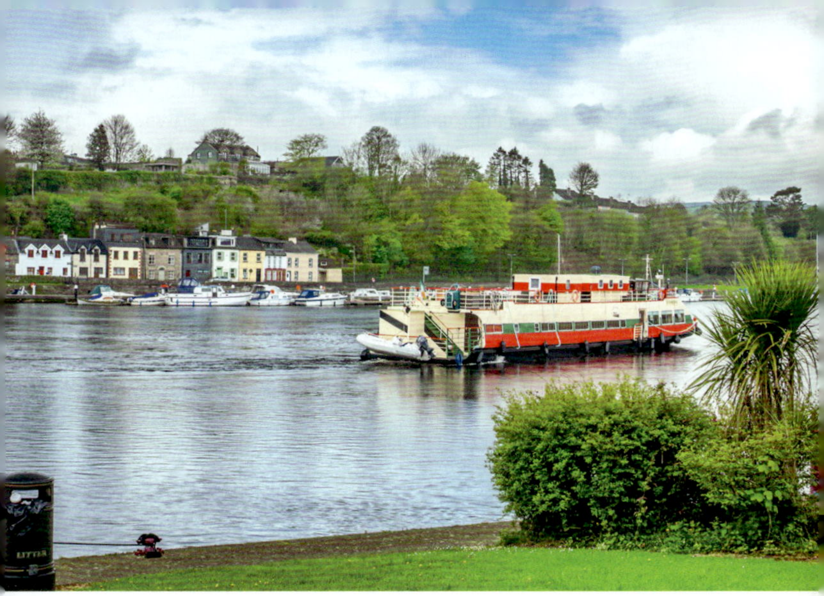

Blick auf Killaloe

Die beiden Orte Killaloe und Ballina liegen unterhalb vom Lough Derg in einem Tal, das im Westen von den Bergen des Slieve Bernagh und im Osten von den Arra Mountains begrenzt wird. Beide Orte bilden eine Einheit, gehören aber zu unterschiedlichen Grafschaften. Während das auf der Ostseite des Shannon liegende Ballina zum Co. Tipperary gehört, liegt Killaloe im Co. Clare. Touristisch gesehen ist Killaloe der wesentlich interessantere Ort.

Killaloe rühmt sich heute, einst einer der wichtigsten Orte in Irland gewesen zu sein. Die Stadt war Sitz des großen irischen Königs **Brian Boru**. Um die Jahrtausendwende setzte er sich in zahlreichen Schlachten gegen rivalisierende Könige und Wikinger durch, sodass er im Jahre 1002 zum Hochkönig (d.h. König von ganz Irland) gekrönt wurde. Seinen größten Triumph, den Sieg über die Wikinger bei Clontarf in der Nähe Dublins im Jahr 1014, erlebte er nicht mehr. Er fiel in der Schlacht. Nach diesem Sieg der Iren war die Macht der Wikinger gebrochen.

Brian Borus Palast, **Kincora**, soll auf dem Hügel gestanden haben, wo sich heute die katholische Kirche befindet. Nach seinem Tode war der Palast häufig Mittelpunkt im Kampf um die Macht in Irland. Er wurde mehrfach durch Angriffe und Feuersbrünste zerstört, jedoch immer wieder aufgebaut. Im Jahre 1119 wurde Kincora durch die rivalisierenden O'Connors erneut geschleift.

Die Reste des Palastes, wie Steine, Holz und andere Materialien, sollen in den Shannon geworfen bzw. später zum Bau anderer Gebäude verwendet worden sein. Von diesem Schlag erholten sich die O'Brians nicht mehr, und Killaloe verlor seine Vormachtstellung endgültig an Limerick. Der sagenhafte Palast wurde aufgegeben und nicht wieder aufgebaut.

Neben der Stellung als weltliches Zentrum war Killaloe auch ein wichtiger geistlicher Mittelpunkt. Seit dem 13. Jh. ist der Ort **Bischofssitz**. Der Ortsname wird abgeleitet von „cil da Lua", was so viel heißt wie „Kirche des Lua". Der heilige Lua war im 6. Jh. Abt. Ihm zu Ehren wurde im 9. oder 10. Jh. auf einer Shannoninsel unterhalb der Brücke die Kapelle **St. Lua** errichtet. Durch den Bau des Shannonkraftwerkes und den damit verbundenen Anstieg des Flusswasserstands wurde die Insel überflutet. Um das historische Gebäude vor dem Untergang zu retten, wurde es 1929 Stein für Stein abgetragen und an seinem heutigen Standort nahe der katholischen Kirche wiederaufgebaut.

✝ Sehenswert ist auch die **St. Flannan's Cathedral.** Mit dem Bau der Kathedrale wurde Ende des 12. Jh. begonnen, sie wurde aber schon bald darauf wieder zerstört. Sie ersetzte den an gleicher Stelle stehenden Palast von Brian Boru. Das heutige Gebäude stammt aus dem frühen 13. Jh., es charakterisiert den Übergang vom romanischen zum gotischen Baustil. Beachtenswert sind ein reich verzierter romanischer Torbogen und das Tonnengewölbe im Kircheninneren.

Beeindruckend ist die aus 13 Bögen bestehende **Steinbrücke**, die die beiden Orte Killaloe und Ballina miteinander verbindet. Weil sie so schmal ist, wird der Autoverkehr mit Ampeln geregelt. Die Brücke, die ursprünglich aus 19 Bögen bestand, wurde im Laufe der Zeit immer wieder umgebaut. Seit frühester Zeit war diese Stelle ein wichtiger Übergang über den Fluss. Bereits Mitte des 11. Jh. soll es hier eine Holzbrücke gegeben haben. Auf der Ostseite direkt an der Brücke befindet sich Molly's Pub, sogar mit Tischen draußen und Blick über den Fluss. Am Wochenenden ist Livemusik im Pub und die Jugend tobt sich in der im Keller liegenden Disco aus. Nur 100 m entfernt leicht hügelan liegen der Supermarkt McKeogh's sowie ein Imbiss auf der linken Straßenecke.

Killaloe ist Ausgangspunkt des **Garraunboy Walk** (Länge 7 km, 1¾ Std., grüne Pfeile), einem Rundwanderweg, der an der Brücke über den Shannon beginnt. Er bietet einen schönen Blick auf die Stadt und die Berge Tipperaries mit dem 461 m hohen Tountinna und dem 693 m hohen Keeper Hill.

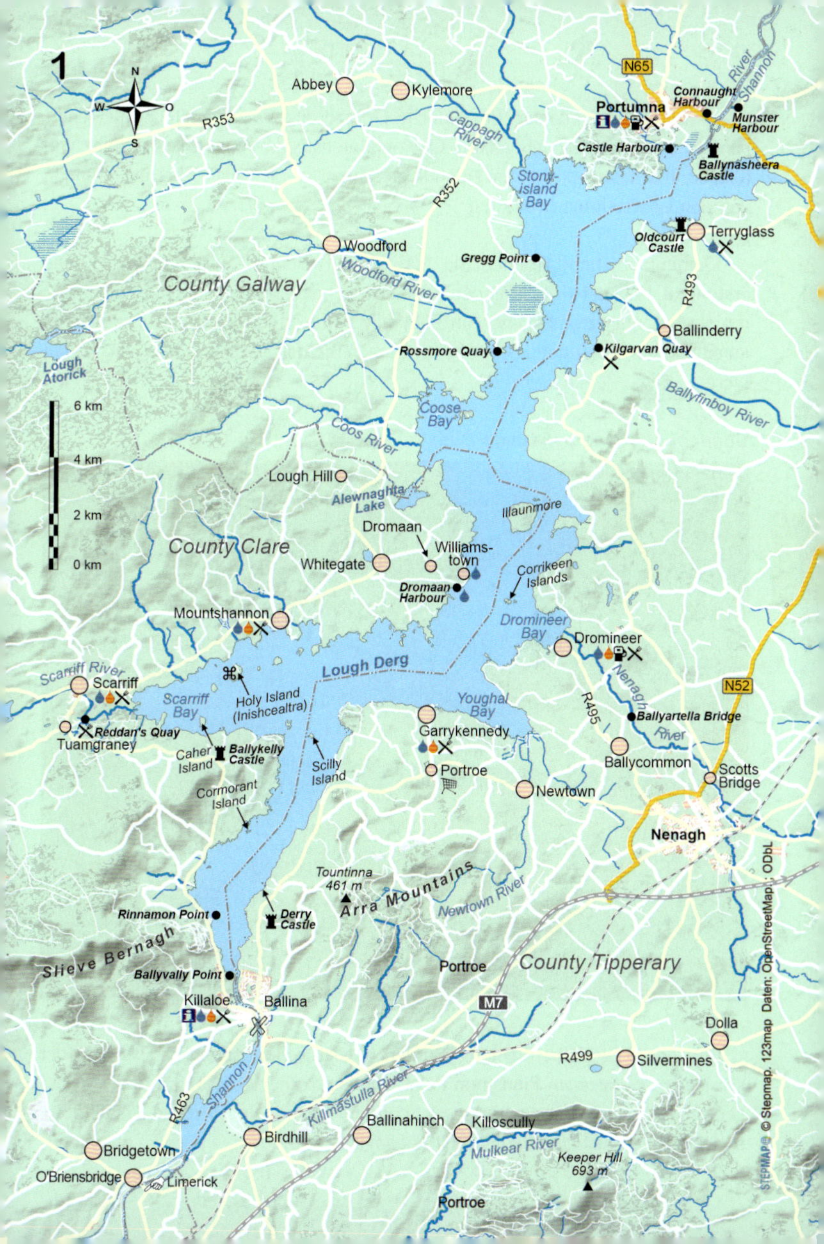
1
N
W
O
S
R353
Abbey
Kylemore
Cappagh River
N65
River Shannon
Portumna
Connaught Harbour
Munster Harbour
Castle Harbour
Ballynasheera Castle
Stony-island Bay
R352
Oldcourt Castle
Terryglass
Woodford
Woodford River
Gregg Point
County Galway
R493
Ballinderry
Rossmore Quay
Kilgarvan Quay
Lough Atorick
Ballyfinboy River
6 km
4 km
2 km
0 km
Coose Bay
Coos River
Lough Hill
Alewnaghta Lake
Illaunmore
Dromaan
Williams-town
County Clare
Whitegate
Dromaan Harbour
Corrikeen Islands
Mountshannon
Dromineer Bay
Dromineer
Lough Derg
Scarriff River
Scarriff
Holy Island (Inishcealtra)
Scarriff Bay
Youghal Bay
N52
Nenagh River
R495
Ballyartella Bridge
Reddan's Quay
Tuamgraney
Garrykennedy
Caher Island
Ballykelly Castle
Scilly Island
Portroe
Ballycommon
Scotts Bridge
Newtown
Cormorant Island
Nenagh
Tountinna 461 m
Arra Mountains
Newtown River
Rinnamon Point
Derry Castle
Slieve Bernagh
Ballyvally Point
Portroe
County Tipperary
Killaloe
Ballina
M7
Dolla
R499
Silvermines
Shannon
Killmastulla River
R463
Ballinahinch
Killoscully
Birdhill
Bridgetown
Mulkear River
Keeper Hill 693 m
O'Briensbridge
Limerick
Portroe
© Stepmap, 123map Daten: OpenStreetMap, ODbL
STEPMAP

☝ Die Brücke markiert die südliche Grenze des für gemietete Boote schiffbaren Bereiches auf dem Shannon. Obwohl durchaus die Möglichkeit besteht, von Killaloe über Limerick bis zum Atlantik zu fahren, ist dies aus Sicherheitsgründen von den Charterfirmen verboten.

Dementsprechend können Sie nur flussauf Richtung Norden fahren. Die ersten gut 1,5 km ist der Shannon noch sehr schmal. Von einem Ufer zum anderen sind es nur etwa 150 m. Am **Ballyvally Point** öffnet er sich dann zu einem immer breiter werdenden See. Hier erreichen Sie das südliche Ende vom Lough Derg.

Sonnenuntergang am Lough Derg

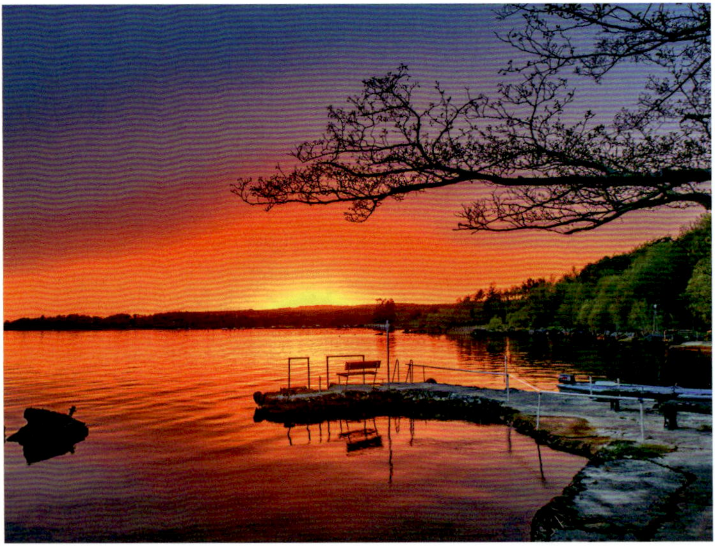

Auf der Weiterfahrt Richtung Norden passieren Sie nach etwa 2 km auf der Westseite des Sees am **Rinnamon Point** eine Landzunge, wo Sie zahlreiche Anleger sehen können. Die gehören zu Scouting Ireland, den irischen Pfadfindern, und sind nicht für die Öffentlichkeit zugänglich.

Etwa 2 km nordwestlich vom Rinnamon Point können Sie eine kleine Insel auf der Ostseite des Sees entdecken. Sie ist mit dem Festland durch einen Damm verbunden, der verfallen und meistens überflutet ist. Hier steht die Ruine von **Derry Castle**, die aber vom Wasser aus schlecht zu sehen ist. Die Burg war eines der typischen befestigten Turmhäuser, die zwischen dem 15. und 17. Jh. rund um den See gebaut wurden. Die Insel ist nur mit dem Dingi zu erreichen.

Auf der Westseite des Sees passieren Sie anschließend eine Reihe von Inseln, die dicht am Ufer liegen und auch nur mit dem Beiboot zu erreichen sind. Sie tragen so schöne Namen wie Cormorant (Kormoran) Island, Swan (Schwan) Island oder Goos (Gans) Island.

Weiter im Norden liegt **Scilly Island**. Bei windigem Wetter sollten Sie westlich um die Insel herumfahren. Achten Sie hier auf die grünen und roten Marker und halten Sie sich von den Lushag Rocks im Westen und den Felsen nördlich der Scilly Island fern. Am Ende der Felsen treffen Sie auf die große grüne Tonne A. Nach Westen gelangen Sie in die **Scarriff Bay**.

Achten Sie hier besonders auf die Middle Ground Rocks, eine felsige Untiefe, die durch zwei grüne und zwei rote Marker gekennzeichnet ist. Fahren Sie auf keinen Fall zwischen den Bojen der Vierergruppe hindurch.

Eine weitere Ruine, **Ballykelly Castle**, können Sie weiter westlich auf der kleinen Insel Caher Island im Süden der Scarriff Bay sehen. Die Insel ist von Felsen und Untiefen umgeben und nur schwer zugänglich. Aus diesem Grund war das Schloss lange Zeit eine illegale Whiskeybrennerei, bis es 1827 auf Betreiben der Steuerbehörden von der Armee gesprengt wurde.

Noch weiter westlich liegt die Einfahrt in den **Scarriff River**, der Sie bis zum Hafen von Scarriff bringt. Der Abschnitt von der Mündung bis nach Scarriff Harbour ist landschaftlich besonders schön und vermittelt wegen der Enge ein Amazonas-Feeling. Hier passieren Sie zunächst **Reddan's Quay**, den kleinen Anleger von **Tuamgraney**.

Tuamgraney

Ein schöner, ruhiger Platz für eine Handvoll Boote, der allerdings keinerlei Infrastruktur bietet. Wer aber einen kurzen Fußweg nicht scheut, gelangt nach etwa 700 m in den Ort, wo man mit Nuala's Bar & Restaurant eine Einkehrmöglichkeit findet und an der Tankstelle einen kleinen Supermarkt, der 24 Stunden an sieben Tagen die Woche geöffnet hat.

In **Tuamgraney** gibt es eine bemerkenswerte **Kirche** zu sehen, die bis 1987, als die protestantischen Gottesdienste eingestellt wurden, zu den ältesten noch benutzten Kirchen Irlands gehörte. Der westliche Teil der Kirche stammt von 969. Um das Jahr 1000 soll Brian Boru die Kirche saniert haben. Der östliche Teil ist jünger, er wird auf das 12. Jh. datiert. Oben am Ostgiebel ist die Büste von St. Cronan zu sehen, der hier im 6. Jh. ein Kloster gründete, das engen Kontakt zum Kloster von ☞ Clonmacnoise unterhielt.

Der Ortsname leitet sich aus einer alten irischen Sage ab: Gráinne, die Tochter des großen Häuptlings Finn, fiel beim Wasserholen in eine magische Quelle und ertrank. Daraufhin überflutete die Quelle die gesamte Ebene und bildete den heutigen See Lough Graney, etwas westlich der Scarriff Bay. Die Ertrunkene wurde von den Wassern fortgetragen und an Land gespült. Hier wurde sie dann begraben, und über dem Grab bildete sich ein Hügel, der Tuaimgráinne (Grab der Gráinne) genannt wurde.

Von Reddan's Quay sind es nur noch gut 600 m auf dem River Suck bis zum Hafen von Scarriff.

Einfahrt zum Hafen von Scarriff

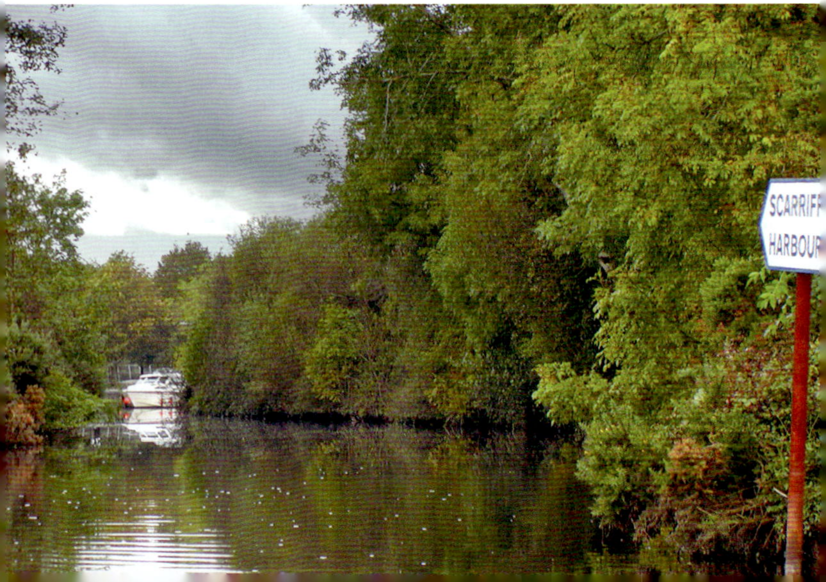

Scarriff

WC

Der Hafen, an dem auch ein modernes Bürohaus von Waterways Ireland liegt, hat einige Betonboxen, wo bis zu 16 Boote anlegen können. Es gibt WC, Duschen, Trinkwasser und eine -Station. Da er absolut wind- und strömungsgeschützt liegt, ist ein sicheres und entspanntes Übernachten möglich. Zum Städtchen Scarriff mit einigen Pubs, Take-aways, Supermärkten und weiteren Versorgungsmöglichkeiten sind es nur knapp 10 Gehminuten.

☺ SmartCards gibt es im Büro von Waterways Ireland (☏ 061/92 20 33).

Scarriff ist von alters her ein kleiner Handelsort am gleichnamigen Fluss, wenige Kilometer von der Mündung in den Lough Derg entfernt. Früher war das Städtchen mit dem Schiff nur im Winter zu erreichen, wenn der Wasserstand entsprechend hoch war. Bereits im Jahre 1840 hat man den Fluss ausgebaggert und einen kleinen Hafen angelegt.

Die einst bei Freunden irischer Musik weit bekannte Merriman Tavern wurde vor einigen Jahren geschlossen. Das 1963 eröffnete Gasthaus mit Bar und Restaurant war in einer alten Getreidemühle aus dem Jahre 1865 untergebracht. In der Tavern wurde samstags Livemusik von bekannten irischen Solisten oder Gruppen geboten. So traten hier u. a. Paddy Reilly, die Chieftains, die Clancy Brothers, Clannad, die Fureys und die Dubliners auf. Liebhaber irischer Folkmusic warten immer noch darauf, dass die Tavern ihre Pforten wieder aufmacht. Aber keine Angst, es gibt genügend Pubs in Scarriff, um den Durst zu stillen.

Für Angler ist der Ort ein idealer Ausgangspunkt, da die Scarriff Bay als sehr gutes Revier für Hechte gilt. Von Anglern gefürchtet ist allerdings die Scarriff Breeze, ein Wind, der das Wasser plötzlich unangenehm aufwirbeln kann.

Von Scarriff aus sind eine Reihe schöner Rundwanderwege markiert:

- Der **Carrowmore Walk** (Länge 5 km, 1 ¼ Std., orange Pfeile) ist ein kurzer Spaziergang an die Scarriff Bay mit schönen Blicken über den See.
- Der **Sheaun Walk** (Länge 7 km, 1 ¾ Std., blaue Pfeile) führt durch üppig grünes Weideland und Wald in den Norden von Scarriff. Auch er bietet herrliche Blicke auf den See mit seinen Inseln und die umliegenden Berge.

Wieder zurück in der Scarriff Bay halten Sie sich nun mehr nördlich und orientieren sich an den grünen Tonnen. Vorbei an Rabbit und Red Island erreichen Sie **Holy Island**, die im Gälischen Inishcealtra genannt wird.

Holy Island (Inishcealtra)

Die etwa 20 ha große „Heilige Insel“ ist sicherlich der Höhepunkt der Scarriff Bay. Ihr gut erhaltener Rundturm dominiert die ganze Südwestecke des Sees. Das erste Kloster wurde auf Inishcealtra bereits im 7. Jh. vom heiligen Caimin errichtet, der es zu großer Blüte brachte. Er verstarb 653. Allerdings wird die Insel auch schon mit früher lebenden Heiligen in Verbindung gebracht. 836 wurde die Anlage das erste Mal von Wikingern überfallen und später auch im 10. Jh. mehrfach von den Nordmännern geplündert und verwüstet. Bis zum 17. Jh. herrschte ein reges religiöses Leben auf der Insel. Dann wurden die Gottesdienste bis auf eine jährliche Wallfahrt zu Pfingsten eingestellt. Im 19. Jh., als keine Mönche mehr auf der Insel lebten, wurde auch die Wallfahrt verboten.

Heute wird die Insel noch von einigen ortsansässigen Familien genutzt, die das Recht haben, dort begraben zu werden. Dieser Nutzung verdankt das Eiland auch den Namen. Inishcealtra ist aus dem gälischen „inis cealtra“ abgeleitet, was „Insel der Begräbnisstätte“ heißt.

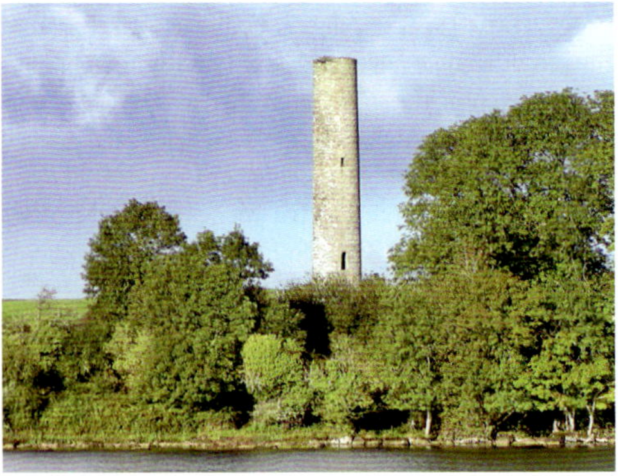

Rundturm auf Inishcealtra

⌘ Weithin sichtbares Wahrzeichen ist der 22 m hohe **Rundturm**, der wahrscheinlich im 11. Jh. erbaut wurde. Der fehlende obere Teil des Turmes ist nicht durch eine Zerstörung verlorengegangen, vielmehr wurde er aus unbekannten Gründen nie fertiggestellt. Rundtürme dieser Art waren in Irland weit verbreitet, und der erste wurde bereits im Jahr 964 erbaut. Sie dienten als Wach- und Glockentürme, als Aufbewahrungsort von Klosterschätzen und als Fluchtort für die Mönche. Die Eingänge waren sämtlich mehrere Meter über dem Boden angebracht und wurden über eine Leiter erreicht, die ins Innere hochgezogen werden konnte. Die Turmmauern waren meist 0,5 m dick, sodass innen auf den vier und mehr Stockwerken bedrückende Enge herrschte. Einige Historiker gehen davon aus, dass die irischen Rundtürme die Vorbilder für unsere Kirchtürme waren.

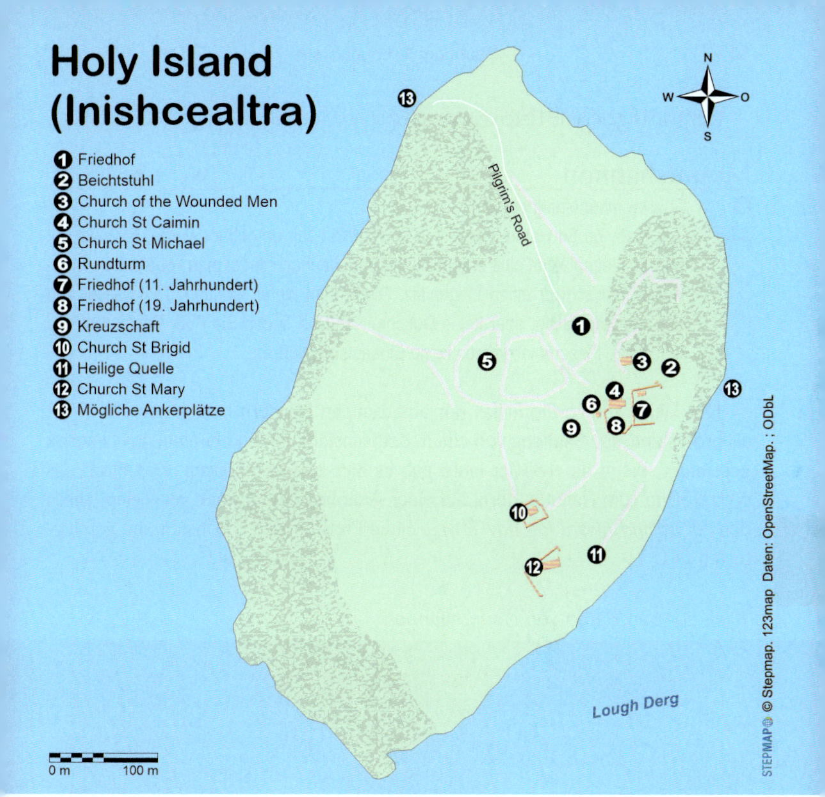

Neben dem Rundturm sind noch die mehr oder weniger gut erhaltenen Reste von sechs Kirchen, Grabstätten und Friedhöfen aus verschiedenen Jahrhunderten zu sehen. Beachtenswert ist auch die heilige Quelle, die den Höhepunkt der Wallfahrt zur Insel darstellte: „Wenn du die Spiegelung im Wasser siehst, sind deine Sünden vergeben.“

Es gibt keinen Anleger an der Insel. Sie müssen also ankern und mit dem Dingi hinüberfahren. Wenn Sie kein Dingi haben, können Sie vom Hafen Mountshannon zu einer geführten Tour aufbrechen oder sich dort am Hafen ein Boot mit Außenborder mieten.

Achten Sie auch hier bei der Weiterfahrt auf die Untiefe **Middle Ground**, die Sie jetzt nördlich passieren. Sie engt die Durchfahrt stark ein und ist durch zwei rote und zwei grüne Marker begrenzt.

Der nächstgelegene Hafen ist Mountshannon, der etwa 2 km nordöstlich liegt.

Mountshannon

WC @

www.mountshannon.com

Der relativ große Hafen, der erst in den 1970er-Jahren gebaut wurde, hat zwar mit über 50 Liegeplätzen eine ordentliche Größe, dennoch findet man vor allem im Sommer oft nur schwer einen Liegeplatz. Die Marina bietet Toiletten, Trinkwasser und eine Abpumpstation, aber keine Duschen. Im Dorf finden Sie Pub, Restaurant und sogar eine Pizzeria, allerdings keine Einkaufsmöglichkeit.

Das kleine ruhige Dorf, das nur aus wenigen Häusern besteht, wurde 1742 als protestantische Siedlung von einem deutschstämmigen Kaufmann aus Limerick gegründet, bis in die 1830er-Jahre gab es hier keine Katholiken. Das Dorf, das etwa 500 m vom Hafen entfernt auf einer Anhöhe liegt, gewann vor vielen Jahren den *All Ireland Award for Tidy Towns*, einen Preis für den schönsten und gepflegtesten Ort.

Blick auf den Hafen von Mountshannon

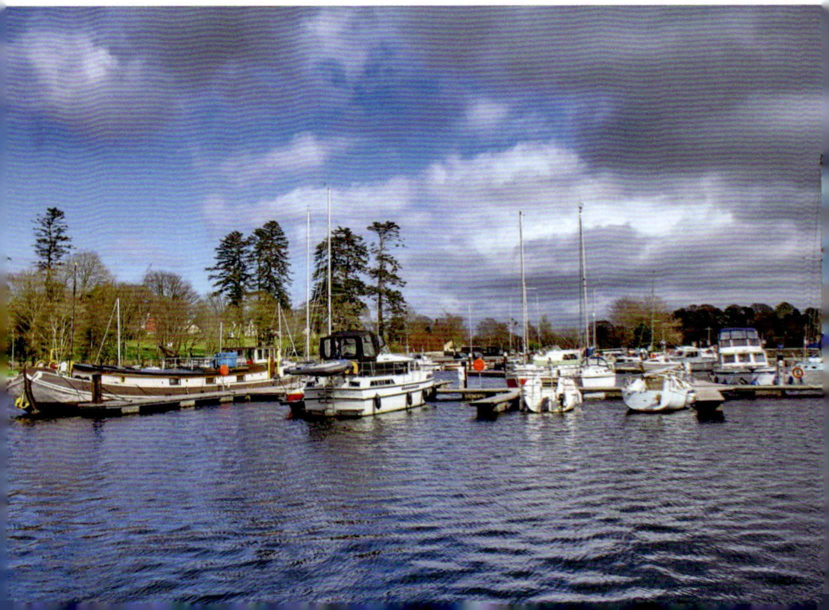

Der Hafen des kleinen Ortes ist einer der größten im ganzen Lough Derg und ein attraktives Seglerzentrum, weshalb hier neben Motorbooten besonders viele Segelschiffe festmachen bzw. vor Anker auf Reede liegen. Er wurde ursprünglich gebaut, um das Sediment des Sees anzulanden, das in der Gegend als Dünger verwendet wurde.

Vorzeigeprojekt des Dorfes ist der zwischen Straße und Hafen gelegene wunderschöne **Aistear Inis Cealtra Public Park**, der erst 2011 ganz fertiggestellt wurde und die Geschichte des Dorfes widerspiegeln soll. Große Grünflächen mit verschiedenen Pflanzen, ein Amphitheater, ein Labyrinth, ein Teich und ein Spielplatz locken zahlreiche Besucher. Besonderes Interesse verdient das mit Steinmauern angelegte Labyrinth, das an sieben Stationen die Entwicklung der irischen Spiritualität von den Anfängen bis heute zeigt. Bemerkenswert ist auch der schöne Blick, den man durch den großen Steinbogen am Haupteingang auf die Insel Inishcealtra hat.

Vom in den 1970er-Jahren gebauten Hafen aus, der sich heute auch bei Anglern großer Beliebtheit erfreut, hat man ebenfalls einen schönen Blick auf Inishcealtra.

Vom Hafen werden Bootstouren nach Inishcealtra durchführt (Erwachsene € 12, Kinder € 7).

- Holy Island Boat Trips, Gerard Madden, ☏ 061/92 16 15 oder 086/874 97 10, www.holyisland.ie

Von Mountshannon aus können Sie eine Reihe schöner Wanderungen unternehmen. Empfehlenswert ist z. B. der als Rundweg angelegte **Morgans Lane Walk** (Länge 3 km, ¾ Std., grüne Pfeile), der an der Straßenkreuzung im Zentrum des Ortes beginnt. Er führt in ein mit Laubbäumen und Sträuchern dicht bewachsenes Gebiet oberhalb des Ortes, von wo aus man herrliche Blicke auf den Shannon und Inishcealtra hat.

Von Mountshannon erreichen Sie den nächsten Hafen Garrykennedy auf der Südseite des Sees nach etwa 7,5 km.

Garrykennedy

WC @

Garrykennedy hat neben dem kleinen alten Hafen (11 Liegeplätze) seit 2007 einen modernen Hafen (28 Liegeplätze) mit einem großen Sanitärgebäude mit WC, Dusche und sogar Waschmaschine. Es gibt zahlreiche Picknicktische mit Grillmöglichkeit und einen Kinderspielplatz und zwei Pubs am Hafen (Larkins mit Fischkarte und Ryans mit Biergarten). Im etwa 2,5 km südlich gelegenen kleinen Ort Portroe gibt es einen Supermarkt.

Bei windigem Wetter sollten Sie am neuen Anleger Ihr Boot möglichst weit im Westen festmachen. Dort finden Sie die ruhigsten Plätze. Wer die Herausforderung beim Anlegen nicht scheut, kann auch im engen alten Hafen festmachen. Durch die hohen Steinmauern und die enge Einfahrt ist er völlig windgeschützt.

Im Larkins erhalten Sie SmartCards (☏ 067/232 32).

Der Ort hat seinen Namen von den O'Kennedys, die hier eine Burg in Form eines Turmhauses errichteten, die bereits 1654 erwähnt wird. Reste davon sind noch neben dem alten Hafen zu sehen. Der Hafen wurde 1829 gebaut, wobei im Wesentlichen Steine der Burg für die Kaimauern verwendet wurden. Garrykennedy diente lange Zeit als Umschlagplatz für den Schiefer der umliegenden Steinbrüche, vor allem aus Portroe.

Der alte Hafen von Garrykennedy ist besonders windgeschützt

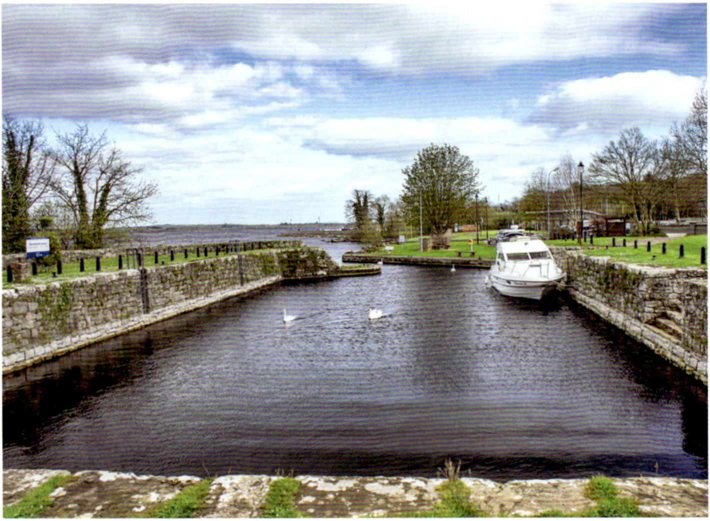

Vom Hafen aus können Sie einen kurzen, schönen Waldspaziergang unternehmen, der mehr oder weniger nah am Ufer Richtung Westen führt. Unterwegs kommen Sie an Grillplätzen vorbei und überqueren kleine Bäche auf Holzbrücken oder über *stepping stones.*

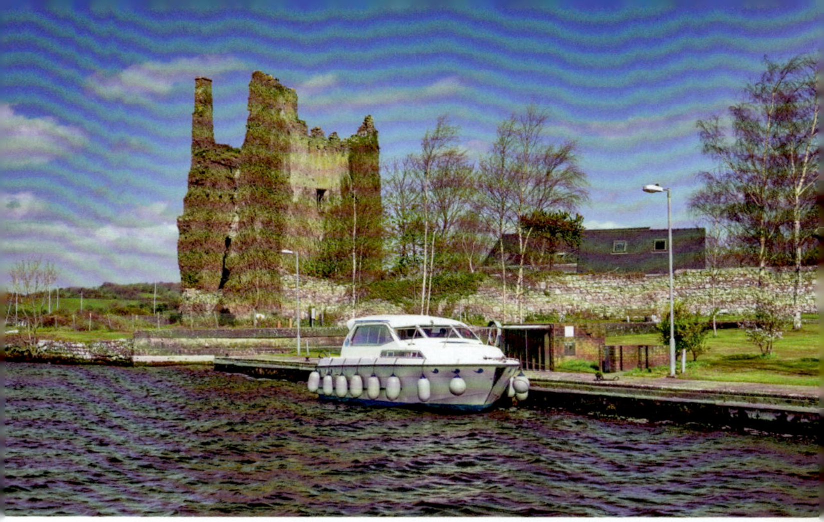

In Dromineer steht direkt am Anleger eine Burgruine aus dem Mittelalter

Die sich im Osten anschließende Bucht, die Youghal Bay, ist befahrbar, bietet aber nichts Besonderes. Der nächste Hafen, Dromineer, liegt etwa 6 km nordöstlich am Ostufer vom Lough Derg in der Dromineer Bay. Bei der Einfahrt passieren Sie die kleine Insel Goose Island.

Dromineer

WC @

Im Hafen (44 Liegeplätze) steht seit 2006 ein Sanitärtrakt mit WC und Duschen. Trinkwasser und eine Abpumpstation gibt es ebenfalls. Ein Spielplatz mit Picknickbereich ergänzt das Angebot. Einkehrmöglichkeiten sind vorhanden, Einkaufsmöglichkeiten aber nicht. Die nächste finden Sie im etwa 9 km entfernten Städtchen Nenagh. In der privaten Marina von Shannon Sailing bekommen Sie Diesel (☏ 067/244 99).

Bei starken Winden aus westlichen bis nördlichen Richtungen kann das Wasser an der Ostseite des Hafens (dort wo der Turm steht) sehr kabbelig werden.

SmartCards gibt es im Restaurant The Whiskey Still (☏ 067/241 29).

Dromineer liegt am Nenagh River, der etwas nördlich des Hafens in den See mündet. Der Ort ist schon seit langer Zeit ein wichtiger Hafen am Shannon. Bereits Anfang des 19. Jh. gab es hier eine Anlegestelle. Im Jahre 1829 wurde ein richtiger Pier gebaut. Von diesem Zeitpunkt an entwickelte sich der Hafen zu einem wichtigen Segelzentrum. Heute ist er Sitz des Lough Derg Yacht Club, der 1837 gegründet wurde und damit der drittälteste der Welt ist.

Direkt am Hafen liegt in einem schönen Natursteingebäude das Lake Café sowie das Lough Derg House, eine preiswerte Unterkunftsmöglichkeit. Nur wenige Schritte entfernt finden Sie The Whiskey Still, ein empfehlenswertes Restaurant mit Bar. Das Haus lockt zahlreiche Besucher von weither an. Das einst renommierte Dromineer Bay Hotel, das ebenfalls ein beliebtes Restaurant hatte, ist ein weiteres Opfer der Finanzkrise. Das Hotel ist seit Jahren geschlossen, wartet auf einen neuen Besitzer und verfällt zusehends.

In den letzten Jahren hat sich der Ort zu einem Zentrum für Wassersportler aller Art entwickelt, sodass er in der Saison sehr voll ist. Dazu hat auch der Neubau einer Feriensiedlung beigetragen.

Im Westen direkt neben dem Hafen liegt eine kleine Badebucht mit einem Kiesstrand. An der Kaimauer im Osten steht eine **Burgruine** aus dem 13./14. Jh., die im 15./16. Jh. zu einem vierstöckigen Tower House umgebaut und erweitert wurde. Das Gebäude gehörte mit seinen vier Stockwerken zu den größten seiner Art in Irland. 1650 wurde es von Cromwellschen Truppen belagert und schließlich eingenommen. Ende des 17. Jh. wurde es immer weniger genutzt und verfiel schließlich mehr und mehr.

Ebenfalls im Hafen befindet sich der **Canal Store**, der seit etwa 1850 das kommerzielle Zentrum der kleinen Hafenstadt war. Hier wurden die Güter umgeschlagen, die aus dem Hinterland um Nenagh ihren weiteren Weg auf dem Shannon bis Limerick und über Kanäle nach Dublin fanden. Erst 1950 wurden die Aktivitäten hier eingestellt.

Auf dem alten **Friedhof** des Ortes steht die Ruine einer kleinen romanischen Kirche. Der Bau soll im 12. Jh. von Mönchen von Inishcealtra, die hier eine neue Siedlung gründen wollten, begonnen worden sein. Allerdings ist die Kirche wohl nie fertiggestellt worden.

Die Gegend um Dromineer bietet interessante Wandermöglichkeiten: Besonders schön ist der **Sli Eala** (➲ 10 km, 2,5 Std., markiert mit Sli-Eala-Zeichen).Der Schwanenweg (*Sli Eala = Swan Way*) verbindet den historischen Ort Dromineer mit Scotts Bridge etwa 2,5 km nördlich von Nenagh an der N52. Über weite Strecken führt er entlang des Nenagh Rivers, der hier Heimat einer großen Zahl von Höckerschwänen ist. Unterwegs passieren Sie die fünfbogige Ballyartella Bridge aus dem frühen 18. Jh. und die Ruinen einer Burg aus dem 16. Jh.

Gegenüber auf der Westseite des Sees liegen die beiden Häfen Dromaan und etwas nördlicher Williamstown. Beide sind von Whitegate, dem nächsten Dorf, mehrere Kilometer entfernt. Auf der Fahrt quer über den See passieren Sie die Corrikeen Islands, die bei Niedrigwasser durch eine Landbrücke verbunden sind. Bei Hochwasser ist diese überschwemmt und man sieht zwei Inseln. Hier kann man häufig ruhende Kormorane und andere Vögel beobachten.

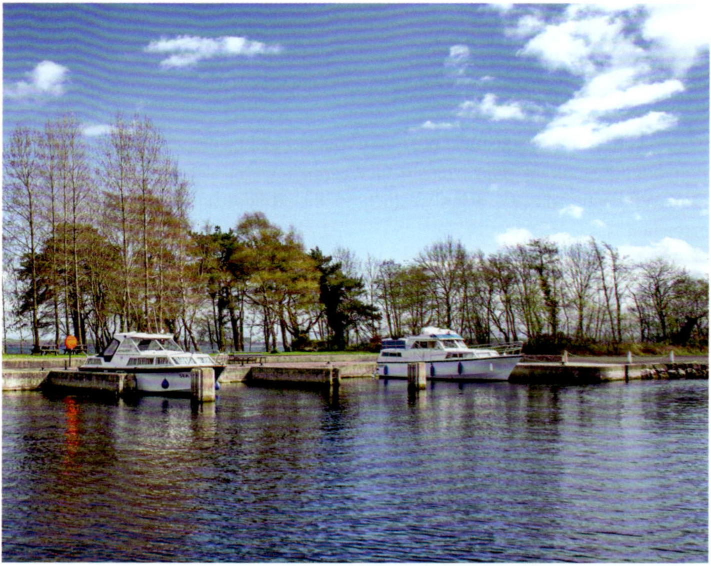

Im Hafen von Dromaan kann man sicher und ruhig übernachten

Dromaan

Dromaan (auch Drummaan) wird auf einer schmalen, von Felssteinmauern gesäumten kanalähnlichen Zufahrt erreicht. Der Hafen hat immerhin Platz für bis zu 22 Boote, bietet außer mehreren Picknicktischen und einer Wasserstelle keine Infrastruktur, ist aber für eine ruhige Übernachtung gut geeignet.

Williamstown WC

Der Hafen ist sehr klein und meist mit Booten völlig überfüllt und auch die Einfahrt ist sehr eng. Zum Glück wurden vor einigen Jahren mehrere Pontons vor der Hafeneinfahrt angelegt, die leicht anzusteuern sind. Von hier gelangen Sie auf einem kurzen Fußweg in den Hafen.

Der Ort war in der Vergangenheit ein bei Anglern beliebtes Zentrum. Heute ist davon allerdings nicht mehr viel zu sehen. Das im Jahre 1820 gleichzeitig mit dem Hafen gebaute Hotel wurde bereits 1860 wieder geschlossen, als die Handelsschifffahrt auf dem Shannon mehr oder weniger eingestellt wurde. In den 20er-Jahren des vergangenen Jahrhunderts brannte das Hotel bis auf einige Nebengebäude ab, die heute als Ferienunterkünfte vermietet werden. Der Hafen mit einer alten Felssteinmole wurde wiederhergestellt und diente bis Anfang 2014 der Schiffsvermietungsfirma Shannon Castle Line als Basis.

Weder in Williamstown noch in Dromaan gibt es eine Einkaufsmöglichkeit, Pub oder Restaurant. Die nächste Gelegenheit bietet sich erst in dem kleinen Dorf Whitegate, das ca. 3 km westlich im Inland liegt und über eine Straße zu erreichen ist.

Der Marker Benjamin Beacon bei den Benjamin Rocks

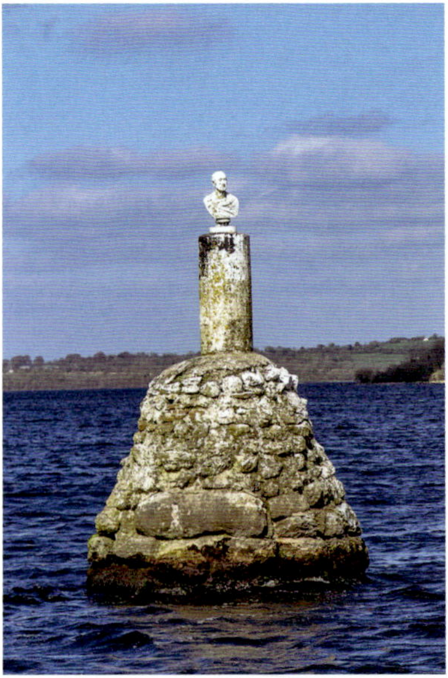

Auf der Weiterfahrt nach Norden passieren Sie die **Benjamin Rocks**, eine Untiefe mit einer schmalen Fahrrinne zum Ufer hin. Die Unterwasserfelsen hier sind schon vielen Kreuzern zum Verhängnis geworden. Hier passieren Sie einen merkwürdigen Marker, Benjamin Beacon genannt, der auf einem Fundament aus Felssteinen steht. Obendrauf ist eine Büste befestigt, die vermutlich Charles Tottenham darstellt, der ein Peer war, also ein Mitglied des britischen Hochadels im Oberhaus. Nach Auskunft von Waterways-Ireland wurden dieser und ein weiterer Marker weiter im Norden vom Lough Derg in den 1950er-Jahren (vermutlich als Eulenspiegelei, als Streich) von der Familie Tottenham aufgestellt.

Gleich darauf kommen Sie an der größten irischen Binneninsel, **Illaunmore**, vorbei, die östlich von Ihnen liegt. Von einer ehemaligen **Mönchssiedlung** sind nur noch die Ruine einer Kirche sowie einige Grabplatten aus dem 7. oder 8. Jh. erhalten. Illaunmore ist nur mit dem Dingi zu erreichen.

Die bis hierhin mehr oder weniger hügelige Landschaft wird zunehmend flacher.

Den nächsten Anleger finden Sie gut 8 km nördlich von Williamstown auf der Westseite des Sees in der schmalen Bucht von Rossmore.

Rossmore

Der Anleger mit seinen 22 Liegeplätzen bietet keinerlei Versorgungsmöglichkeiten, einzig eine Holzbank mit Tisch könnte man als Picknickmöglichkeit bezeichnen.

Dennoch ist er vor allem bei Anglern wegen des Fischreichtums der Bucht sehr beliebt. Der Woodford River, der hier mündet, ist bis zu einem größeren ausgebaggerten Wendebassin befahrbar.

Bei stärkeren Winden aus Nordost bis Südwest ist ein Übernachten in dem ungeschützten Hafen nicht zu empfehlen.

Etwas weiter nördlich auf der anderen Seite des Sees liegt der kleine Hafen Kilgarvan.

Kilgarvan

WC

Der hintere Teil des Hafens ist privat. Der vordere öffentliche Teil bietet nur Platz für etwa drei Boote. Vor allem bei stärkeren Westwinden kann es hier sehr ungemütlich werden.

Kilgarvan war früher einer der wichtigsten Umschlagplätze für Gerste, die von hier nach Banagher zur Mälzerei verschifft wurde.

Empfehlenswert wegen seines guten Essens und der gemütlichen Atmosphäre ist das etwa 400 m vom Hafen entfernt liegende Restaurant Brocka on the Water.

Gourmets rechnen es zu den 100 besten Restaurants in Irland, was sich natürlich auch in den Preisen niederschlägt (Abendessen ab € 40).

Der nächste Hafen, den Sie ansteuern können, ist Terryglass.

Terryglass

WC @

Die beiden Häfen sind gut frequentiert. Im Sommer ist spätestens ab 17:00 alles belegt. Sie bieten ein Servicegebäude mit WC und Duschen. Trinkwasser und Strom sind ebenso wie ein Picknickareal und ein Spielplatz vorhanden. Der alte Hafen mit den Steinanlegern ist gut geschützt und sehr gemütlich. An den neueren, etwas östlich liegenden Schwimmstegen kann es etwas windig werden. In den netten kleinen Ort ist es nur ein kurzer, etwa 600 m langer Spaziergang. Dort finden Sie die gemütlichen Pubs Derg Inn (mit Livemusik an Sonntagen und sehr empfehlenswerten Mahlzeiten) und Paddys Bar sowie einen Krämerladen.

☺ SmartCards gibt es sowohl in Paddys Bar (☏ 067/221 47) als auch im Derg Inn (☏ 067/220 37).

Der Ort ist seit dem 6. Jh. besiedelt, als der heilige Colum mac Cremthain ein **Kloster** gründete. Die Klosterkirche wurde 845 durch die Wikinger geschleift und wiederum 1162 durch einen Brand zerstört. Die Ruine steht heute im Zentrum des Ortes. Hier wurde das ***Book of Leinster*** geschrieben, ein ebenso kunstvoll gearbeitetes geistliches Buch wie das berühmtere *Book of Kells*. Beide Bücher sind heute im Trinity College in Dublin ausgestellt.

Sehenswert sind die ehemals protestantische **Old Church,** in der sich heute ein Kunstgewerbeladen etabliert hat, sowie der Friedhof mit uralten Grabsteinen. Mit der Maßgabe, dass alle Grabsteine einheitlich sein sollen, da im Tod alle gleich sind und es keinen Unterschied zwischen Arm und Reich gibt, stiftete ein betuchter Bürger das Friedhofsgrundstück der Kirche.

Etwas außerhalb liegt **Oldcourt Castle**, eine sehenswerte Normannenburg mit vier Ecktürmen aus dem 13. bis 14. Jh. Die Burg befindet sich allerdings in Privatbesitz und kann nicht besichtigt werden.

Gegenüber, am Nordende vom Lough Derg, liegt Portumna, der größte Ort am See.

Portumna

WC

Portumna Tourist Office im Irish Workhouse Center, St. Brigid's Road, Portumna, www.irishworkhousecentre.ie, März bis Oktober tgl. 9:30-17:00, Erwachsene € 7, Kinder € 3

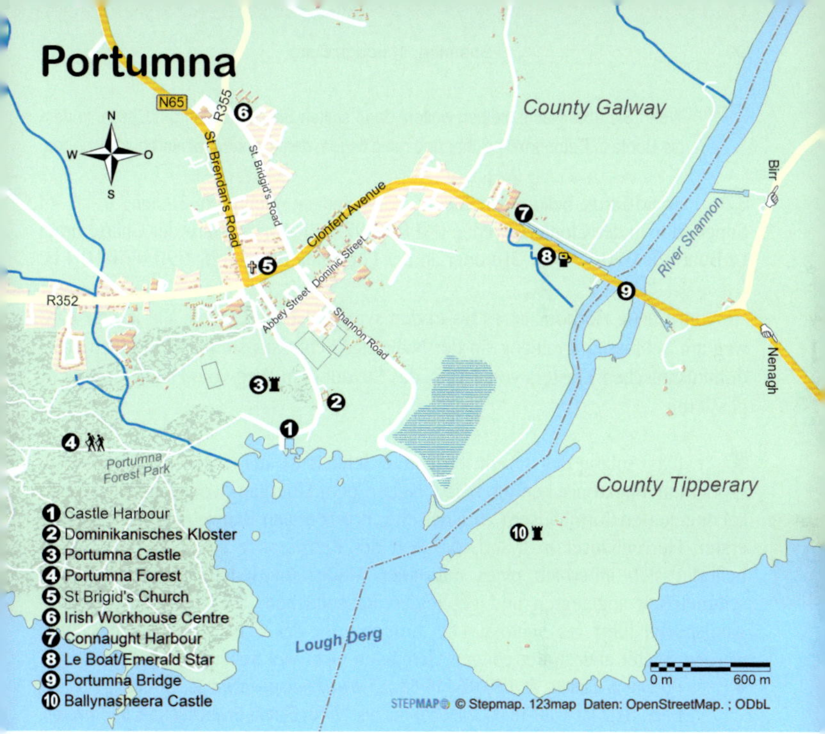

Portumna verfügt über zwei Häfen: Der relativ neue Castle Harbour, in der Portumna Bay idyllisch gelegen, liegt noch im Lough Derg. Er verfügt über 25 Liegeplätze, hat einen Sanitärblock mit WC und Dusche, Trinkwasserversorgung, eine Abpumpsäule und ein schönes Picknickareal. Er grenzt direkt an den Schlosspark von Portumna Castle und in den Ort mit zahlreichen Geschäften (u. a. Aldi und SuperValue), Pubs und Restaurants ist es nur ein kurzer Fußweg von 15 Minuten.

Der zweite Hafen, **Connaught Harbour**, liegt bereits außerhalb des Sees direkt nördlich der Portumna Bridge. Die Umgebung erinnert eher an ein Industriegebiet und der Hafen liegt nur wenige Meter neben der viel befahrenen und lauten Nationalstraße 65, die über die Brücke führt. Hier hat die Charterfirma Le Boat (ehemals Emerald Star) eine ihrer Basen. Der überaus enge Hafen, der meist mit Booten vollgestopft ist, erfordert einiges Geschick beim Wenden. Es lohnt sich eigentlich nur, ihn zum Tanken aufzusuchen. Der öffentliche Teil befindet sich ganz am Ende des engen Kanals und bietet Platz für 8 Boote.

☺ Wenn Sie über Nacht bleiben wollen, dann sollten Sie den Hafen am Castle, in dem die Boote in Betonboxen sicher und ruhig liegen, dem Connaught Harbour vorziehen.

☺ SmartCards bekommen Sie in Portumna an mehreren Stellen, u. a. im SuperValue in der Clonfert Avenue (☏ 090/974 11 43), im Büro der Charterfirma Le Boat (☏ 090/974 11 20) oder an der Portumna Bridge (☏ 090/974 10 11).

Vom Castle Harbour ist es bis in den sympathischen Ort nur ein kurzer Fußweg am Schlosspark entlang. In der Nähe des Schlosses stehen die Ruinen eines **dominikanischen Klosters** von 1425, das Sie auf dem Weg vom Hafen in den Ort passieren.

♜ Das Anfang des 17. Jh. errichtete **Schloss** ist aus zweierlei Gründen von großem architektonischen Interesse: Neben dem Übergang von den früher vertikal angelegten Turmhäusern zu einer eher horizontalen Bauweise ist es eines der ersten Herrenhäuser in Irland, das von der Renaissance beeinflusst wurde. Es befindet sich innerhalb eines mit einer Mauer umfriedeten Schlosshofs mit symmetrisch angelegten und gepflegten Rasenflächen. Ein klassizistisches Eingangsportal führt ins Schloss. Das Erdgeschoss des Schlosses kann besichtigt werden, bietet aber außer einigen Gemälden nicht viel Sehenswertes.

♦ Portumna Castle, ☏ 090/974 16 58, 💻 www.heritageireland.ie, 🚪 Anfang April bis Ende Sept tgl. 9:30-18:00, Oktober nur bis 17:00, Eintritt Erwachsene € 5, Senioren, Kinder und Studenten € 3

⌘ Nicht versäumen sollte man einen Besuch im Irish Workhouse Centre. Das ehemalige Armenhaus war eines von über 150 Einrichtungen, die ab 1840 in Irland errichtet wurden. Hier fanden mittellose, aber arbeitsfähige Iren Unterkunft und Verpflegung. Der Besuch der interessanten Ausstellung lässt einen sehr nachdenklich zurück.

♦ Irish Workhouse Centre, St. Brigid's Road, ☏ 090/975 92 00, 💻 www.irishworkhousecentre.ie, 🚪 März bis Oktober tgl. 9:30-17:00, Erwachsene € 7, Kinder € 3

🚶 Lohnend ist eine Wanderung im südwestlich an den Ort angrenzenden **Portumna Forest Park,** den Sie direkt vom Castle Harbour aus erreichen. Auf einem Naturlehrpfad erfahren Sie viel Wissenswertes. Von einem Beobachtungsturm aus haben Sie einen schönen Blick auf das Uferland und die vorgelagerten Inseln, die zum Naturschutzgebiet erklärt wurden.

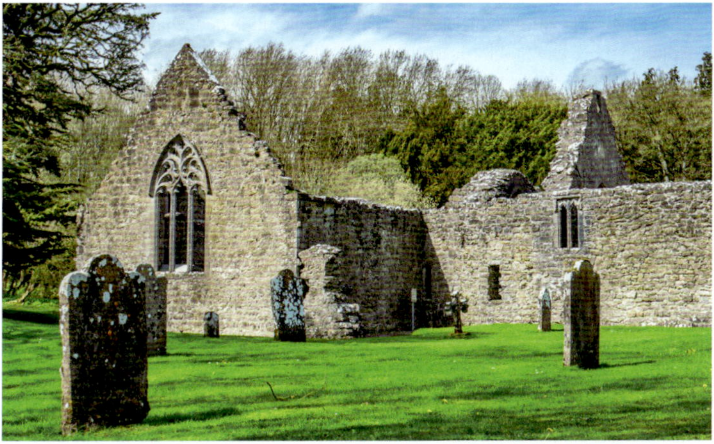

Nur wenig entfernt vom Castle Harbour in Portumna liegen die Ruinen eines Klosters

Im Park lebt Damwild, und in einem Gehege kann man eine Population der inzwischen äußerst seltenen Irischen Rothirsche beobachten, was besonders zur Brunftzeit ein Erlebnis sein kann. Besonders interessant sind der Park und die vorgelagerten Inseln für Pflanzen- und Vogelliebhaber.

✞ Im Ort ist die riesige **Kirche** sehenswert, die als Besonderheit an der rückwärtigen Empore eine große Uhr vorzuweisen hat. Soll sie anzeigen, wie lange der Priester noch die Messe zu halten hat oder wie lange es noch bis zum Frühschoppen-Guinness dauert, oder soll sie an die Vergänglichkeit dieser Welt erinnern?

♜ Auf der Ostseite des Shannon, kurz vor der Einmündung in den Lough Derg, liegt **Ballynasheera Castle**. Die Burg wurde erst 1654 fertiggestellt und ist damit eine der jüngsten Irlands. Mit den zwei runden, sich gegenüberstehenden Türmen liegt ihr ein ungewöhnlicher Bauplan zugrunde, der es ermöglichte, sämtliche Zugänge zu überwachen.

Angler finden gute Möglichkeiten, am Shannon ober- und unterhalb der Brücke sowie im nördlichen Teil vom Lough Derg Hecht, Barsch, Rotauge und Brasse zu fangen.

Portumna Bridge, die heutige Drehbrücke über den Shannon, stammt aus dem Jahr 1911. Die Stahlbrücke überspannt die beiden ca. 75 m breiten Arme des Shannon, die durch das kleine Hayes Island gebildet werden. Vorher übernahm eine Fähre das Überqueren des Flusses, bis um 1800 eine Holzbrücke gebaut wurde. Die heutige Brücke muss für **alle** durchfahrenden Schiffe geöffnet werden, da sie einfach zu niedrig ist. Die Durchfahrt kostet € 1,50 pro Boot und wird vom Brückenwärter mittels eines „Klingelbeutels" an einem langen Stab im Vorbeifahren kassiert (bitte korrekt abgezähltes Geld bereithalten, über ein kleines Trinkgeld freut sich der Wärter aber). Auf beiden Seiten der Brücke befinden sich Stege (allerdings ohne Landverbindung und nur zum Warten), an denen die Boote festmachen können, um auf die Öffnung zu warten. Fahren Sie erst los, wenn die Ampel grün zeigt, und reihen Sie sich dann in die Schlange der anfahrenden Schiffe ein.

Die Öffnungszeiten sind wie folgt:

Zeitraum	**Mo bis Sa**			**So**	
14.3. bis 3.4.	9:45	11:00	12:30	11:00	12:30
	14:30	16:30	17:30	14:30	16:00
4.4. bis 25.9.	9:45	11:00	12:30	11:00	12:30
	15:00	17:30	19:30	15:00	17:30
26.9. bis 1.11.	9:45	11:00	12:30	11:00	12:30
	15:00	17:30	18:30	14:30	16:00
2.11. bis 13.3.	9:45	11:00	12:00	11:00	12:00

2. Von Portumna bis Athlone

Der Abschnitt von Portumna bis Athlone am Südende vom Lough Ree gilt als **ideales Anfängerrevier**. Gefahren wie auf den großen Seen drohen hier nicht. Für den etwa 60 km langen Abschnitt benötigen Sie ca. 2 Tage. Besser ist es aber, Sie planen mehr Zeit ein, da es entlang der Strecke eine Menge Sehenswertes zu erkunden gibt. Hingewiesen sei an dieser Stelle schon auf das nördlich von Shannonbridge gelegene irische „Nationalheiligtum" ☞ **Clonmacnoise**.

Die Landschaft zwischen Portumna und Athlone wird von den Iren **Callows** genannt. Dabei handelt es sich um ein Wiesengelände, das von Sumpf und Hochmoor umgeben ist und im Winter und Herbst regelmäßig überflutet wird. Dieser extrem nasse Lebensraum ist Heimat vieler Wasservogelarten und seltener Pflanzen (☞ Flora und Fauna). Darüber hinaus ist dieser Flussabschnitt durch eine Vielzahl ehemaliger Befestigungsanlagen an den einzelnen Flussübergängen geprägt.

In der folgenden Übersicht finden Sie die Anlegestellen und Häfen am Shannon zwischen Portumna und Athlone mit ihren jeweiligen Serviceeinrichtungen:

	Plätze	WC					@			
Meelick Quay Wall	7									
Banagher	22	X	X	X		X		X	X	X
Ballinasloe	25	X	X	X	X				X	X
Shannonbridge	33	X	X	X		X			X	X
Clonmacnoise	24	X		X					X	X
Athlone Castle Quay	10			X					X	X
Athlone Marina	75	X	X	X		X	X		X	X

Sie beginnen die Fahrt Richtung Norden von Portumna aus. Knapp 1 km nördlich der Portumna Bridge zweigt rechts ein kurzer Stichkanal in den **Munster Harbour** ab, der aber nicht mehr befahrbar ist. Gut 1,5 km weiter passieren Sie die Einfahrt einer rechts liegenden privaten Marina. Gleich dahinter erreichen Sie mit **Portland Island** und **Long Island** zwei größere Inseln, die Sie westlich passieren müssen. Im Westen können Sie in einer Entfernung von etwa 1,5 km **Derryhivenny Castle** sehen. Das 1643 erbaute vierstöckige Turmhaus mit einem L-förmigen Burghof ist heute noch gut erhalten. Ungewöhnlich sind die beiden diagonal angeordneten Türmchen an den Außenmauern.

Die nächste größere Insel, **Ballymacegan**, müssen Sie im Osten umfahren. Gut 1,5 km weiter östlich liegt **Redwood Castle**, das den MacEgans gehört. Auch hier ist das Turmhaus in einem guten Zustand und der Öffentlichkeit zugänglich. Leider können Sie die Burg nicht vom Shannon aus besuchen, da das Land einfach zu sumpfig ist.

Hier ging ein Vorfahr des heutigen Eigentümers, ein Sheriff der Queen, im Winter 1603 unrühmlich in die Geschichte ein. Der irische Freiheitskämpfer O'Sullivan Beare überquerte mit etwa 1.000 Mann auf dem Weg nach Leitrim Castle den Shannon, als die Männer von des Sheriffs Leuten überfallen wurden. MacEgan und viele seiner Leute kamen zwar selbst in dem Gemetzel um, aber auch nur 35 der Freiheitskämpfer schafften es bis ☞ Leitrim.

Nach dem Passieren der Insel sind es noch etwa 5 km, bis Sie an die erste Schleuse auf Ihrem Weg nach Norden gelangen. Direkt vor der Schleuse zweigen ein alter, heute unbefahrbarer Kanal und der Little Brosna River ab, der zum Städtchen ☞ **Birr** fließt.

☺ Die Einfahrt in den Little Brosna ist mit Mietbooten nicht möglich, die Erkundung zu Fuß oder mit dem Dingi allerdings ein lohnendes Unterfangen. Der Fluss ist als sehr gutes Forellenrevier bekannt. Allerdings benötigt man eine spezielle Genehmigung, um hier zu fischen. Erkundigen Sie sich bei Ihrem Vermieter danach.

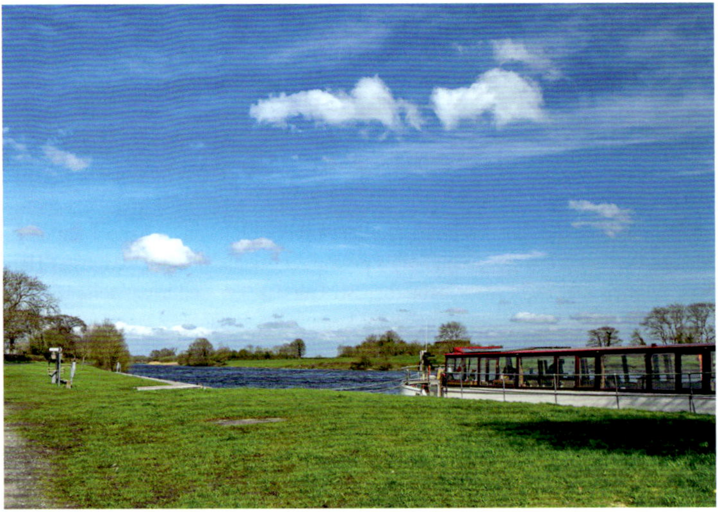

Der Anleger bei Meelick ist ein beliebter Liegeplatz

Die Schleuse **Meelick Lock** (auch Victoria Lock genannt) wurde Mitte des 19. Jh. gebaut. Sie ersetzte eine 100 Jahre ältere Schleuse, die für die immer größer werdenden Schiffe auf dem Shannon zu klein geworden war. Das Hamilton Lock liegt am bereits 1840 stillgelegten weiter östlich gelegenen Kanal, der nach gut 300 m zu Fuß über eine Fußgängerbrücke erreicht werden kann.

Von Süden kommend müssen Sie bei der Einfahrt in die Schleuse gut aufpassen und sich genau an die Fahrrinne halten, weil von links eine starke Strömung aus dem oberhalb der Schleuse liegenden Wehr kommt und rechts zwei Kanäle und der Fluss Little Brosna abgehen. Der Schleusenwärter nimmt das aufgeschlaufte Ende Ihrer Leine mit einem Enterhaken entgegen, und bevor nicht jedes Boot den Obolus von € 1,50 entrichtet hat, geht das Schleusentor nicht auf.

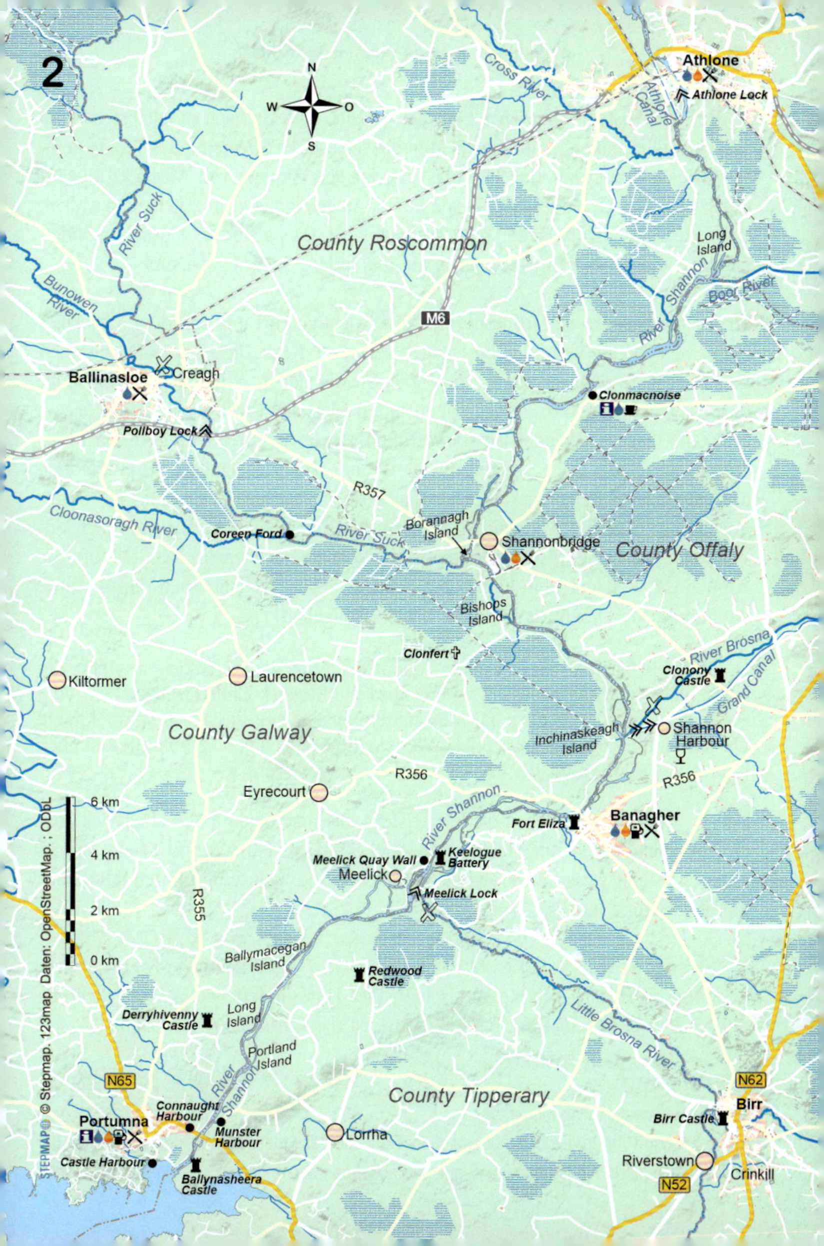

2
N
W
O
S
Athlone
Athlone Lock
Athlone Canal
Cross River
County Roscommon
River Suck
Bunowen River
M6
Long Island
River Shannon
Boor River
Ballinasloe
Creagh
Pollboy Lock
Clonmacnoise
R357
Cloonasoragh River
Coreen Ford
River Suck
Borannagh Island
Shannonbridge
County Offaly
Bishops Island
Clonfert
River Brosna
Clonony Castle
Grand Canal
Kiltormer
Laurencetown
County Galway
Shannon Harbour
Inchinaskeagh Island
R356
R356
Eyrecourt
River Shannon
Fort Eliza
Banagher
Meelick Quay Wall
Keelogue Battery
Meelick
Meelick Lock
6 km
4 km
2 km
0 km
R355
Ballymacegan Island
Redwood Castle
Derryhivenny Castle
Long Island
Little Brosna River
Portland Island
N65
River Shannon
County Tipperary
N62
Birr
Birr Castle
Connaught Harbour
Portumna
Munster Harbour
Lorrha
Castle Harbour
Ballynasheera Castle
Riverstown
Crinkill
N52
STEPMAP © Stepmap. 123map Daten: OpenStreetMap. ; ODbL

Bei der Ausfahrt müssen Sie darauf achten, dass Sie sich möglichst nah am östlichen Ufer halten, damit Sie nicht in die sehr starke Strömung des Wehrs geraten. Dies gilt auch für den Fall, dass Sie an den Anleger von **Meelick** (Meelick Quay Wall, sieben Liegeplätze, keine Versorgungsmöglichkeiten) gelangen wollen, der sich etwa 300 m hinter dem Wehr auf der Westseite des Flusses befindet. Fahren Sie also so spät wie möglich auf die andere Seite des Flusses.

Meelick war seit frühester Zeit eine wichtige Furt und seit dem Mittelalter mit verschiedenen Verteidigungsanlagen versehen. Reste dieser Befestigungsanlagen sind heute noch erhalten. So können Sie auf der Insel westlich der Schleuse einen Verteidigungsturm, einen sogenannten **Martello Tower** besichtigen, der zu britischen Festungsanlagen aus dem frühen 19. Jh. gehörte. Auf dem Dach des Turmes mit einem dreieckig gerundeten Grundriss waren seinerzeit drei Kanonen aufgestellt. Weil der erwartete Angriff nie erfolgte, wurde die Festung 1870 aufgegeben und verfiel. Gegenüber dem neuen Anleger von Meelick nördlich des Wehrs liegt auf einer Insel **Keelogue Battery**, ein ebenfalls englisches Steinfort. Sie können das Fort mit dem Dingi vom Anleger aus erreichen. Auch dieses wurde nie benutzt und ebenfalls Ende des 19. Jh. stillgelegt.

Wem nach so viel geballter Macht der Sinn nach Friedlichem steht, der sollte nicht versäumen, sich die mittelalterliche **Meelick Church** anzusehen. Vom Anleger ist es nur ein etwa 10 Min. dauernder Fußweg flussabwärts zur Kirche. Das von außen unscheinbare Gebäude ist eine der wenigen katholischen Kirchen Irlands aus dem Mittelalter, die heute noch genutzt werden.

Vom Hügel, auf dem die Kirche steht, hat man einen guten Überblick über die Sumpflandschaft um Meelick mit vielen Kanälen, Flüssen und Inseln, die als Überwinterungsgebiet für Watvögel sowie Schwäne, Gänse und Enten internationale Bedeutung hat.

Von der Schleuse sind es bis Banagher etwa 7 km gemütliche Fahrt auf dem Shannon durch eine schöne Landschaft. Der Fluss ändert häufig seine Richtung und verzweigt sich mehrfach. Stellenweise ist die Fahrrinne relativ schmal.

Banagher

WC

www.offalytourism.com

Schon vor der Brücke gibt es auf der Südseite des Flusses einen kleinen Anleger, der sich aber nicht besonders gut zum Übernachten eignet. Das eigentliche Hafenbecken befindet sich gleich hinter der Brücke auf der östlichen Seite des Flusses (nur die eckige Durchfahrt benutzen!) und ist oft bereits am frühen Nachmittag voll. Die Basen mehrerer Chartergesellschaften schließen sich gleich daran an. Die Jetties der Charterfirmen können meist auch kostenlos von anderen Kreuzern benutzt werden – ausgenommen in der Hauptsaison an den Wechseltagen Freitag und Samstag. Im Zweifelsfall sollten Sie im Büro nachfragen, ob ein Übernachten okay ist. Hier bekommen Sie auch Diesel.

Im öffentlichen Bereich finden Sie ein Sanitärgebäude mit WC und Duschen, eine Abpumpstation sowie Spielplatz und Picknickgelände. Vom Hafen sind Sie nach wenigen Schritten im Ort, wo Sie eine reiche Auswahl an Geschäften (u. a. Supermarkt SuperValue an der Hauptstraße nur etwa 300 m vom Hafen entfernt), Cafés, Pubs und Restaurants finden.

☺ SmartCards erhalten Sie in den Büros der Chartergesellschaften.

Als der Ort noch ans Eisenbahnnetz angeschlossen war, befand sich der Bahnhof direkt am Hafen. Der Personenverkehr wurde aber bereits 1947 eingestellt und der Güterverkehr 1963. Nur der Pub Railway Bar gleich außerhalb der Charterbasis erinnert noch an die Bahnzeiten. Livemusik gibt's abends etwa ab 22:00, u. a. im urigen J.J. Houghs Singing Pub (dschedsche Hoggs gesprochen) ein paar Hundert Meter entlang der Hauptstraße auf der linken Straßenseite.

Banagher ist Geburtsstadt des 1945 geborenen legendären irischen Folksängers Johnny McEvoy, dem nahe der Brücke ein imposantes Denkmal gesetzt wurde. Da passt es, dass es in mehreren Pubs Live-Musik zu hören gibt.

Obwohl Banagher erst im 17. Jh. gegründet wurde, existiert an dieser Stelle seit vielen Jahrhunderten ein wichtiger Übergang über den Shannon. Bereits im 11. Jh. soll es hier eine Brücke gegeben haben, die mehrfach durch neue Bauten ersetzt wurde. Die heutige Brücke wurde 1843 vollendet.

Auch dieser Übergang war stark befestigt, um eine vermutete Invasion der Franzosen während der Zeit Napoleons zu stoppen. Davon zeugen heute noch eine Reihe erhaltener **Verteidigungsanlagen**, wie z. B. auf der Westseite des Übergangs ein Verteidigungsturm (Martello Tower) und eine alte Burg, die zu der Zeit als Munitionslager benutzt wurde. Auf der Ostseite der Brücke kann man noch die Reste ehemaliger Kasernengebäude erkennen. Etwas stromab auf der Ostseite des Shannon liegen die Überbleibsel des Artilleriegebäudes **Fort Eliza**. Der Ort zieht sich mit Wohnhäusern, Geschäften aller Art, dem Supermarkt SuperValu (liefert ans Boot), Take-aways (Angelo's) und Restaurants sowie mehreren Pubs, die z. T. traditionelle irische Livemusik bieten, etwa 2 km entlang der Hauptstraße hin.

Banagher (Benne-her gesprochen) liegt im Zentrum der sogenannten **Callows** des Shannon (☞ Flora und Fauna), ein Wiesen-, Sumpf- und Torfmoorland, das im Winter oft überflutet wird. Die Callows sind Lebensraum einer großen Anzahl verschiedener Wasservögel.

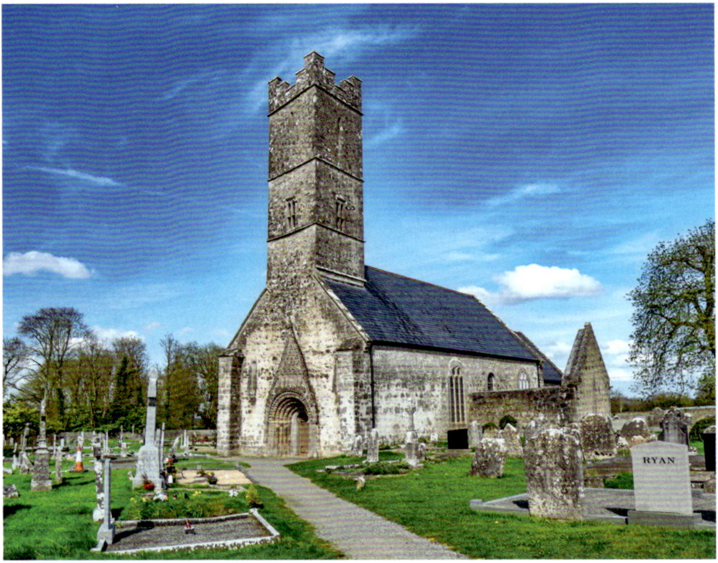

Die Kathedrale von Clonfert ist einen Ausflug wert

✞ Von Banagher aus lohnt sich ein Landausflug zur knapp 10 km entfernten, nordwestlich gelegenen **Klosteranlage** von **Clonfert**. Der heilige Brendan hat hier um 560 eine Klostersiedlung gegründet. Sehenswert ist vor allem die kleine Kathedrale mit ihrem berühmten, aus dem 12. Jh. stammenden Eingangsportal, einem der schönsten Beispiele irisch-romanischer Architektur.

♜ Auch ein Landausflug in die etwa 11 km südlich von Banagher liegende hübsche Kleinstadt **Birr** (früher Parsonstown) sollte man in Betracht ziehen. Der Ort ist vor allem durch das **Schloss Birr Castle** mit der fast 50 ha großen Parklandschaft bekannt. Größte Attraktion ist das inzwischen restaurierte Riesenteleskop mitten im Park, das bereits 1840 vom 3. Earl of Rosse erbaut wurde und mehr als 70 Jahre lang das weltgrößte war. Mithilfe dieses Bauwerks entdeckte der Earl seinerzeit den Whirlpool-Nebel, damals eine Sensation. Aber auch das Museum ist sehenswert, das u. a. die Entstehung und Details des Teleskops zeigt sowie detailliert auf die Erfindung der Parson-Dampfturbine eingeht. Sie revolutionierte den Antrieb von Kriegs- und Passagierschiffen am Ende des 19. Jh. Charles Parson war der jüngste Sohn von sechs Kindern aus der Rosse-Dynastie.

1884 baute Parson seine Turbine in das Schiff „Turbinia“ ein, das eine Geschwindigkeit von 34,5 Knoten erreichte und damit über 4 Knoten schneller als andere Schiffe war. 1887 stellte er das Schiff anlässlich einer Flottenparade zu Ehren Queen Victorias bei Portsmouth vor. Im Jahr darauf bekam er den Auftrag, einen Zerstörer zu bauen, die „HMS Viper“. Das Schiff schaffte 36 Knoten und war damit das schnellste Schiff der Welt.

Weiterhin sind im Park u. a. ein See, ein Wasserfall, ein Eishaus, eine Wildblumenwiese sowie ein architektonischer Klostergarten mit 300 Jahre alten Buchsbaumhecken zu sehen. Sie sind laut dem Guinnessbuch der Rekorde die größten der Welt.

♦ Birr Castle Demesne, ☏ 05 09/203 36, 💻 www.birrcastle.com, tgl. März bis September 9:00-18:00, Januar, Februar und Oktober nur bis 17:00, November und Dezember nur bis 16:00, Erwachsene € 9, Kinder € 5

Auf Ihrer Weiterreise nach Norden stoßen Sie etwa 3 km nördlich von Banagher kurz vor der größeren Shannoninsel Inchinaskeagh an der Ostseite des Shannon auf die gemeinsame Mündung des Brosna River und des Grand Canal, der bis nach Dublin führt. Die schmale Einfahrt liegt versteckt hinter Bäumen und kann leicht übersehen werden. Eine Orientierungshilfe bietet die Einmündung des Ballinasloe Canal auf der gegenüberliegenden Seite. Von diesem Kanal ist hier noch die erste Schleuse erhalten.

Die Fortführung des Grand Canal bis zum kleinen Ort Ballinasloe wurde 1828 fertiggestellt. Die Treidelpferde wurden hier mit einer Fähre übergesetzt und zogen die Frachtkähne dann weiter nach Ballinasloe. Als die Dampfmaschinen aufkamen, wurde der Kanal nicht mehr instand gehalten, 1961 für die Schifffahrt endgültig geschlossen und ist jetzt fast völlig verschwunden.

Heute ist er nur noch als pflanzenüberwucherte, mehr oder weniger trockene Rinne in der Landschaft zu erkennen. Nur auf Luftaufnahmen kann man die Streckenführung noch sehen. Heute kann Ballinasloe auf dem schiffbar gemachten River Suck erreicht werden.

Einen ersten Eindruck vom **Grand Canal** erhalten Sie, wenn Sie das kurze Stück (ca. 400 m) bis zur ersten von 36 Schleusen in den Kanal einfahren – vorbei an einer Unzahl von Schiffen, meist in wrackähnlichem Zustand. Dort können Sie auf der rechten Seite an einem kleinen Anleger der Schleuse festmachen und entlang des Kanals in ca. 15 Min. zu Fuß bis Shannon Harbour gehen. In den Anfangsjahren des Kanals wurden die Schiffe von Pferden auf den Treidelpfaden gezogen. Reiche Dubliner ließen sich sogar zum Vergnügen von galoppierenden Pferden mit bis zu 25 km/h auf sogenannten „Flying Boats" durch den Kanal ziehen. Mit dem Aufkommen von Dampfmaschinen zog ein Dampfboot die Schleppkähne mit Gütern und Passagieren.

Mit größeren Booten ist das Wenden in dem sehr engen Kanal sehr schwierig bis unmöglich. Grand Canal und River Brosna dürfen mit Mietbooten nicht befahren werden. Sehr lohnend ist die Erkundung des Brosna, der bei Anglern sehr beliebt ist, mit dem Dingi. Allerdings benötigen Sie für den Fluss eine spezielle Genehmigung. Erkundigen Sie sich bei Ihrem Vermieter danach.

Shannon Harbour

Shannon Harbour ist von Dublin aus der letzte Hafen des Grand Canal vor dem Shannon. Der Ort wurde 1830 zusammen mit dem Kanal gegründet und speziell geplant und erbaut. Im 19. Jh. waren Hafen und Ortschaft ein wichtiges Handelszentrum. Auch als Durchgangspunkt für über 250.000 Auswanderer über die Seehäfen von Limerick und Cobh nach Kanada, in die USA und nach Australien war der Hafen von großer Bedeutung. Davon zeugen heute noch viele inzwischen leer stehende und mehr oder weniger verfallene Gebäude, wie z. B. das Grand Hotel aus dem Jahr 1806 direkt am Hafen. Damals gab es weiterhin Lagerhäuser, ein Zollgebäude, das Hafenmeisterhaus, einen großen Polizeiposten mit Arrestzellen, Schiffsreparaturwerften, eine kleine Schule, mehrere Pubs und Krämerläden und eine Schmiede. In dieser Boomzeit lebten rund 1.000 Leute hier – heute sind es knapp 25.

Der Ort selbst vermittelt heute eher zwiespältige Gefühle. Einerseits ist das Bemühen zu erkennen, Shannon Harbour ein ansprechendes Äußeres zu geben und den Ort zu modernisieren, um den Tourismus zu beleben, andererseits hinterlassen die vielen Ruinen und baufälligen Häuser sowie viele abwrackreife Boote einen eher trostlosen Eindruck. Pub, Bar und ein Krämerladen an der alten Steinbogenbrücke vervollständigen das Bild.

Wenn Sie noch Lust auf einen Fußmarsch haben, können Sie sich zu dem in etwa 1,5 km Entfernung liegenden **Clonony Castle** aufmachen. Das Turmhaus aus dem 16. Jh. wurde im letzten Jahrhundert restauriert, ist aber inzwischen wieder in einem schlechten Zustand. Noch gut erhalten ist der befestigte Burghof mit einer typischen Ringmauer.

Nächstes Ziel auf der Weiterfahrt nach Norden ist Shannonbridge mit dem klotzigen Torfkraftwerk, das man schon lange im Voraus sehen kann.

Abstecher nach Ballinasloe auf dem River Suck

Gut 1 km weiter nach der Brücke knickt der Shannon nach Norden ab. Hier mündet der **River Suck** von Westen kommend ein. Im Zuge der Erschließung weiterer Wasserwege für die Kabinenkreuzer wurde der Fluss, u. a. durch den Bau einer großen Schleuse (Pollboy Lock, ☏ 090/ 964 49 38, der Schleusenwärter kassiert € 1,50), bis nach **Ballinasloe** schiffbar gemacht – ein Abstecher von der eigentlichen Route, der sich durchaus lohnt. Sie sollten aber schon über etwas Erfahrung im Umgang mit dem Boot verfügen, wenn Sie den Suck befahren wollen, der an einigen Stellen sehr eng ist.

Zwei Dinge sollte man beim Befahren des Suck beachten: Etwa 2,5 km nach der Mündung in den Shannon gelangen Sie an eine Brücke, die bei normalem Wasserstand eine Durchfahrtshöhe von 3,5 m hat und für die meisten Boote passierbar ist. Vor und hinter der Brücke informieren Airdraft-Anzeiger über die Durchfahrtshöhe. Ärgerlich kann es auf dem Rückweg werden, wenn es regnet und das Wasser gestiegen ist! Generell sollten Sie bei hohen Wasserständen den Fluss nicht befahren. Die angrenzenden Wiesen sind dann überschwemmt und Sie können den eigentlichen Flussverlauf nicht mehr erkennen. Ihr Vermieter gibt Ihnen Auskunft, ob das Gewässer befahrbar ist.

Nochmals gut 5 km weiter erreichen Sie eine sehr enge Stelle in einer Kurve, beim sogenannten Coreen Ford, wo eine sehr starke Strömung herrscht und jedes Jahr mehrere Boote auf Grund laufen. Wenn Ihnen hier ein Boot entgegenkommt, haben Sie ein Problem!

☺ Naturfreunden bietet der River Suck ein besonderes Erlebnis. An seinen Ufern leben zahlreiche **Eisvögel**, die man bei ihrem schnellen Flug knapp über der Wasseroberfläche gut beobachten kann.

Der Fluss ist auch bekannt für seine großen Vorkommen an Brasse, Schleie, Hecht und Aal.

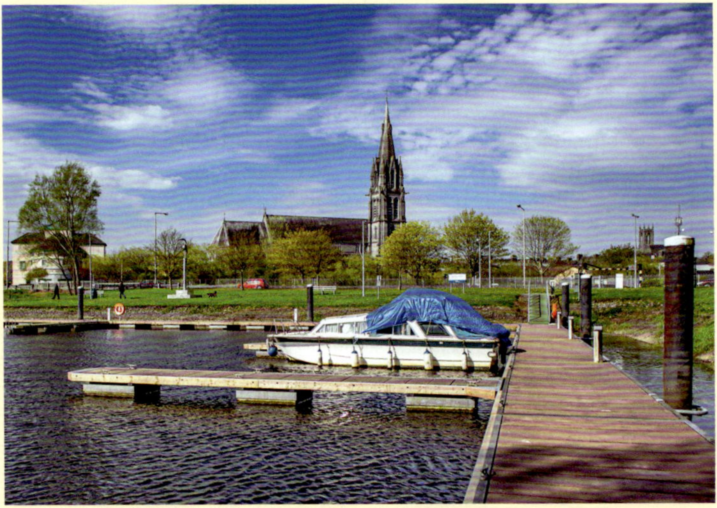

Im Hafen von Ballinasloe, im Hintergrund die katholische Kirche

Ballinasloe

WC

www.ballinasloe.ie

Mit dem Kreuzer ist die ca. 6.500 Einwohner zählende Stadt erst seit ein paar Jahren zu erreichen. Der neue Hafen mit etwa 25 Plätzen und die ebenfalls neue Schleuse wurden erst 2001 eingeweiht. Der Hafen liegt so zentral, dass man Shops (ein Lidl-Supermarkt liegt keine 200 m entfernt), andere Läden, Pubs und Restaurants bequem zu Fuß erreichen kann. Er selbst bietet WC, Duschen, Trinkwasser und sogar eine Waschmaschine.

☺ SmartCards bekommen Sie u. a. am Pollboy Lock (☏ 090/964 49 38) oder im Eurospar am St. Michael's Square (☏ 090/964 38 03).

Ballinasloe ist für seinen jährlich Ende September/Anfang Oktober stattfindenden Pferdemarkt, der sich seit dem 8. Jh. im Laufe der Zeit zu einer großen Landwirtschaftsmesse entwickelt hat, auch über die Grenzen Irlands hinaus bekannt. Ein entsprechendes Denkmal steht am Marktplatz der Kirche gegenüber.

Sehenswert ist auch die aus der Mitte des 19. Jh. stammende katholische Kirche, die in unmittelbarer Nähe des Hafens liegt. Älteren Datums sind Überreste der Stadtmauer, eines Turmes und des Stadtgrabens.

Wieder zurück auf dem Shannon ist es von der Mündung des River Suck nur noch ein kurzer Weg bis Shannonbridge. Unmittelbar vor dem Kraftwerk überquert eine Eisenbahnbrücke den Fluss. Über diese Brücke verkehrt eine Werksbahn, die den Torfnachschub aus den Abbaugebieten zum Kraftwerk bringt.

Sie umfahren die im Shannonknick liegende Insel Borannagh westlich. Die Anleger von Shannonbridge finden Sie unmittelbar vor und gleich hinter der Brücke.

An der Brücke herrschen sehr starke Strömungen mit Strudelbildungen. Vorsicht beim An- und Ablegen und bei der Durchfahrt!

Shannonbridge

WC

Direkt vor und hinter der Brücke gibt es jeweils einen Anleger. WC, Dusche und Pumpout finden Sie am südlichen Anleger. Der kleine Hafen etwas flussaufwärts vom nördlichen Anleger ist auch außerhalb der Saison oft mit privaten Booten zugeparkt. Insgesamt stehen 33 Liegeplätze zur Verfügung.

Die Brücke in Shannonbridge wurde schon 1757 fertiggestellt

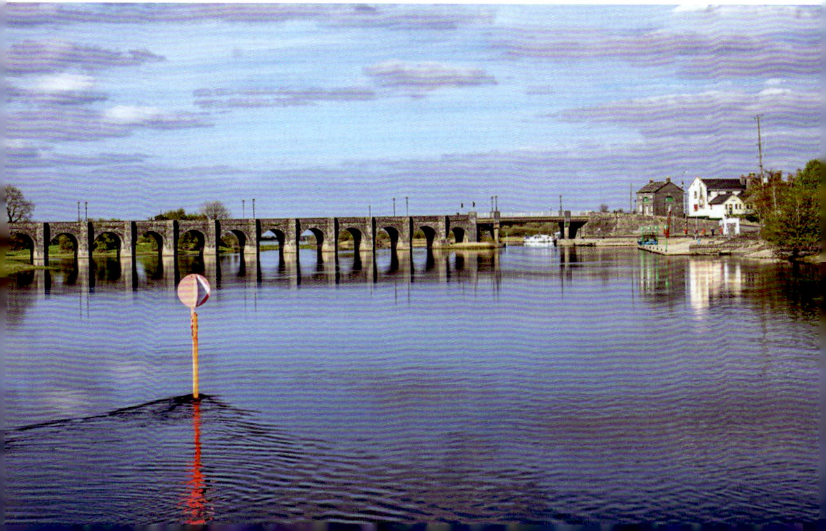

☺ SmartCards erhalten Sie in Lukers Bar & Restaurant (☏ 090/967 49 95) gleich an der Ostseite der Brücke und im Killeen's (☏ 090/967 41 12).

Die sehenswerte, vielbogige **Brücke**, von der der Ort seinen Namen hat, gehört zu den ältesten noch funktionstüchtigen Brücken über den Shannon. Sie wurde bereits 1757 fertiggestellt, während die meisten anderen Brücken erst 100 Jahre später gebaut wurden. Auch Shannonbridge wurde von den Engländern während der Zeit Napoleons zu einer Festung ausgebaut. Am Westufer sind noch die Ruinen der **Befestigungsanlagen** aus dieser Zeit zu sehen. Die Hauptverbindungsstraße von Ballinasloe nach Tullamore führt in einer S-Kurve direkt durch das Gelände des Forts.

Seit 1948 wird in Irland Strom aus **Torf** erzeugt. Torfmoore, die vor etwa 3.500 Jahren entstanden sind, sind für die mittelirische Tiefebene charakteristisch. Sie liefern das seit Urzeiten begehrte fossile Brennmaterial Torf. Während der Abbau früher per Hand in kleinen Mengen erfolgte, wird er seit Beginn der 50er-Jahre maschinell vorgenommen. Wegen des großen Bedarfs der Torfkraftwerke hat dieser Abbau inzwischen zu schweren Landschaftsschäden geführt – jedes Kraftwerk hat einen Jahresbedarf von etwa 1 Mio. Tonnen Torf!

Das Kraftwerk Shannonbridge, das größte seiner Art, wurde 1965 in Betrieb genommen und laufend ausgebaut und erweitert. Die drei Einheiten erzeugen zusammen bis zu 150 MW Leistung. Die Brennkammern stammen aus Deutschland und ähneln denen, die zum Verheizen von Braunkohle benutzt werden. Während für den privaten Gebrauch gestochene Torfsoden benutzt werden, wird für das Kraftwerk gemahlener und getrockneter Torf in Pulverform mit einem Feuchtigkeitsgehalt von etwa 40 % verwendet – ähnlich dem, der in unseren Blumenbeeten gebraucht wird.

Das weithin sichtbare Kraftwerk soll Ende 2020 stillgelegt werden.

Voll auf ihre Kosten kommen Freunde irischer Musik in dem 550-Seelen-Ort. In der Saison von April bis September gibt es Livemusik in verschiedenen Pubs. Nach Aussagen zahlreicher Reisender ist das Killeen's in der Ortsmitte etwa 300 m östlich der Brücke ein absoluter Geheimtipp.

Von Shannonbridge sind es etwa 8 km in nordöstlicher Richtung, bis Sie schließlich das Nationaldenkmal Clonmacnoise erreichen.

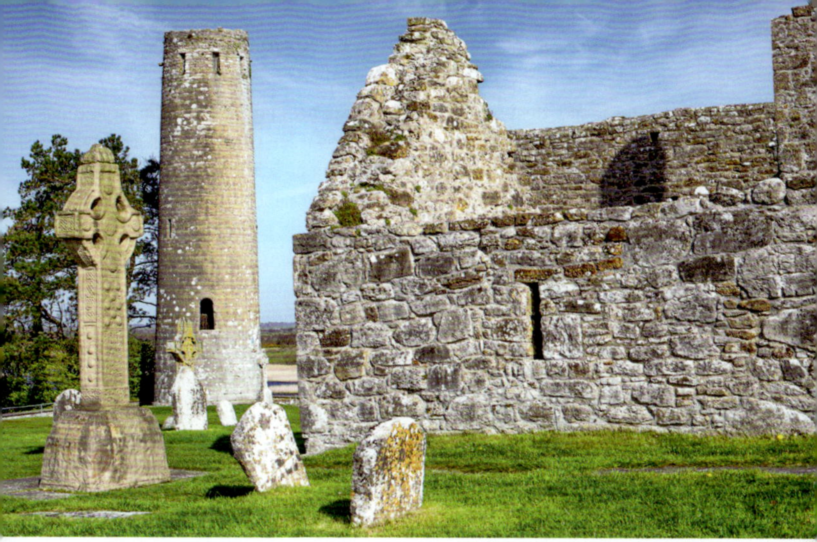

Kirchenruine, Rundturm und Gräber in der Klostersiedlung Clonmacnoise

⌘ Clonmacnoise

Am Anleger, der für 24 Boote gedacht ist, in der Hauptsaison aber oft viel mehr bewältigen muss, finden Sie außer Wasser keinen Service. Toiletten gibt es in der Klosteranlage. Dort bekommen Sie auch in einem Café Getränke, Kuchen und Snacks.

Der Anleger, an dem immer viel Betrieb herrscht, liegt sehr windexponiert, eine Übernachtung kann dann sehr ungemütlich werden und wird in diesen Fällen ausdrücklich nicht empfohlen. Außerdem gibt es hier eine überaus ungünstige Strömung, sodass man beim An- und Ablegen viel Fingerspitzengefühl haben muss. Es empfiehlt sich, immer gegen den Strom anzulegen und möglichst weit vom Ufer entfernt. Hinzu kommt, dass in der Hauptsaison immer reger Betrieb herrscht und man nicht selten in dritter oder sogar vierter Reihe „im Päckchen" parken muss.

Ein Besuch der frühchristlichen Klosteranlage Clonmacnoise ist für viele Irlandbesucher *der* kulturhistorische Höhepunkt überhaupt. Die Klosteranlage liegt am sanft abfallenden Uferhang des Shannon. Vom Kabinenkreuzer aus hat man einen wunderschönen Blick auf das gesamte Areal. Bereits von Weitem, aber außerhalb des Geländes, ist die windschiefe Ruine einer **normannischen Burg** zu sehen, die um 1214 gebaut wurde und wohl dem Schutz der Klosteranlage dienen sollte. Sie wurde um 1300 geschleift. Gleich dahinter sind die Rundtürme der Klosteranlage zu sehen.

Clonmacnoise aus dem Gälischen übersetzt bedeutet „Wiese der Söhne des Noise“. Der Name besteht aus drei Teilen: *Clon* oder *Cluan* ist das irische Wort für Wiese, die Silbe *mac* ist aus vielen irischen oder schottischen Familiennamen bekannt und bedeutet Sohn oder Söhne. Die letzte Silbe schließlich ist der Eigenname *Noise*.

Die Anlage wurde Mitte des 6. Jh. vom **hl. Ciarán** gegründet und entwickelte sich im Laufe der Jahrhunderte zum geistlichen Zentrum Irlands – wohl auch deshalb, weil sie sich an der Kreuzung von zwei der wichtigsten Transport- und Kommunikationswege Irlands befand: In Nord-Süd-Richtung verlief der Shannon und in Ost-West-Richtung eine Handelsstraße entlang der Eiszeitgrundmoränen, den sogenannten Oser oder Wallbergen.

Zu seiner Blütezeit bestand das Kloster aus einer Kathedrale, neun Kirchen, zwei Rundtürmen sowie einfachen Holzhütten als Unterkünfte für die Mönche. Im Laufe der Zeit wurde die Anlage mehr als fünfzigmal von Wikingern, Normannen und auch irischen Königen geplündert und zerstört. Bis zum Jahr 1552 war Clonmacnoise Sitz eines Bischofs. Im selben Jahr wurde das Kloster von einer englischen Garnison, die in Athlone stationiert war, geplündert und völlig zerstört. Danach war das Kloster unbewohnt und die Gebäude begannen zu verfallen.

Vom Anleger bei Clonmacnoise ist es nur ein Katzensprung zur Klosteranlage

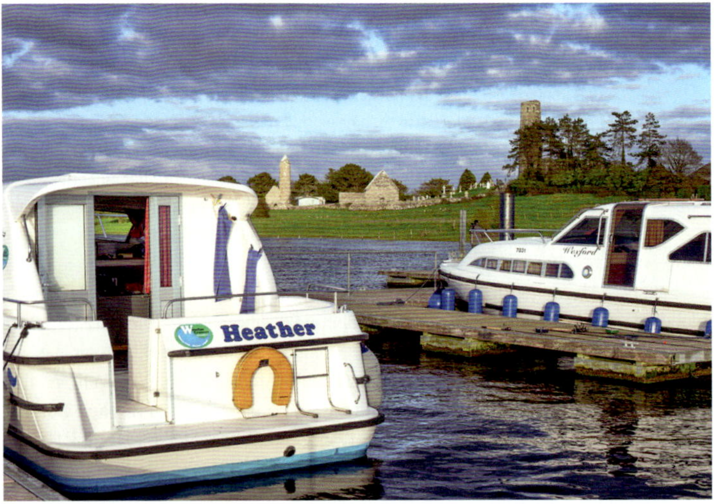

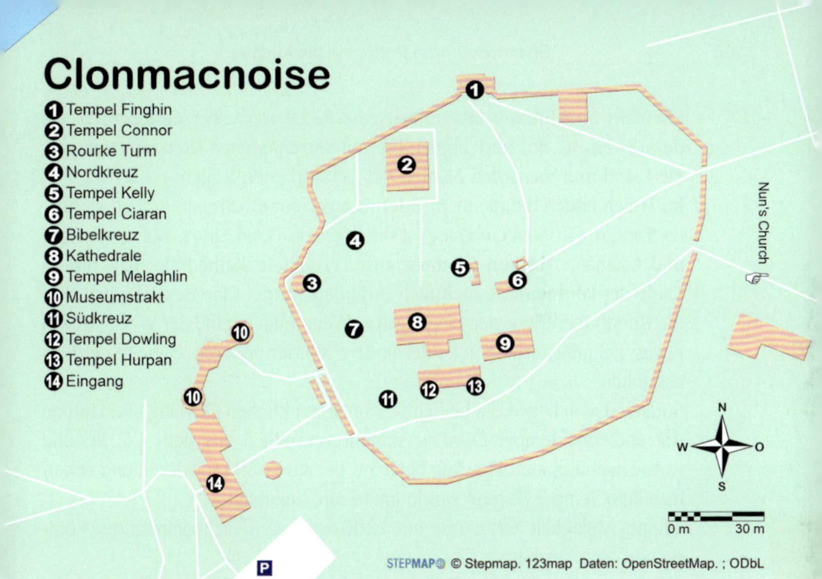

Heute ist Clonmacnoise ein imposantes **Freilichtmuseum**. Seit 1993 gibt es ein Besucherzentrum, das über die Geschichte des Klosters informiert. Außerdem sind hier in klimatisierten Rundräumen drei kostbare Hochkreuze, wertvolle Grabplatten und andere Ausstellungsstücke zu sehen. Die im Freien stehenden Hochkreuze sind nur täuschend echte Nachbildungen aus Kunststoff. Um die wertvollen Hochkreuze vor weiterem Verfall durch Witterungseinflüsse zu schützen, wurden die Originale im Museumstrakt aufgestellt, wo man sie aus der Nähe besichtigen kann.

- ▷ Im **Museum** ist das etwa 4 m hohe, aus Sandstein gefertigte **Bibelkreuz** (❼) das imposanteste Ausstellungsstück. Es ist eines der kunstvollsten Hochkreuze, die es noch in Irland gibt, und wurde um 900 errichtet. Auf seiner Oberfläche sind sowohl biblische, wie z. B. die Kreuzigung Christi, als auch weltliche Szenen dargestellt.
- ▷ Das knapp 3,7 m hohe **Südkreuz** (⓫), ebenfalls aus Sandstein, ist vorwiegend mit Ornamenten verziert und stammt aus dem frühen 9. Jh.
- ▷ Das älteste der drei Kreuze ist das **Nordkreuz** (❹). Es entstand wohl um das Jahr 800. Sein Fuß wurde aus einem alten Mühlstein geschaffen. Der Schaft aus Kalkstein zeigt abstrakte Ornamente sowie Menschen- und Tierdarstellungen.

- ▷ Ebenfalls im Museum lassen sich eine Reihe wertvoller **Grabplatten** aus dem 8. bis 12. Jh. besichtigen, die mit verschiedenen Kreuzmotiven verziert sind und meist den Namen des Verstorbenen tragen.
- ▷ Im **Freien** finden Sie die mehr oder weniger gut erhaltenen Ruinen klerikaler Bauten. Größtes Gebäude ist die 909 von Flann Sinna, König von Tara und Colmán, Abt von Clonmacnoise, errichtete **Kathedrale (❽)**, die im Laufe der Jahrhunderte mehrfach verändert wurde. Eine Besonderheit sind die Rundbogenfriese der Eingangstür: Wenn man in eine der großen Rillen etwas hineinflüstert, kann es der andere auf der anderen Türseite deutlich verstehen.
- ▷ Südlich davon liegen die beiden verbundenen **Kirchen Dowling** und **Hurpan** (**⓬** und **⓭**). Tempel Dowling stammt vermutlich aus dem 11. Jh. und wurde nach Edmund Dowling benannt, der sie 1689 renovieren und erweitern ließ. Tempel Hurpan wurde im 17. Jh. angebaut.
- ▷ **Tempel Melaghlin (❾)** wurde um 1200 wohl von Nachkommen der Könige von Meath erbaut.
- ▷ Nördlich davon liegt der **Tempel Ciarán (❻)**. Er ist mit 2,8 x 3,8 m die kleinste der Kirchen in Clonmacnoise und stammt aus dem frühen 10. Jh. Der Tempel soll die Grabstätte des Klostergründers St. Ciarán sein.
- ▷ Der **Tempel Connor (❷)** wird seit dem 18. Jh. von der Church of Ireland genutzt. Seine Ursprünge gehen auf das Jahr 1200 zurück.
- ▷ Im Norden, direkt am Ufer des Shannon, befindet sich die romanische **Kirche Finghin (❶)** mit ihrem vollständig erhaltenen Rundturm. Die Kirche stammt vom Ende des 12. Jh.
- ▷ Der im Westen des Geländes stehende **Rundturm (❸)** ist ein sehr gutes Beispiel für die irische Kirchenarchitektur. Rundtürme dienten den Mönchen als Zufluchtsstätte während der zahlreichen Überfälle. Dieser Turm wurde 1124 von Turlough O'Connor erbaut, dem Nachfolger von Ciarán.

In einem Vortragssaal im Museum wird in einer etwa 20 Min. dauernden audiovisuellen Show in mehreren Sprachen, u. a. in Deutsch, über die Geschichte des Klosters und der Umgebung berichtet.

Etwa 500 m außerhalb des Geländes liegt die wohl schönste Kirche von Clonmacnoise: **Nun's Church**. Die Ende des 12. Jh. errichtete Nonnenkirche beeindruckt vor allem durch ihre reichen irisch-romanischen Verzierungen. Die Kirche wurde 1865 restauriert, wobei fehlende Steine durch glatte Quader ersetzt wurden.

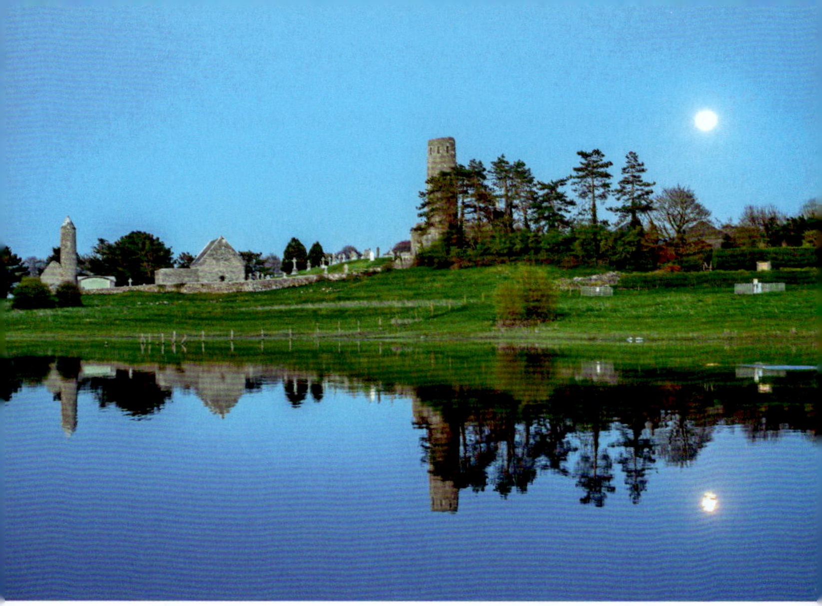

Nachtstimmung in Clonmacnoise

✝ Clonmacnoise, ☎ 090 96/741 95, FAX 742 73, von Mitte März bis Ende Mai tgl. 10:00-18:00, Juni bis August 9:00-18:30, September und Oktober 10:00-18:00, im Winter 10:00-17:30, Eintritt Erwachsene € 8, Kinder und Studenten € 4, Senioren € 6. Letzter Zugang 45 Min. vor Schluss

✕ Zeitgleich hat ein Café geöffnet, das neben Kaffee und Kuchen auch andere Getränke und Snacks anbietet.

i Direkt am Parkplatz vor dem Besucherzentrum gibt es einen **Informationskiosk**, tgl. 10:00-18:00. Hier werden auch Andenken, Schmuck, Bücher usw. sowie kleine Erfrischungen verkauft.

Von Clonmacnoise sind es etwa 17 km flussaufwärts bis nach Athlone, der größten Stadt auf Ihrer Reise entlang des Shannon. Der Fluss ist auf dieser Strecke stellenweise kurvig, schmal und an den Ufern sehr seicht. Sie sollten sich daher genau an die dicht markierte Fahrrinne halten. Besonders nach etwa 9 km, wo Sie die große Shannoninsel Long Island östlich umfahren, sollten Sie unbedingt in der Mitte der Fahrrinne bleiben. Gut 1 km vor der Schleuse am Stadtrand von Athlone mündet am Westufer der Athlone Canal ein, der nicht schiffbar ist. Er mündet weiter flussaufwärts wieder in den Shannon.

Die Schleuse (Athlone Lock) ist die größte und modernste, die Sie auf dem Shannon antreffen werden. Hier werden nur noch Schalter und Hebel mit der Hand bedient, alles andere wird hydraulisch bewegt.

Am nördlichen Ende der Schleuse herrscht eine starke Strömung, die durch das im Osten liegende Wehr verursacht wird. Halten Sie sich im Norden der Schleuse daher möglichst weit an das westliche Ufer!

Athlone

Touristinformation, Athlone Castle, 160/57 77 00, www.athlone.ie, von Mitte März bis Ende Oktober

In Athlone können Sie zwischen verschiedenen Anlegestellen wählen. Gleich hinter der Schleuse auf der Westseite des Flusses können Sie unterhalb der Burg anlegen. Hier finden Sie allerdings bis auf Wasser keine sanitären Einrichtungen und keinerlei Ver- oder Entsorgungsmöglichkeiten. An der Jetty (Athlone Marina) am Ostufer etwas nördlich der Brücke finden Sie dagegen Sanitäreinrichtungen und Abpumpsäulen für den Fäkalientank. Der Zugang durch das Eingangstor ist nur mit einem Code möglich, den man am Kassenautomat erhält, wenn man dort die Liegegebühr (€ 12 pro Tag) bezahlt.

SmartCards erhalten Sie an der Schleuse (090/649 20 26).

An den Anlegern ist es vorgekommen, dass auch aus verschlossenen Booten Wertsachen gestohlen worden sind. Lassen Sie daher nichts Wertvolles an Bord zurück, wenn es unbewacht ist. Versuchen Sie, mit anderen Bootsbesatzungen einen „Wachdienst" zu vereinbaren, wenn Sie Ihr Boot verlassen wollen. Am sichersten ist die Athlone Marina auf der Ostseite des Shannon.

Mit knapp 20.000 Einwohnern ist Athlone eine kleine Metropole am mittleren Shannon mit Verwaltung, Industrie und Handel. Athlone ist für Bahn und Straße ein **Verkehrsknotenpunkt** mit guten Bahn- und Busverbindungen nach Dublin Airport. Das geschäftige und teilweise hektische Treiben kann einem nach der Ruhe auf dem Fluss und in den gemütlichen Hafenorten schon einen kleinen Schock versetzen. Insgesamt ist Athlone aber wenig attraktiv.

Die Stadt, ziemlich genau im Zentrum der Grünen Insel gelegen, hat bereits seit vielen Jahrhunderten eine große Bedeutung als wichtiger Shannonübergang. Anfang des 12. Jh. wurden hier, am Kreuzungspunkt wichtiger Ost-West- bzw. Nord-Süd-Verkehrsadern, eine Brücke und eine Festung gebaut, die mehrfach heftig umkämpft wurden.

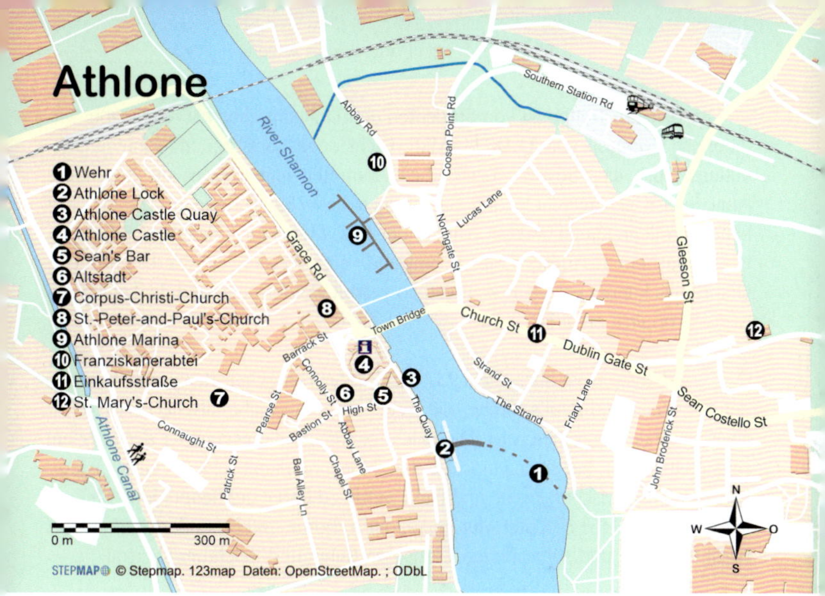

♜ Beherrscht wird das Stadtbild von der Burg, die besichtigt werden kann. Sie steht an einer ehemaligen Furt am Ufer des Shannon. Bereits im 12. Jh. erkannte der Normannenkönig Turlough O'Connor die strategische Bedeutung dieses Flussüberganges im geografischen Zentrum Irlands und errichtete eine hölzerne Verteidigungsanlage. Anfang des 13. Jh. wurde dann auf Anordnung des englischen Königs John eine Brücke gebaut, die den gefährlichen Weg durch die Furt überflüssig machte. Zur Sicherung des Übergangs wurde gleichzeitig eine Steinburg errichtet. Die heutige Anlage, die bis 1922 in den Händen der Engländer war, ist im Laufe der Jahrhunderte stark verändert worden.

♦ Athlone Castle Visitor Centre, St. Peter's Square, Athlone, ☏ 090/644 21 30, www.athlonecastle.ie, Januar, Februar, November, Dezember Mi bis Sa 10:30-17:00, So 11:30-17:00, Mo und Di geschlossen, März bis Mai, September, Oktober Di bis Sa 10:00-17:30, So 11:00-17:30, Mo geschlossen, Juni bis August Mo bis Sa 9:30-18:00, So 10:30-18:00, Eintritt Erwachsene € 9, Senioren und Studenten € 6,50, Kinder € 4,50

Direkt unterhalb der Burg am Fluss befindet sich **Sean's Bar**. Der Pub ist laut Guinness World Records das älteste Gasthaus nicht nur Irlands, sondern ganz Europas. Das Haus wurde bereits im Jahr 900 erbaut, und der urige Pub ist seitdem in Betrieb.

Der beliebte Treffpunkt von Studenten und Einheimischen hat regelmäßig traditionelle Livemusik von 21:00 bis Mitternacht, sogar samstag- und sonntagnachmittags gibt's eine Session. Gleich beim Eintreten nimmt einen die besondere Atmosphäre gefangen. Der mit Sägespänen bedeckte Fußboden, der mit Torf beheizte offene Kamin und die Band in der Ecke tragen auch dazu bei. Bei Renovierungsarbeiten wurde eine Lehmwand mit Weidenflechtwerk entdeckt. Ursprünglich muss das Haus komplett so gebaut worden sein, und die Lehmwand ist noch original erhalten.

✞ Sehenswert ist auch die 1937 im Stil der römischen Renaissance vollendete **St.-Peter-and-Paul's-Kirche**, die wegen ihrer Ausmaße fälschlicherweise oft als Kathedrale angesehen wird. Die mächtige Kirche, die gegenüber der Burg am selben Ufer steht, hat einen eindrucksvollen Innenraum mit schönen Glasfenstern. Das Denkmal zwischen Kirche und Fluss wurde zu Ehren des Tenors John McCormack (1884-1945) errichtet, der in Athlone geboren und besonders in den USA berühmt wurde und sogar Enrico Caruso an Ruhm und Reichtum übertraf.

Blick vom Shannon auf die Burg von Athlone

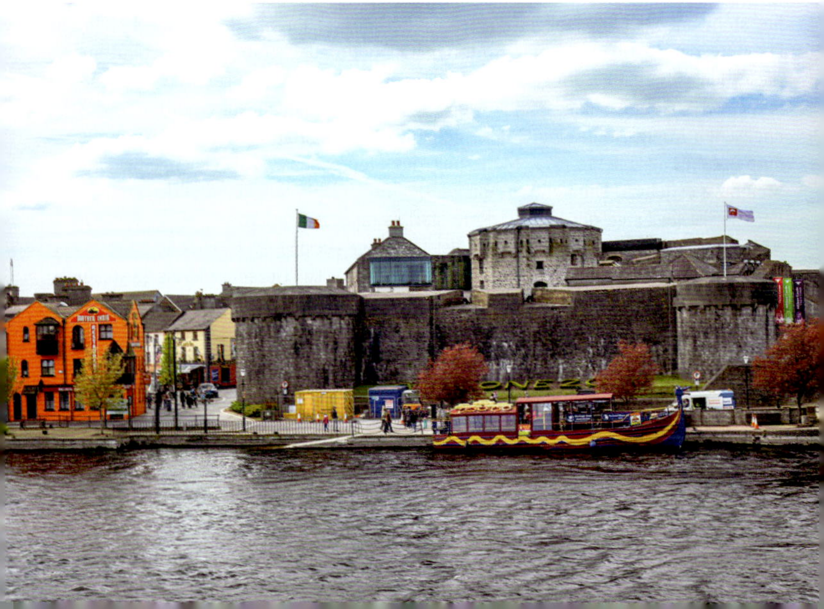

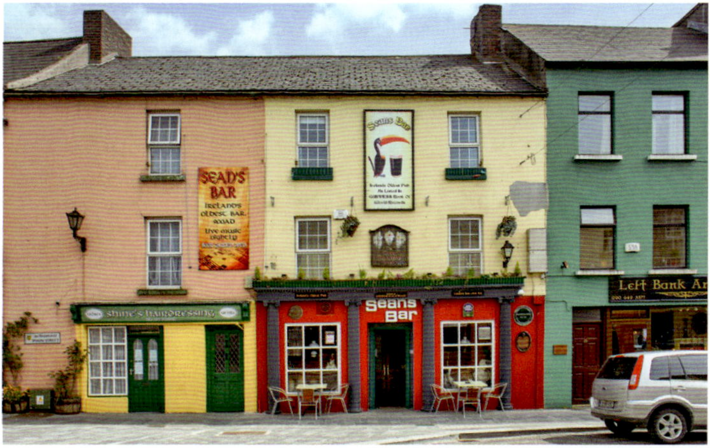

Das älteste Gasthaus Europas: Sean's Bar

Der Name der Stadt wurde aus dem Irischen *Ath Luain* abgeleitet. Bevor es an dieser Stelle eine Brücke gab, mussten die Reisenden den Fluss durch eine Furt (im Irischen *Ath*) queren. Ein Mann namens Luan baute hier eine Herberge und verdingte sich als Lotse, der die Reisenden sicher durch die Stromschnellen an das andere Ufer führte. Die Stelle war bald als *Ath Luain*, Luans Furt, bekannt. Und aus dem alten *Ath Luain* wurde im Laufe der Zeit Athlone.

Bei einem Stadtbummel können Sie noch eine Reihe weiterer Kirchen aus unterschiedlichen Jahrhunderten und in verschiedenen architektonischen Stilrichtungen besichtigen, wie z. B. die beiden gotischen Kirchen St. Peter's (Pearse Street) und St. Mary's (St. Mary's Square) oder die romanische Kirche St. Anthony's.

Am Ostufer des Shannon, kurz vor der Eisenbahnbrücke, stehen die Reste einer Mitte des 13. Jh. gebauten **Franziskanerabtei**. Die 120 m lange **Eisenbahnbrücke**, eine interessante Stahlkonstruktion aus dem Jahr 1850, war zu ihrer Zeit ein technisches Highlight.

In der Touristinformation erhalten Sie Informationen zu verschiedenen Wandermöglichkeiten in Athlone und Umgebung. Während zweier kürzerer Spaziergänge können Sie die Stadt erkunden:

- ▷ Der **Connaught Walk** (Länge 3 km, ¾ Std.) führt von der Burg zur Eisenbahnbrücke und dann entlang eines nicht mehr in Betrieb befindlichen Kanals wieder zurück.
- ▷ Auf dem **Leinster Walk** (Länge 2 km, ½ Std.) kommen Sie an einigen Kirchen Athlones vorbei.

3. Lough Ree

Lough Ree ist etwa 30 km lang und bis zu 7 km breit. Durch seine vielen kleinen und größeren Inseln und eine Vielzahl von Buchten ist der See sehr abwechslungsreich. Die meisten Inseln sind dicht mit Sträuchern und Bäumen bewachsen. Besonders imposant sind die teilweise noch vorhandenen alten Eichenwälder. Viele z. T. sehr seltene Blütenpflanzen, wie z. B. Orchideen, haben auf den oft nur schwer zugänglichen Inseln ein Refugium gefunden.

Der See erfordert **aufmerksames Navigieren**, um nicht auf einen der unzähligen Felsen aufzulaufen. Halten Sie sich tunlichst an die Fahrrinnen! Wie ich aus eigener leidvoller Erfahrung sagen kann, genügt manchmal schon eine kleine Abweichung vom vorgeschriebenen Kurs, um plötzlich auf einem Felsen festzusitzen.

Ähnlich wie bei seinem „größeren Bruder" Lough Derg im Süden können die Verhältnisse bei **stärkeren Winden** auf dem Lough Ree problematisch werden. Die kurzen, heftigen Wellen des aufgewühlten Sees haben schon so manches Schiff in Schwierigkeiten gebracht. Laufen Sie in solchen Situationen lieber einen Hafen an und warten Sie dort auf Wetterbesserung. Ein deutliches Zeichen für etwa Windstärke 4 und darüber sind weiße Schaumkronen, *white horses* genannt. Zu Ihrer eigenen Sicherheit sollten Sie, vor allem bei wechselhaftem Wetter, den See nur in Begleitung eines anderen Bootes überqueren.

Für seine Durchquerung benötigen Sie bei gutem Wetter etwa 3 Std. Es lohnt sich aber, erheblich mehr Zeit einzuplanen, weil Lough Ree eine Menge Sehenswertes zu bieten hat.

In der folgenden Übersicht finden Sie die Anlegestellen und Häfen am Lough Ree mit ihren jeweiligen Serviceeinrichtungen:

	Plätze	WC					@			
Killinure Lough/Coosan	8	X	X	X	X					X
Killinure Lough/Quigley's	150	X	X	X	X	X	X	X	X	X
Hodson Bay	30			X						X
Lecarrow	13	X	X	X	X	X	X		X	X
Portrunny	40	X	X	X		X				
Ballyleague/öffentlich	50	X	X	X		X			X	X
Ballyleague/Hanley's	120	X	X	X	X	X	X	X	X	X

Nur wenige Kilometer nördlich von Athlone öffnet sich der Shannon zum Lough Ree. Sie passieren den am Ostufer liegenden Lough Ree Yacht Club, der seit 1770 besteht und sich rühmt, der zweitälteste Jachtklub der Welt zu sein. Etwas links von der Marina sehen Sie landeinwärts auf einem Hügel ein großes Kreuz, das 1954 zu Ehren der Heiligen Jungfrau Maria errichtet wurde.

Spätesten jetzt müssen Sie sich entscheiden, ob Sie weiter Richtung Norden oder zunächst östlich in die **Inner Lakes** fahren wollen, die mit ihren verschilften Ufern ein herrliches Bootsrevier bieten.

An Quigley's Marina in den Inner Lakes bekommt man sogar Diesel

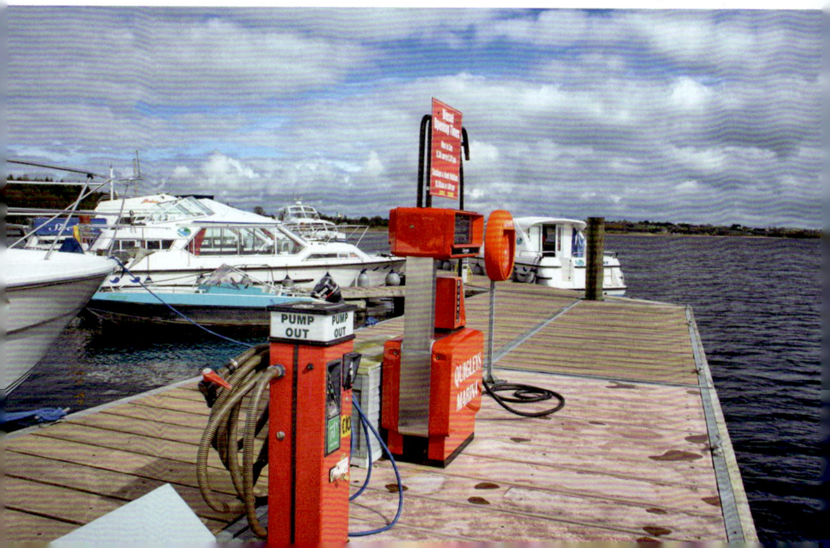

Wenn Sie zunächst in die Inner Lakes wollen, halten Sie sich am Südende vom Lough Ree östlich und wählen die Fahrrinne zwischen den beiden Inseln Carberry und Little Yellow. Dahinter fahren Sie in nordöstlicher Richtung weiter.

Achten Sie auf die zahlreichen kleinen Inseln am Südende vom Lough Ree. Sie sind mit Felsen umgeben, die sich oft dicht unter der Wasseroberfläche befinden. Halten Sie hier genügend Abstand vom Ufer und halten Sie sich an die Fahrrinnen.

Nach gut 30 Minuten kommen Sie unterhalb der vollständig bewaldeten Insel Hare Island an die Zufahrt zu den Inner Lakes, die aus drei durch schmale Fahrrinnen verbundenen Seen bestehen.

Die Einfahrt in den **Killinure Lough** südlich der Hare Insel ist sehr eng. Beachten Sie, dass die Fahrrinne zwischen den beiden grünen Bojen verläuft und nicht zwischen Boje und Ufer!

Die Inner Lakes werden von drei Seen gebildet, die durch schmale Fahrrinnen miteinander verbunden sind. Der größte ist **Killinure Lough**, im Südwesten liegt **Coosan Lough** und ganz im Südosten schließt sich **Ballykeeran Lough** an. Die die Seen umgebenden Feuchtgebiete sind für Pflanzenliebhaber wegen der vielen hier vorkommenden Orchideenarten von besonderem Interesse.

Gleich hinter der schmalen Zufahrt in den Killinure Lough finden Sie rechts die öffentliche Jetty am Coosan Point und nur wenig weiter links die private Quigley's Marina.

Killinure Lough

WC

Die öffentliche Jetty bietet ein relativ neues Sanitärgebäude mit WC, Duschen und Waschmaschine. An Land finden Sie einen Spielplatz und ein schönes Freizeitgelände mit Picknickmöglichkeiten sowie einen kleinen Badestrand. Zum empfehlenswerten Lough Ree Inn sind es nur wenig Schritte.

Die private Quigley's Marina gehört zu den schönsten am ganzen Shannon und ist komplett ausgestattet (es gibt sogar Stromanschlüsse an jedem Liegeplatz), sogar mit Tankmöglichkeit. Hier ist auch eine Basis von Locaboat Holidays beheimatet. Zum beliebten Killinure Chalets Restaurant (von April bis September ab 18:00, Di geschlossen), besser bekannt als Manfred's, sind es etwa 800 m. Hier gibt es außer Bier und anderen Getränken auch Steaks, Hamburger und Bratwurst. Nach Meinung vieler Gäste soll es hier die besten Steaks von ganz Irland geben. Wenn Sie in der Marina übernachten wollen, melden Sie sich bitte im Büro.

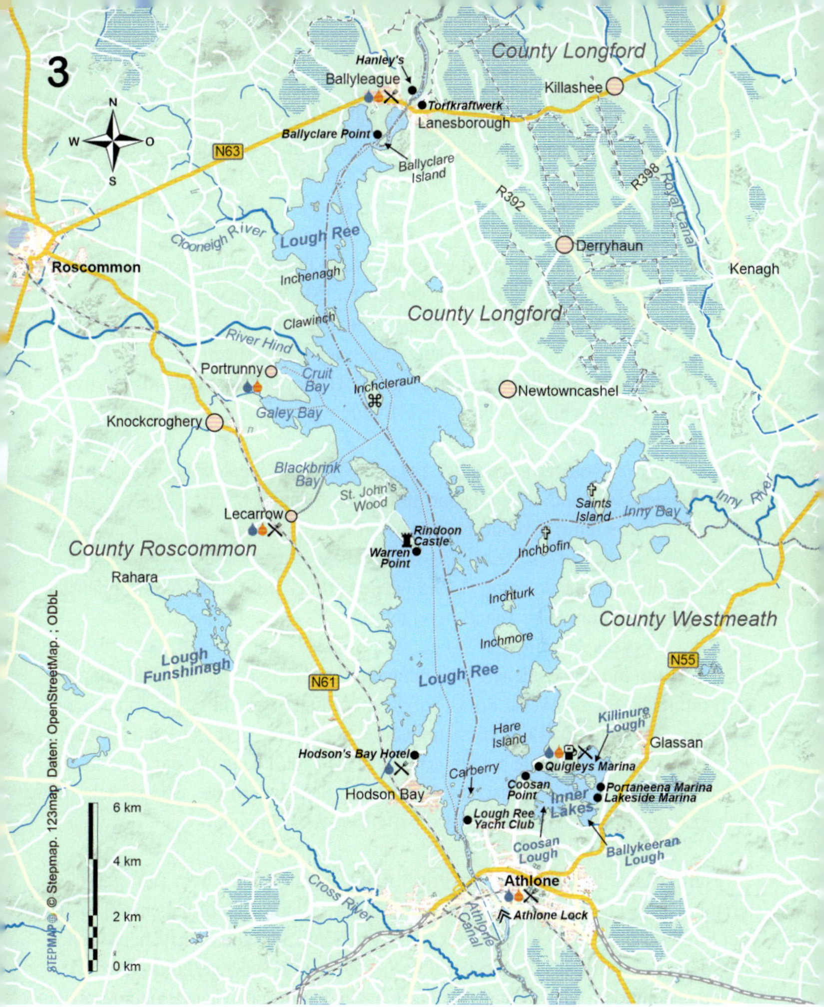

Daneben gibt es im äußersten Osten des Sees mit der Lakeside Marina und der Portaneena Marina noch zwei weitere private Anleger. Fragen Sie nach, wenn Sie hier anlegen wollen und beabsichtigen, länger zu bleiben.

☺ SmartCards erhalten Sie im Lough Ree Inn (☏ 086/673 57 30) und in Quigley's Marina (☏ 086/311 25 50).

Sie können mit Ihrem Boot den ganzen Killinure Lough erkunden. Der Coosan Lough ist dagegen nicht schiffbar, mit dem Dingi aber unbedingt einen Besuch wert. In den ganz im Südosten liegenden Ballykeeran Lough führt eine sehr schmale Fahrrinne. Dahinter findet man eine schöne Möglichkeit zum Ankern.

Die große Insel **Temple Island** im Osten vom Killinure Lough hat ihren Namen nicht einem religiösen Gebäude zu verdanken. Sie wurde vielmehr nach ihrem Besitzer Robert Temple benannt, der zu Beginn des 19. Jh. Präsident des Jachtclubs war. Aus dieser Zeit stammt auch noch der kleine Hafen der Insel.

Im Süden des Sees liegt die relativ große Halbinsel **Friar's Island**, die früher eine Zufluchtsstätte für Geistliche aus Athlone war.

Von den Anlegern der Inner Lakes aus können Sie schöne Wanderungen unternehmen, wie z. B. den **Glassan Bog Walk** (Länge 10 km, 2½ Std.), der in einem Rundkurs um das kleine Dorf Glassan führt.

Nach der Erkundung der Inner Lakes wieder zurück auf Lough Ree können Sie rechts oder links um Hare Island herumfahren.

Wenn Sie den östlichen Weg nehmen, dann müssen Sie sorgfältig navigieren, um nicht auf die Welsh Rocks aufzulaufen. Die folgende grüne Tonne warnt vor den Hexagon Shoals und muss unbedingt südlich passiert werden. Hier laufen jedes Jahr zahlreiche Boote auf Unterwasserfelsen auf. Die in diesem Bereich sehr scharfkantigen Felsen verursachen oft schwere Schäden an der Bootsschale, die teilweise nur mithilfe von Tauchern repariert werden können.

Hare Island befindet sich in Privatbesitz. Landen darf man nur mit einer Erlaubnis des Eigentümers. Die Insel, auf der St. Ciaràn gelebt haben soll, bietet mit ihren schönen alten Eichen aber auch vom Schiff aus einen herrlichen Anblick. Auf der Insel wurde zu Beginn des 19. Jh. der größte **Wikingergoldschatz** Westeuropas gefunden. Man vermutet weitere Schätze aus den Wikingerplünderungen auf dem Grund des Sees.

Von Hare Island steuern Sie auf die rote Tonne 1 zu, die etwa 2,5 km entfernt nordwestlich auf der Westseite des Sees liegt. Es sei denn, Sie wollen zum nächsten Hafen in der Hodson Bay, der 3 km entfernt genau am Westufer des Sees liegt.

Hodson Bay

Der Hafen, wo bis zu 30 Boote Platz finden sollen, bietet außer Trinkwasser keinen weiteren Service. Im großen Hodson's Bay Hotel mit angeschlossenem Golfplatz finden Sie Restaurant und Bar. Im moderneren Anbau ist ein Wellnesszentrum untergebracht, das Gäste aus ganz Irland anzieht.

Auf einer von einer gefährlichen Untiefe umgebenen kleinen Insel in der Nähe des Hafens können Sie eine Säule auf weißem Steinkegel sehen, **Hodson's Pillar** genannt. Diese Stelle ist eigentlich nur deshalb interessant, weil von ihr behauptet wird, dass sie der geografische Mittelpunkt Irlands sei. Um diese Eigenschaft konkurrieren aber noch eine ganze Reihe anderer Orte in der näheren und weiteren Umgebung. Kommen Sie diesem Punkt mit Ihrem Boot wegen der Untiefen nicht zu nahe!

Von der Hodson Bay steuern Sie Richtung Norden und gelangen ebenfalls zur roten Tonne 1, wo Sie weiter bis zur Tonne 2 fahren, die auf Höhe der östlich liegenden Insel Inchmore liegt.

Inchmore, die größte Insel des Sees, ist nur mit dem Dingi zu erreichen. Die heute menschenleere Insel war bis zu Beginn unseres Jahrhunderts bewohnt. Geblieben sind nur noch einige Ruinen, u. a. von einer alten Kirche im Norden. Auch von Inchmore Lodge, einem ehemaligen Jagdhaus, sind nur noch Reste zu sehen.

☺ Sie können von Inchmore weiter in die nordöstlich gelegene Inny Bay hineinfahren, in die der Inny River mündet. Die Bucht ist sehr abgelegen und bietet vielen verschiedenen Vogelarten Brut-, Rast- und Überwinterungsplätze. Nördlich von Inchmore passieren Sie in der Bucht die Insel Inchturk, auf der es nichts Besonderes zu entdecken gibt.

Etwas weiter nordöstlich liegt die Insel **Inchbofin.** Hier sind die Reste einer **Klostersiedlung** mit zwei Kirchenruinen aus dem 6. Jh. zu besichtigen. Um an Land zu gelangen, müssen Sie das Dingi benutzen. Die beste Möglichkeit finden Sie an der Südostseite der Insel. Da die Klostersiedlung im Norden liegt, müssen Sie dann allerdings die ganze Insel durchqueren. Bei niedrigem Wasserstand können Sie es auch im Norden der Insel versuchen.

Weiter an der Halbinsel **Saints Island** (mit einer Klosterruine aus dem 13. Jh.) vorbei erreichen Sie die Mündung des Inny River, den erfahrene und mutige Skipper noch gut 2 km bis zu einer Brücke befahren können.

Der Fluss ist sehr schmal und wegen der vielen Untiefen müssen Sie sehr vorsichtig sein. Auch das Wenden erfordert Geduld und einiges an Geschick.

Auf dem Lough Ree hangeln Sie sich von Tonne 2 zu Tonne 3. Hier haben Sie noch einmal die Gelegenheit, nach Osten in die Inny Bay zu fahren. Nördlich von Tonne 3 wird der See wieder schmaler und bei Tonne 4 erreichen Sie am Warren Point eine Landzunge, auf der die sehenswerte Ruine von **Rindoon Castle** steht.

Sie erreichen das Castle am besten von einer kleinen, geschützten Bucht aus, die etwa 1 km nordwestlich der roten Tonne 4 liegt. Während man noch vor einigen Jahren das Boot an einer Boje festmachen musste, kann man heute an einem kleinen Ponton wenig vom Ufer entfernt anlegen. Allerdings hat der Ponton keine Verbindung zum Land, sodass man mit dem Dingi ans Ufer rudern muss. Bei Ostwind ist der Platz sehr ungeschützt. Sie sollten dann auf das Manöver lieber verzichten. Fahren Sie auch langsam in die Bucht hinein, denn so manches Schiff ist hier schon auf Grund gelaufen. Die Bucht bietet auch einen schönen Platz für eine Rast außerhalb des Schiffes.

♜ Die normannische Burg stammt wahrscheinlich aus dem frühen 13. Jh. Man vermutet, dass hier ein Wikingerstützpunkt lag. Schon vom Wasser aus bekommt man einen guten Eindruck von der Größe der Anlage. Ein Landgang mit Besichtigung der verfallenen Gebäude lohnt sich. Für Naturliebhaber ist es ein ideales Revier.

Außer der Burg sieht man noch Reste eines Walls und eines Grabens sowie einen runden Turm, von dem man annimmt, dass er die Ruine einer Windmühle aus dem Mittelalter sein könnte. Reste von Windmühlen aus dieser Zeit sind sonst in Irland nirgends mehr erhalten.

Auf der Weiterfahrt nach Norden können Sie nach dem Passieren der Tonne 5 am Westufer ein größeres bewaldetes Gebiet sehen. Dieser als **St. John's Wood** bekannte Wald ist wegen seiner alten Eichen und Haselnussbäume von Bedeutung. Das Gelände ist noch so gut wie unberührt und bietet einer Vielzahl von Vogelarten und wirbellosen Tieren sowie vielen z. T. seltenen Pflanzen eine Heimat.

✋ Etwa in Höhe der roten Tonne 6 befinden Sie sich zwischen den felsigen Wood Shoals im Westen und dem ebenfalls felsigen Untergrund der Iskeraulin Shoals im Osten. Halten Sie sich hier genau an die Fahrrinne.

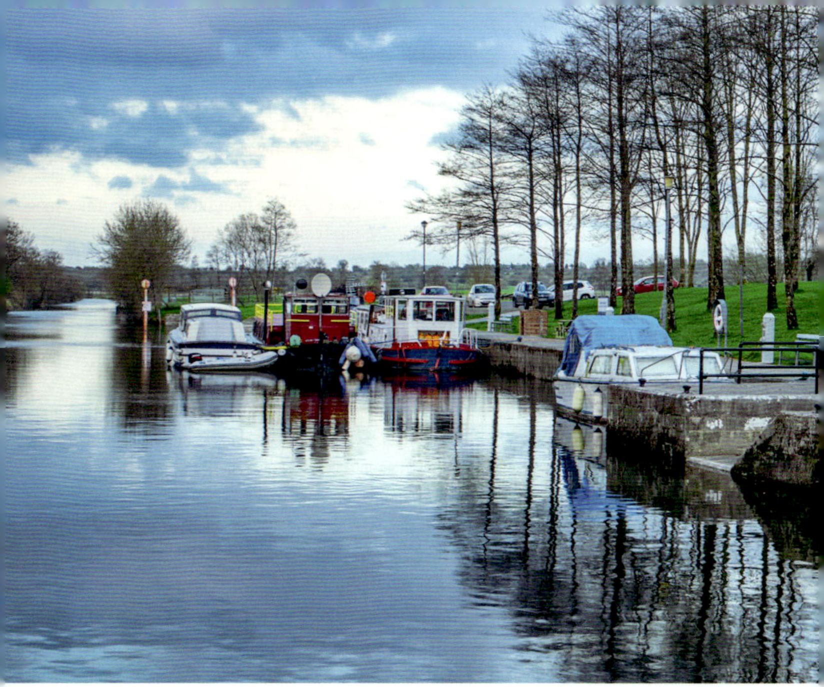

Lohnender Abstecher zum kleinen Hafen von Leccarow

Den nächsten Hafen finden Sie etwas weiter nördlich bei der kleinen Ortschaft Lecarrow. Nach der Passage der Wood Shoals biegen Sie vom Hauptfahrweg nach Westen ab und fahren dann in südwestlicher Richtung in die Blackbrink Bay, von der ein knapp 2 km langer Kanal in den Hafen führt.

Der Kanal wurde in den 1840er-Jahren gebaut, um Steine zum Brücken- und Schleusenbau aus einem nahe gelegenen Steinbruch verschiffen zu können. Er ist sehr schmal und stark verkrautet. Bei Gegenverkehr muss man sich eng ans Ufer halten.

Durch die vielen Wasserpflanzen können Ansaugstutzen oder Filter für das Kühlwasser verstopfen, was zu einem Motorschaden durch Überhitzung führen kann. Behalten Sie deshalb die Kühlwassertemperaturanzeige im Auge. Manche Vermieter weisen deshalb darauf hin, dass die Einfahrt nach Lecarrow auf eigene Gefahr geschieht.

Lecarrow

WC

Der am Ende des Kanals gelegene Hafen ist sehr gemütlich, dem Andrang der Boote vor allem in der Hochsaison aber kaum gewachsen. Für seine Größe und Abgeschiedenheit bietet der kleine Hafen erstaunlich viel: Neben dem üblichen WC, Duschen und Trinkwasser gibt es sogar eine Waschmaschine, Strom und eine Abpumpstation und im Dorf findet man Pub, Restaurant und einen kleinen Supermarkt. Vom Hafen ins Zentrum des aus nur wenigen Häusern bestehenden Ortes sind es nur wenige Schritte. Gehen Sie vom Hafen kommend an der Straße nach rechts, um in das Zentrum zu kommen.

☺ SmartCards gibt es im kleinen Supermarkt (☏ 090/666 11 18).

☹ Das von vielen Bootsbesatzungen geliebte Restaurant The Yew Tree wurde Anfang 2020 leider geschlossen. Da dies in der Geschichte des Hauses schon mehrfach vorgekommen ist, bleibt zu hoffen, dass es in naher Zukunft wieder öffnet und mit gleich gutem Service und schmackhaften Gerichten aufwartet.

Wenn Sie auf dem Rückweg zum Shannon wieder aus der Blackbrink Bay heraus sind, können Sie, bevor Sie in das Hauptfahrwasser fahren, noch einen Abstecher nach Nordwesten in die Cruit Bay machen, an deren Ende Portrunny liegt. Auf der Fahrt dorthin sollten Sie große Vorsicht walten lassen, weil hier zahlreiche Untiefen und Felsen lauern. Die Zufahrt in die Cruit Bay ist nicht gerade vorbildlich markiert, weil die Marker weit auseinander liegen. Biegen Sie nicht zu früh nach Westen ab, dann landen Sie nämlich in der Galey Bay, die zu flach für Kabinenkreuzer ist und für Mietboote gesperrt ist!

Portrunny

WC

Der relativ neue Hafen mit floating moorings ist ruhig gelegen und bietet ein Sanitärgebäude mit WC und Duschen. Trinkwasser kann gebunkert werden und eine Abpumpstation ist auch vorhanden. Es gibt einen Spielplatz und ein Picknickgelände. Wer einen Liegeplatz für eine ruhige Nacht sucht, ist hier gut aufgehoben.

Das kleine Dorf hat nicht einmal mehr einen Pub. Ein alter eingefasster Brunnen (well), der vor ein paar Jahren restauriert wurde, und eine Kirchenruine mit einem etwas ungepflegten Friedhof (graveyard) sind vielleicht noch einen Spaziergang wert.

Zurück im Hauptfahrwasser stoßen Sie gleich auf die knapp 2 km lange Insel **Inchcleraun**, die Sie östlich umfahren müssen. Im Westen warten eine Unzahl von Felsen und Untiefen auf den unvorsichtigen Skipper. Die Insel ist ein weiteres Highlight, das Lough Ree zu bieten hat.

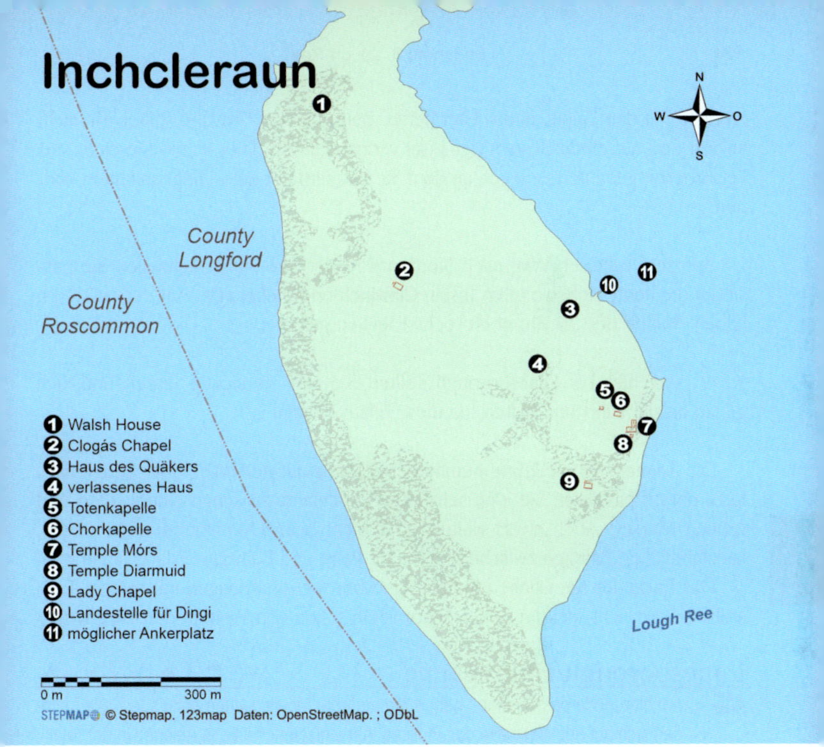

✞ Etwa in Höhe der roten Tonne 7 können Sie vom Wasser aus die Ruinen einzelner Kirchen erahnen. Im frühen 6. Jh. wurde von St. Diarmuid, einem Lehrer des heiligen Ciarán, ein Kloster auf der Insel gegründet. Es wurde bald zu einem Zentrum des Lernens und der Einkehr. Die heutigen Ruinen stammen zum größten Teil aber erst aus dem 12. Jh. Dennoch gehören sie zu den sehenswertesten entlang des Shannon – nur die in Clonmacnoise sind noch umfangreicher. Im 13. Jh. übernahmen Augustinermönche die Leitung, bis unter König Heinrich VIII. das Kloster – wie alle anderen Klöster auch – geschlossen wurde.

Die Insel, die auch **Quaker Island** genannt wird, weil hier im 19. Jh. der Quäker Fairbrother (Angehöriger einer religiösen Gemeinschaft) als Einsiedler lebte, kann nicht mit dem Kreuzer erreicht werden. Sie müssen in der Nähe des Ufers ankern und dann mit dem Dingi zur Insel rudern. Die beste Möglichkeit zum Ankern besteht etwas nördlich der roten Tonne 7. Fahren Sie langsam und nicht zu dicht mit dem Schiff an das Ufer heran. Bei stärkerem Ostwind sollten Sie nicht ankern und auf einen Besuch der Insel verzichten. Am Ufer sehen Sie einen aus Felsbrocken gebauten Anleger, an dem Sie bequem mit dem Dingi anlanden können.

Auf dem weiteren Weg nach Norden wird der See immer schmaler. Sie passieren die heute unbewohnten Inseln **Clawinch** und **Inchenagh**. Auf der Letzteren haben Anfang des 20. Jh. noch sechs Familien gelebt.

Von hier bis Lanesborough sollten Sie sehr vorsichtig fahren und sich genau an die Fahrrinne halten, da diese relativ schmal ist.

Die Tonne 9 ist die letzte nummerierte Tonne auf dem Weg über Lough Ree. Kurz darauf passieren Sie eine sehr enge Durchfahrt zwischen einem roten und grünen Marker! Auch etwas weiter ist Vorsicht beim Durchfahren einer engen, kanalähnlichen Passage zwischen Ballyclare Point und Ballyclare Island angeraten!

Das Ende des Sees haben Sie bei Lanesborough/Ballyleague mit seinem Torfkraftwerk erreicht, dessen hoher Schornstein schon von Weitem den Weg weist.

Lanesborough/Ballyleague

WC

Am Nordende des Shannon haben Sie mehrere Möglichkeiten anzulegen, alle befinden sich auf der Westseite des Flusses. Am einfachsten ist das Anlegen in der relativ neuen Marina in Ballyleague, die gut 200 m südlich der Brücke liegt. Hier finden bis zu 32 Boote Platz, es gibt Trinkwasser und eine Abpumpstation.

- Weitere Plätze gibt es direkt südlich und nördlich der Brücke. Hier finden Sie zusätzlich ein Sanitärgebäude mit Duschen und WC. Bedingt durch die Brücke herrscht hier eine sehr starke Strömung und das Anlegen mit dem Strom ist schwierig. Deshalb sollten Sie, wenn Sie von Norden kommen, zunächst am Anleger vorbei in den Lough Ree fahren, dort wenden und dann gegen die Strömung anlegen, was immer bedeutend leichter geht. Vermeiden Sie es auch, nördlich der Brücke zu wenden, da Sie sonst auf die Steine am Ostufer getrieben werden könnten.
- Eine dritte Möglichkeit besteht im alten Hafen, der sich etwa 200 m nördlich der Brücke ebenfalls auf der Ballyleague-Seite befindet. Er ist gemütlich, aber sehr eng und bietet nur Versorgung mit Trinkwasser.
- 200 m weiter stromauf finden Sie die große private Marina Hanley's, wo es sämtliche Ver- und Entsorgungsmöglichkeiten gibt und Sie auch tanken können. Die Übernachtung ist allerdings nicht kostenlos.

Einkaufsmöglichkeiten gibt es in Lanesborough z. B. in einem großen, gut sortierten Supermarkt (SuperValue), wenn Sie etwa 100 m entlang der Hauptstraße gehen. Auch die meisten Pubs und Restaurants finden Sie auf dieser Seite des Shannon.
SmartCards erhalten Sie u. a. im Supermarkt (☏ 043/332 13 20).

Ähnlich wie die beiden ganz im Süden liegenden Shannonorte Killaloe und Ballina gehören auch Lanesborough (auf der Ostseite des Shannon, Co. Longford) und Ballyleague (Westseite, Co. Roscommon) zu zwei verschiedenen Counties.

Die beiden Orte und die nähere Umgebung sind vor allem für Angler interessant. Dazu hat das **Torfkraftwerk**, das Ende 2020 nach mehr als 60 Betriebsjahren abgeschaltet werden soll, einen guten Teil beigetragen, da sein Kühlwasser den Fluss um einige Grade erwärmt. In diesem „subtropischen" Wasser sind die Lebensbedingungen für aquatische Pflanzen und Tiere ideal, was dazu führt, dass es hier nur so von Fischen wimmelt. Die am häufigsten vorkommenden sind Hechte, Schleie und Brassen.

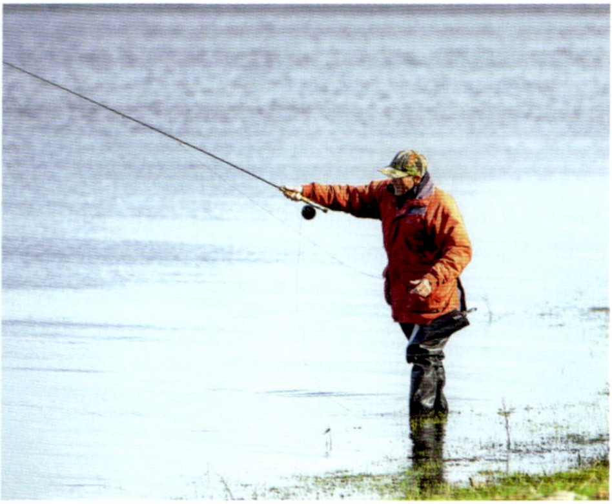

Der Shannn bei Lanesborough ist bei Anglern ganz besonders beliebt

4. Von Lanesborough bis Carrick-on-Shannon

Dieser Teil des Shannon gehört mit zu den attraktivsten Streckenabschnitten, was vor allem daran liegt, dass sich der Fluss hier immer wieder zu kleineren oder größeren **Seen** erweitert, die alle erkundet werden können. Sie sollten sich für diesen abwechslungsreichen Flussabschnitt entsprechend viel Zeit nehmen.

Zur besseren Planung finden Sie in der folgenden Tabelle die Liegemöglichkeiten mit den jeweiligen Serviceeinrichtungen:

	Plätze	WC					@			
Tarmonbarry	50			X	X				X	X
Clondara Lock	10	X	X	X	X				X	X
Roosky	30	X		X				X	X	X
Dromod	35	X	X	X		X	X		X	X
Carnadoe Quay	9			X						
Grange	10									X
Kilglass	8			X						
Drumsna	13			X					X	X
Jamestown Canal	7									
Jamestown	8			X						X
Carrick-on-Shannon	50	X	X	X	X	X	X	X	X	X

Die ersten etwa 12 km von Lanesborough bis Tarmonbarry verläuft der Shannon noch in einem gewöhnlichen Flussbett. Spektakuläre Höhepunkte gibt es hier nicht. Nach etwa einem Drittel der Strecke kreuzt die lang gezogene **Bord Na Mona Railway Bridge**, über die eine Werksbahn verläuft, den Fluss. Hier wird bis zum Abschalten des Kraftwerks Ende 2020 Torf aus den Abbaugebieten der Gegend nach Lanesborough transportiert. Vor und hinter der Brücke stehen Messlatten zur Bestimmung der Durchfahrtshöhe.

Gleich hinter der Brücke passieren Sie eine der flachsten Stellen des Shannon. Halten Sie sich hier unbedingt an die Fahrrinne, die dicht mit Bojen markiert ist.

Dann taucht nach gut 7 km hinter einer größeren Flussschleife die Schleuse von Tarmonbarry mit dem mächtigen Wehr auf.

Tarmonbarry

Die öffentlichen Anleger befinden sich vor und hinter der Schleuse alle auf der Westseite des Flusses. Bis auf Trinkwasser gibt es aber keine Ver- und Entsorgungsmöglichkeiten. Die große Marina südlich der Schleuse ist privat. In den kleinen Ort mit Einkaufs- und Einkehrmöglichkeiten sind es nur wenige Schritte.

Wenn Sie die Schleuse flussaufwärts verlassen, müssen Sie sich möglichst nah am westlichen Ufer halten (dort sind auch die Anleger), um nicht in die Strömung, die zum Wehr führt, zu geraten. Die kurz hinter der Schleuse liegende Hubbrücke muss für viele Boote geöffnet werden, weil sie sehr niedrig ist (je nach Wasserstand nur

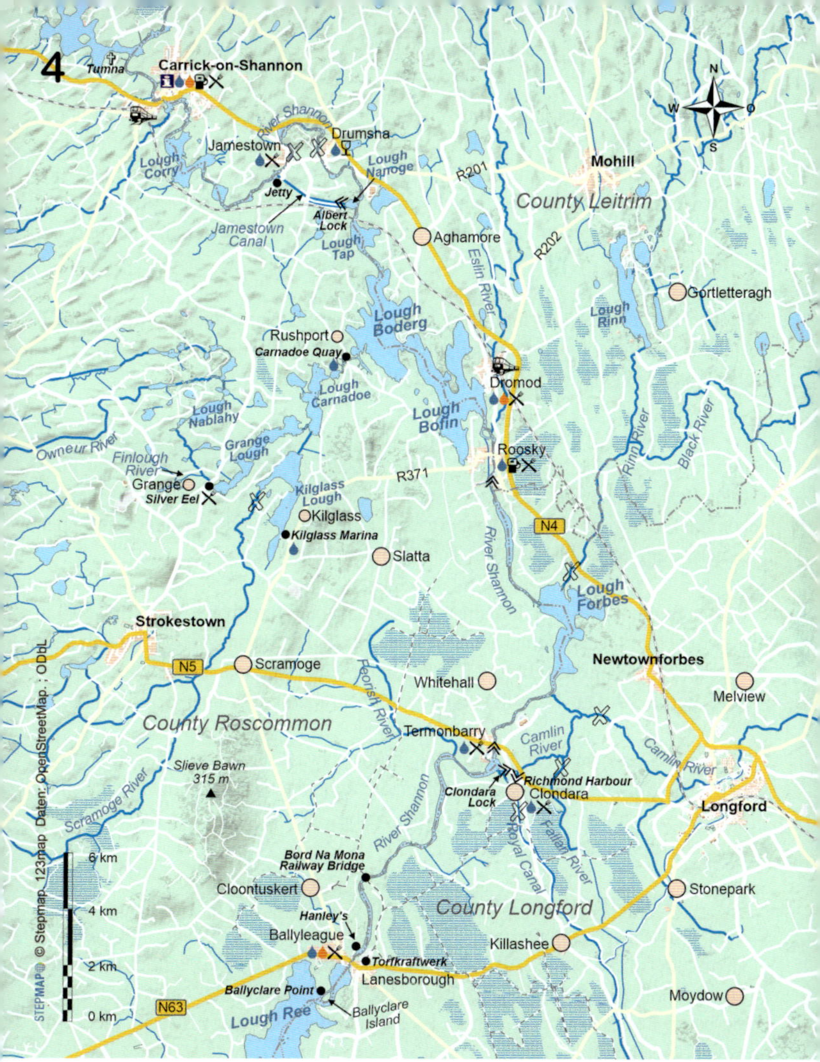

etwa 2,70 m). Schleuse und Brücke werden nur von einer Person bedient, sodass es unter Umständen zu Wartezeiten kommen kann. Oft kassiert der Schleusenwärter (☏ 087/922 20 20 oder 043/332 61 17) gleich für beide Durchfahrten, also € 3.

Wenn Sie von Norden kommen, können Sie bei grüner Ampel (Brücke hoch) gleich durchfahren. Wenn Sie Pech haben, müssen Sie bei roter Ampel an dem Steg vor der Brücke zunächst festmachen und entweder warten, bis der Schleusenwärter Sie von der Schleuse aus sieht und mit dem Fahrrad angeradelt kommt, um das Brückensegment zu heben, oder zur Schleuse hingehen und um Durchlass bitten.

Die Schleuse von Tarmonbarry hat von allen Shannonschleusen den größten Hub. Dieser macht sich natürlich auch beim angrenzenden Wehr bemerkbar, wo das Wasser in großem Schwall tosend in die Tiefe stürzt.

Tarmonbarry selbst ist sehr klein und besteht nur aus wenigen Gebäuden. Von denen sind glücklicherweise eine ganze Anzahl gut besuchte, gemütliche Pubs oder Restaurants. Die Gäste müssen wohl aus der ganzen Umgebung hierher kommen, denn mit den Einwohnern von Tarmonbarry und den übernachtenden Schiffsbesatzungen allein ließen sich die Pubs nicht füllen.

☺ Bekannt für gutes Essen ist das **Keenans of Tarmonbarry**, das seit 1840 in inzwischen 5. Generation in Familienbesitz ist. In der Saison wird hier im Pub auch regelmäßig Livemusik geboten. Die Preise für eine Hauptmahlzeit liegen zwischen € 15 und € 30. Das Haus liegt dicht an der Straßenbrücke über den Shannon.

Wenn Sie es nicht eilig haben, schon über etwas Fahrpraxis verfügen und keinen allzu großen Kreuzer fahren, sollten Sie unbedingt alternativ über den **Camlin River** in den nördlich gelegenen Lough Forbes fahren. Die Fahrt ist ein kleines, spannendes Abenteuer.

↳ Alternativroute über den Camlin River

Weil Tarmonbarry früher keine Schleuse hatte, fuhren alle Schiffe und die Lastkähne über diese Route. Als die große Schleuse 1845 gebaut wurde, entfiel der Umweg. Kanal und Fluss wurden lange Zeit nicht mehr genutzt und immer unpassierbarer. Erst seit wenigen Jahren ist die knapp 10 km lange Strecke wieder für Wassersportboote befahrbar.

☝ Fragen Sie Ihren Vermieter vorher, ob das Boot für den Umweg über den Camlin River geeignet ist. Da der Fluss sehr pflanzenreich ist, sollten Sie nach der Durchfahrt zur Sicherheit den Wasserfilter kontrollieren.

Die Einfahrt in den **River Camlin** liegt an der Ostseite des Shannon etwas unterhalb des Wehrs und der Schleuse von Tarmonbarry. Sie ist gut markiert. Nach einer kurzen Strecke kommen Sie an eine uralte Schleuse (Clondara Lock), an der die Schleusentore über lange Hebelarme von den Schleusenwärtern mit Muskelkraft geöffnet bzw. geschlossen werden müssen. Bis vor wenigen Jahren mussten auch noch die Schieber in den Schleusentoren von Hand bedient werden. Einen regelmäßig anwesenden Schleusenwärter gibt es hier nicht. Für die Schleuse ist der Lock Keeper in Tarmonbarry zuständig.

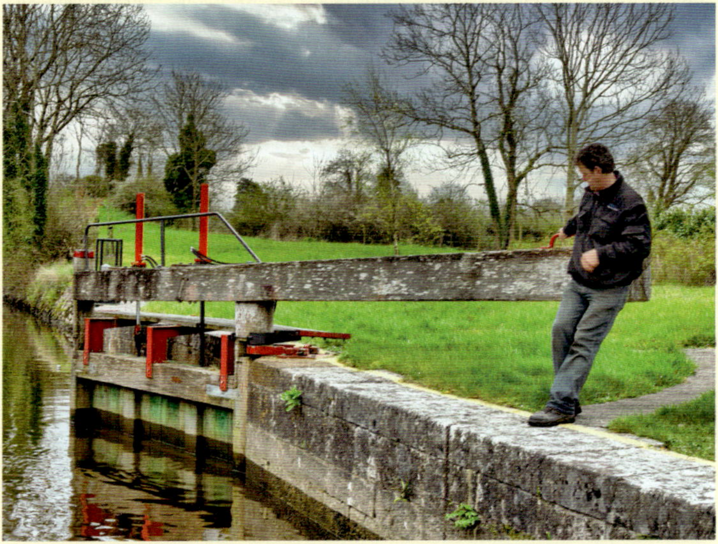

Die Schleusentore im Clondara Lock werden auch heute noch mit Muskelkraft bewegt

☞ Wenn Sie ein Handy haben, können Sie den Schleusenwärter telefonisch informieren (☏ 043/322 61 17 oder 087/922 20 20). Ansonsten müssen Sie sich zuerst an der Schleuse in Tarmonbarry melden. Stromaufwärts ist das kein Problem. Sie fahren einfach kurz an der Schleuse in Tarmonbarry vorbei und bitten darum, Ihnen die Schleuse zum Camlin River zu öffnen. Flussab müssen Sie einen relativ langen Fußweg in Kauf nehmen, um von der Schleuse am Camlin River nach Tarmonbarry zu kommen und sich dort zu melden.

Nachdem Sie die alte Schleuse passiert haben, fahren Sie zunächst durch einen sehr schmalen Kanal. Größere Boote können hier nur sehr schwer aneinander vorbeifahren. Glücklicherweise ist auf diesem Kanalabschnitt so gut wie kein Verkehr. Bäume und Büsche am Kanalufer wölben sich über den Wasserweg, sodass das Gefühl aufkommt, durch einen Tunnel zu fahren. Am Ende des Kanals wird die Fahrt dann einfacher. Sie kommen auf den nun etwas breiteren Camlin River.

Unmittelbar vor der Autobrücke zweigt rechts der Royal Canal ab, der nach wenigen Metern zu einer Schleuse führt, hinter der Richmond Harbour liegt, der Hafen von Clondara, der fast zu jeder Jahreszeit mit überwiegend privaten Booten vollgestopft ist. Den Schleusenwärter finden Sie wo? Meistens im Pub!

Allerdings müssen Sie nicht unbedingt durch die Schleuse in den Hafen fahren. Wenn Sie Glück haben, ist einer der zehn Liegeplätze links und rechts vor der Schleuse noch frei. Von dort sind es nur wenige Schritte zum Hafen, wo Sie auch einen Sanitärblock mit den üblichen Einrichtungen finden.

Clondara/Richmond Harbour

WC

Clondara wurde zu Beginn des 19. Jh. zum Endpunkt des von Dublin kommenden Royal Canal ausgebaut. Der neu angelegte Hafen, Richmond Harbour, wurde nach Lord Leutnant Richmond benannt, der ihn seinerzeit eröffnete. Er lässt den Charme und die Gemütlichkeit einer längst vergangenen Epoche erahnen. Sehenswert sind die Häuser entlang des Hafens aus dem 19. Jh., das Trockendock und das heute noch genutzte Schleusenwärterhaus.

Richmond Harbour war der letzte Hafen des **Royal Canal** vor dem Shannon. Der Kanal, der Dublin mit dem Shannon verband, wurde nach 28-jähriger Bauzeit 1817 vollendet. Um das Gefälle auszugleichen, wurden auf einer Gesamtlänge von 145 km 46 Schleusen errichtet. Die Kosten waren immens. Pro Meile wurde fast die dreifache Geldmenge benötigt wie beim Bau des Grand Canal, sodass schon in der Anfangszeit viele Investoren pleitegingen.

Der Royal Canal konnte auch nie dem Grand Canal den Rang ablaufen. Er stand immer in dessen Schatten. So ist es nicht verwunderlich, dass er bereits 1845 an eine Eisenbahngesellschaft verkauft wurde, die direkt neben dem Kanal eine Bahnlinie von Dublin in den Westen schuf. Dies brachte den Schiffsverkehr fast völlig zum Erliegen. Dennoch wurden der Royal Canal und Richmond Harbour bis 1961 offengehalten.

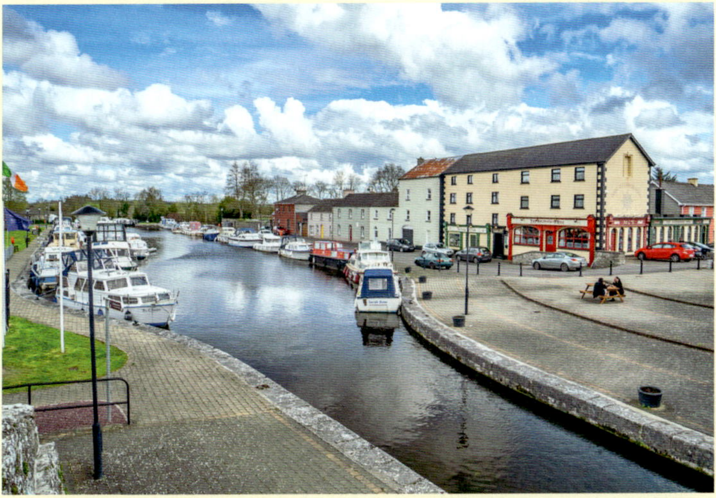

Clondara und Richmond Harbour wurden Anfang des 19. Jh. gebaut

Im Zuge der Entwicklung des Tourismus wurde der Hafen dann 1972 wieder in Betrieb genommen und der Canal Zug um Zug ausgebaut. Inzwischen ist der Royal Canal, der landschaftlich schöner ist als der Grand Canal, für Touristenboote wieder bis nach Dublin befahrbar (☞ Weitere Bootsreviere in Irland).

Clondara hat eine alte Kirchenruine mit einem zugehörigen Friedhof zu bieten, auf dem historische Grabsteine zu sehen sind. Die Ruine steht unmittelbar neben der katholischen Kirche des Ortes. Noch im 19. Jh. besaß Clondara eine gut gehende Whiskeybrennerei, in der zeitweise bis zu 70 Personen beschäftigt waren. Der jährliche Ausstoß betrug zwischen 300.000 und 350.000 l und wurde im Wesentlichen per Schiff nach Dublin gebracht. Das riesige Gebäude ist heute noch zu sehen.

Bekannt ist der Ort auch deshalb, weil hier alljährlich im Sommer ein traditionelles irisches **Musik- und Tanzfestival** stattfindet.

Die Weiterfahrt auf dem Camlin River bis in den Lough Forbes verläuft landschaftlich sehr schön durch Wiesen, Weiden und Moore. Der Fluss, der sich sanft durch die Landschaft schlängelt, ist dicht bewachsen. Stellenweise ist nur noch eine schmale Fahrrinne zwischen dichten Seerosenteppichen frei. Alte, knorrige Bäume hängen weit über das Wasser.

An zwei Stellen des Camlin River zweigen Nebenflüsse ab. Beide sind nicht schiffbar. Die aufgestellten Warntafeln sind meist unter einer dichten Pflanzendecke versteckt, sodass man, besonders wenn man von Norden kommt, leicht in einen dieser Nebenflüsse geraten kann und dort schnell im Schlick festsitzt. Fahren Sie von Norden kommend an den betreffenden Abzweigungen immer rechts, dann gelangen Sie mit Sicherheit nach Clondara und an den Shannon. Von Süden kommend halten Sie sich entsprechend immer links. Von der Autobrücke über den Camlin River bei Clondara bis zum Shannon sind es etwa 5 km.

Kreuzer mit großem Tiefgang können den Camlin River nicht befahren. Erkundigen Sie sich bei Ihrem Vermieter, ob eine Passage möglich ist. Achten Sie auf im Wasser liegende Äste und Bäume. Bei Hochwasser ist der genaue Verlauf des Flussbettes nicht immer zu erkennen. Achten Sie dann auf Weidezäune, die ins Wasser ragen.

Der Camlin River mündet unterhalb vom Lough Forbes wieder in den Shannon.

Lough Forbes

Lough Forbes ist der erste in einer Reihe von kleineren Shannonseen, die Sie auf dem Weg nach Norden passieren. Der See und die ihn umgebenden Feuchtwiesen, Sümpfe, Moore und Wälder haben große Bedeutung als Lebensraum für verschiedene **Vogelarten**. So überwintern hier z. B. regelmäßig größere Kolonien der im hohen Norden brütenden grönländischen Blässgans.

☺ Der Rinn River, der im Nordosten in den Lough Forbes mündet, ist für Mietboote gesperrt, da er zu flach und verschilft ist. Sehr lohnend ist aber die Erkundung des idyllischen Flusses mit dem Dingi.

Nächste Station auf Ihrem Weg nach Norden ist Roosky. Etwas unterhalb des Ortes müssen Sie eine Schleuse passieren. Da der Schleusenwärter (☏ 071/963 80 18) gleichzeitig auch Brückenwärter der gut einen Kilometer oberhalb liegenden Autobrücke ist, kann es hier zu Wartezeiten kommen, wenn er gerade die Brücke bedient.

Fragen Sie den *lock keeper*, ob für Ihren Bootstyp das Brückensegment gehoben werden muss, oder schauen Sie auf den *airdarft gauge*, der vor der Brücke steht. Auch nördlich der Brücke gut 100 m vor dem Telefon-Ponton ist eine

Messlatte an einer Boje. Für Boote normaler Größe und bei normalem Wasserstand (Durchfahrtshöhe 3,30 m) ist das Öffnen nicht erforderlich. Nur bei sehr hohem Wasserstand oder besonders hohen Booten muss das Brückensegment angehoben werden.

Wenn Sie von Norden kommen, finden Sie unmittelbar vor der Brücke mitten im Shannon einen Ponton mit Telefon, von wo aus Sie den Schleusenwärter anrufen können.

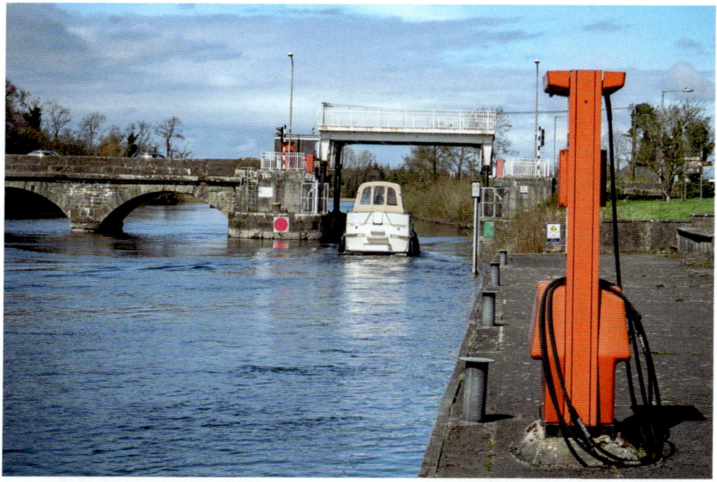

Die Straßenbrücke bei Roosky muss für höhere Boote geöffnet werden

Roosky

WC

Die schönsten Anleger finden sich auf der Ostseite des Flusses noch nahe an der Schleuse. Je weiter Sie sich der Brücke nähern, desto mehr bekommen Sie vom Lärm der viel befahrenen Straße (N 4, Dublin-Sligo) mit, sind jedoch auch näher am Zentrum des Ortes. An der Brücke auf der Westseite des Shannon finden Sie einen weiteren Liegeplatz. Hier gibt es auch ein WC.

Dort befindet sich auch ein relativ gut sortierter Supermarkt und ein Laden für Anglerbedarf (Fishing Tackle Shop), wo Sie auch Diesel bunkern können. Wenn Sie die Brücke zu Fuß überqueren, achten Sie auf den Verkehr – die Brücke ist sehr schmal.

☺ SmartCards erhalten Sie an der Schleuse (☏ 071/963 80 18) und im Fishing Tackle Shop (☏ 071/963 83 55).

Roosky (manchmal auch Rooskey) gilt als eines der Zentren traditioneller irischer Musik, die hier in verschiedenen Pubs dargeboten wird. Jedes Jahr im Juli findet das Roosky Festival mit traditioneller und populärer Musik statt. Trotz der unmittelbar durch den Ort führenden Hauptstraße vermittelt er mit seinen vielen Anlegern eine gemütliche Atmosphäre, die zum Bleiben reizt.

☺ Die Weir Lodge mit Bar und einem Fisherman's Restaurant am Ostufer bietet neben gutem Essen an vier Nächten in der Woche während der Saison auch Live-Unterhaltung.

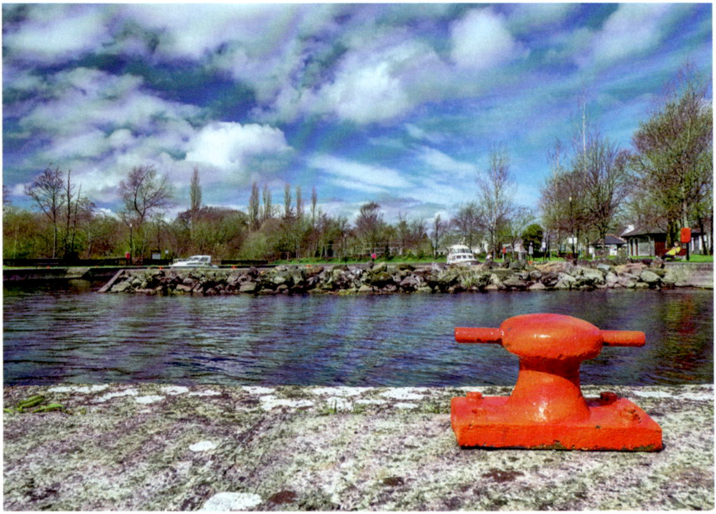

Blick auf den neuen Hafen von Dromod

Kurz hinter Roosky erweitert sich der Shannon erneut und wird zum **Lough Bofin**, an dessen Ostufer der Hafen von Dromod liegt.

Dromod

WC

Vorbei an zwei größeren privaten Marinas fahren Sie in den Hafen ein. Sie passieren zunächst den alten Hafen, der nur wenige Liegeplätze bietet, und gelangen gleich dahinter durch eine schmale Zufahrt in den neuen Hafen, der für 25 Boote Platz hat. Toilette, Dusche und Abpumpstation sind vorhanden.

Vom Hafen ist es nur ein kurzer Weg in den Ort, wo Sie einen kleinen Laden (Hunt's Supermarket), Restaurant (sehr empfehlenswert ist Cox's Steakhouse, das nur gut 300 m vom Hafen entfernt am Ende der Harbour Road liegt) und Pub vorfinden. Viele leer stehende Gebäude zeigen, dass der Ort besonders schwer von der Finanzkrise getroffen wurde.

☺ SmardCards gibt es in Hunt's Supermarket (☏ 071/965 87 79) und in Cox's Steakhouse (☏ 071/963 82 34).

Dromod ist einer der wenigen Orte entlang des Shannon, der an das irische Eisenbahnnetz mit der Dublin-Sligo-Linie angeschlossen ist.

Doch dies allein lockt wohl noch keinen Eisenbahnfreund in den Ort. Eisenbahnenthusiasten lassen sich aber möglicherweise von einem Eisenbahn- und Transportmuseum begeistern, das neben dem Bahnhof der Irish Rail entstanden ist. Rund um die längst stillgelegte **Cavan-Leitrim-Schmalspurbahn** (ca. 90 cm Spurbreite) entstand dieses kleine Museum mithilfe von Freiwilligen. Neben Lokomotiven und Waggons können Sie sich andere historische Stücke aus der Eisenbahngeschichte und dem Transportwesen anschauen. Die Anlage befindet sich nur 15 Min. Fußweg vom Hafen entfernt.

⌘ The Cacan & Leitrim Railway, Station Road, Dromod, ☏ 071/963 85 99, www.cavanandleitrim.wixsite.com/home, April bis September Sa bis Mo 10:00-17:30, da das Museum nur von einer Handvoll ehrenamtlichen Helfern betreut wird, sollten Sie sich im Voraus über geänderte Öffnungszeiten informieren, Eintritt Erwachsene € 8, Senioren und Studenten € 5.

Im Norden schließt sich an den Lough Bofin, nur durch eine Enge getrennt, mit **Lough Boderg** ein weiterer Shannonsee an. Hier können Sie nun schnurstracks weiter Richtung Norden fahren oder Sie halten sich westlich bis zur Einfahrt in die Nebenarme und Seen um Carnadoe und fahren weiter in den Grange Lough und den Kilglass Lough. Ein Abstecher, der sich vor allem für Naturliebhaber lohnt, die ihre Ruhe haben wollen. Aber auch Angler kommen hier voll auf ihre Kosten. Die Gewässer zählen zu den schönsten Seen des Shannon.

Abstecher in den Grange Lough und den Kilglass Lough

Bei diesem Nebenrevier handelt es sich um mehrere ineinander übergehende Seen mit vielen kleinen Inseln. Die Ufer der Seen und der Inseln sind dicht mit Schilf bewachsen.

Die Seen sind außerhalb der Fahrrinnen sehr seicht, allerdings meist felsenfrei. Dennoch sollten Sie sich sehr genau an den vorgeschriebenen Kurs halten, der sehr gut und stellenweise dicht markiert ist.

Hinter der sehr schmalen Zufahrt vom Lough Boderg in den Lough Carnadoe (auch Black Lough genannt) erreichen Sie nach kurzer Fahrt die einbogige Brücke bei Carnadoe, vor der Sie auf der Nordseite einen schönen Anleger finden. Hinter der Brücke liegt auf der Nordseite eine private Marina.

Carnadoe Quay

Der Anleger ist ruhig, bietet aber bis auf Wasser keinerlei Infrastruktur. Auf der angrenzenden Wiese finden sich Picknickmöglichkeiten. Bei schönem Wetter wird sie auch zum Zelten genutzt.

Die Brückendurchfahrt ist relativ schmal und nicht sehr hoch. Wenn man auf die Brücke zufährt, hat man leicht das Gefühl, dass man hier mit seinem Boot nicht durchkommt. Glücklicherweise täuscht dieses Empfinden in der Regel. Mit sehr großen Booten kann man allerdings schon Schwierigkeiten bei der Durchfahrt haben. Gleich hinter der Brücke liegt eine große private Marina.

Am Südende vom Lough Carnadoe haben Sie zwei Möglichkeiten:

❶ Sie halten sich mehr westlich und kommen in den lang gestreckten See **Grange Lough**, an dessen Ende Sie bei Grange an einen Anleger gelangen. Etwa 2 km vorher passieren Sie eine am Nordufer liegende private Marina.

Grange

Am Ende des Sees mündet das Flüsschen Finlough ein. Hier finden Sie den kleinen privaten Hafen, der direkt am Silver Eel, einem Hotel mit Pub und Restaurant, liegt. Ver- und Entsorgungsmöglichkeiten gibt es hier nicht, aber sehr schmackhafte und preiswerte Gerichte im Hotel. Ansonsten können Sie auch im Fluss an der dem Hotel zugewandten Seite anlegen.

❷ Die zweite Möglichkeit ist der **Kilglass Lough**, der Sie vom Südende des Carnadoe Lough durch einen sehr schmalen, schilfumsäumten Stichkanal erreichen. Gleich hinter dem Stichkanal nach dem Passieren der roten und grünen Tonne fahren Sie auf eine Insel zu. Wenn Sie hier mehr östlich fahren, gelangen Sie an den Anleger von Kilglass.

Kilglass

Der öffentliche Anleger am Ende des schiffbaren Bereichs auf dem Kilglass Lough bietet außer Trinkwasser keine weiteren Serviceeinrichtungen. Allerdings gibt es einen schönen Picknickbereich. Tagsüber ist man hier meist nicht allein, denn dicht am Anleger gibt es einen großen, sogar beleuchteten Parkplatz.

Wieder auf dem **Lough Boderg**, geht es weiter nordwärts. Der See wird zunehmend schmaler und die Ufer werden felsig. Am Ende des Sees verläuft der Shannon wieder für etwa 1 km in einem normalen Flussbett, bis Sie in den kleinen See **Lough Tap** gelangen. Unmittelbar hinter dem See kreuzt die Eisenbahnlinie von Dublin nach Sligo den Shannon über eine 1862 errichtete Brücke. Achten Sie auf die Durchfahrtshöhe (Airdraft-Messlatten auf beiden Seiten).

Gleich hinter der Brücke zweigt links der **Jamestown Canal** ab, über den man weiter nach Carrick-on-Shannon kommt. Der Kanal kürzt hier eine große Schleife des Shannon ab, die nicht komplett schiffbar ist.

Abstecher nach Drumsna

An dieser Stelle können Sie den Shannon noch etwa 3 km weiter flussaufwärts fahren, bis Sie an der Straßenbrücke von **Drumsna** an das Ende der befahrbaren Strecke gelangen. Der Hafen und der Ort machen einen gepflegten Eindruck. Der 1817 gebaute relativ große Hafen liegt ruhig und windgeschützt.

Drumsna

Der Anleger hat Platz für etwa 13 Boote. Außer Trinkwasser und Picknickmöglichkeiten gibt es keine weiteren Einrichtungen. Den Ort erreichen Sie nach einem kurzen Fußweg. Ein gut sortierter kleiner Supermarkt und Pubs mit Livemusik sind auch vorhanden.

An der Straßenbrücke herrscht eine starke Strömung. Kommen Sie ihr nicht zu nahe. Ein Schild am Ende des Hafens markiert die Grenze des schiffbaren Bereichs.

Bis 1845 endete hier die Befahrbarkeit des Shannon. Die Shannonschleife war, wie auch heute noch, mit größeren Booten nicht schiffbar. Erst als der Jamestown Canal gebaut wurde, konnten die Schiffe in die Upper Shannon Region weiterfahren.

Trotz des Verkehrs, den die Nationalstraße 4 mit sich bringt, hat sich der Ort immer noch eine gemütliche Atmosphäre bewahrt.

✞ Neben der aus dem 19. Jh. stammenden **Kirche** sind noch die Ruinen einer älteren Kirche zu sehen. Die Bausteine der Ruine stammen angeblich von einer Abtei aus dem 8. Jh.

Beachtenswert ist auch die vielbogige Steinbrücke, deren genaues Entstehungsdatum unbekannt ist. Wahrscheinlich ist sie aber die älteste noch erhaltene Shannonbrücke.

Für Wanderer und Naturliebhaber bietet sich eine Tour entlang des Shannon auf dem **Shannon Walk** an.

☺ Wenn Sie Zeit und Lust haben, sollten Sie Ihr Dingi klarmachen und die für Kabinenboote nicht schiffbare, landschaftlich jedoch sehr schöne Shannonschleife erkunden.

Aber Vorsicht vor dem Wehr bei Jamestown kurz vor dem Ende der Schleife – hier herrscht zeitweise eine sehr starke Strömung!

Ruhiger Anleger am Ende des Jamestown-Canals

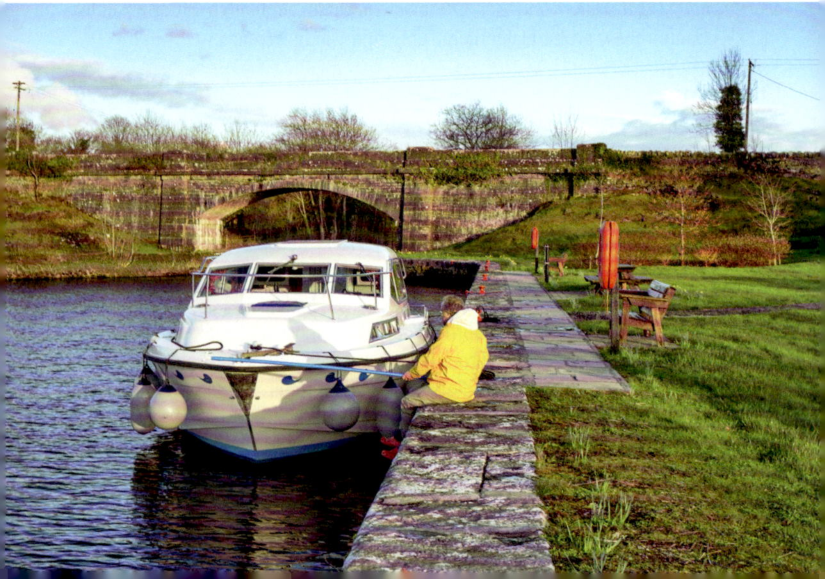

In den **Jamestown Canal** gelangen Sie nördlich der Eisenbahnbrücke über das 1846 fertiggestellte **Albert Lock** (☏ 071/963 71 15). Der Kanal selbst ist noch älter. Er wurde schon Ende des 18. Jh. gebaut, um die große Schleife des Shannon abzukürzen.

Der gut 2 km lange Kanal hat felsige Ufer, von denen man sich tunlichst fernhalten sollte. Am Ende des Kanals, gleich hinter der einbogigen Straßenbrücke, finden Sie auf der linken Seite einen Anleger.

Jamestown Canal

Der ruhige, sehr gepflegte Anleger hat Platz für sieben Boote. Auf Holzbänken und Tischen kann man die Mahlzeiten auch außerhalb des Bootes einnehmen. Allerdings hat der Anleger keinerlei Ver- oder Entsorgungsmöglichkeiten.

Gleich hinter dem Anleger stoßen Sie wieder auf den Shannon. Wenden Sie sich hier nach rechts, kommen Sie nach etwa 500 m an die Brücke von Jamestown, wo Sie in dem kleinen, idyllischen Hafen festmachen können.

Jamestown

Der Anleger bietet Platz für acht Boote und hat bis auf Trinkwasser keine weiteren Ver- oder Entsorgungsmöglichkeiten. Den Ort, wo Sie Pubs und Restaurants finden, erreichen Sie nach einem Fußweg von weniger als 10 Minuten entlang der Hauptstraße Richtung Norden.

Bleiben Sie der Straßenbrücke wegen der sehr starken Strömung möglichst fern. Das Schild „End of Navigation" weist auf die Unbefahrbarkeit der Shannonschleife hin. Schon einige „Ungläubige" sind beim Wenden des Bootes von der Strömung gegen die niedrigen Brückenbögen gedrückt worden – der Urlaub ging teuer zu Ende und die Kaution war auch futsch.

Jamestown wurde 1622 gegründet. Wie andere Ortschaften am Shannon war auch dieser Ort von großer strategischer Bedeutung und wurde daher stark befestigt. Die ganze Stadt war von einer 6 m hohen und knapp 2 m dicken Mauer umgeben. Geblieben ist von der ganzen Befestigungsanlage nur noch ein **Stadttor**, durch das die Hauptstraße führt. Da die Höhe der Durchfahrt für die großen Lkw nicht mehr ausreichte, wurde in den 1960er-Jahren kurzerhand der Bogen des Tores abgetragen. Knapp 20 Jahre später wurde eine Umgehungsstraße für die N4 Dublin-Sligo gebaut.

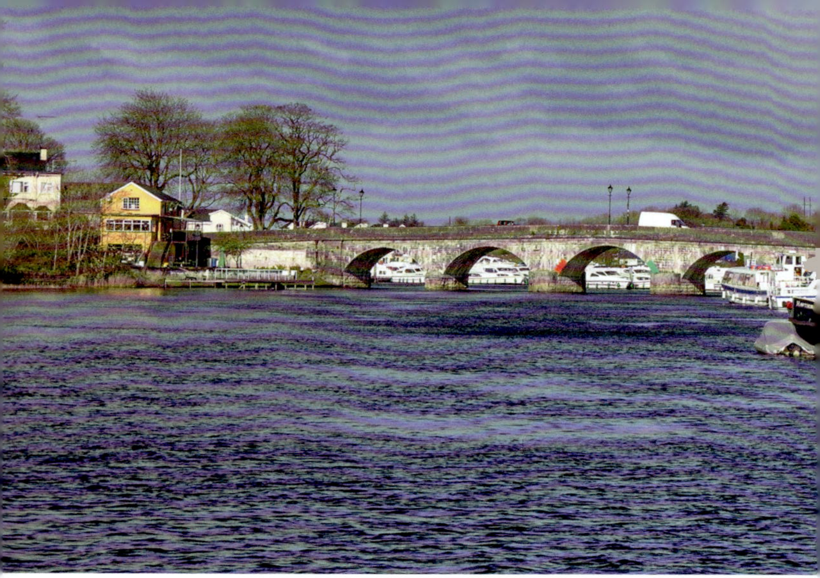

Von Jamestown sind es etwa 8,5 km bis Carrick-on-Shannon. Auf dem Weg dorthin erweitert sich der Fluss nochmals zu einem kleinen See, dem **Lough Corry**. Dann verengt sich der See wieder und Sie passieren etwa 1 km vor Carrick-on-Shannon eine sehr große private Marina. Voraus sind schon die ersten Häuser der Stadt zu sehen und nach einer Linkskurve, rechts erstreckt sich immer noch die Marina, sehen Sie schon die vielbogige Straßenbrücke von Carrick-on-Shannon.

Carrick-on-Shannon

i WC

i Tourist Office, Old Barrel Store, ☏ 096/201 70, Mai bis Mitte Oktober tgl. außer Mittwoch 10:00-16:00, www.mycarrick.ie und www.carrickonshannon.ie. Die TI liegt unmittelbar an der Brücke über den Shannon.

Im Ort finden Sie öffentliche Anleger vor und hinter der Straßenbrücke auf der rechten (nördlichen) Shannonseite. Weiter flussauf finden Sie noch zahlreiche weitere Marinas, die zu den zahlreichen Charterfirmen gehören, die hier ihre Basen haben. Die öffentlichen Anleger bieten sämtliche Ver- und Entsorgungsmöglichkeiten. Sie liegen nur wenige Schritte vom Ortszentrum mit seinen zahlreichen Pubs, Restaurants und Geschäften entfernt. Diesel erhalten Sie in den Marinas der Chartergesellschaften.

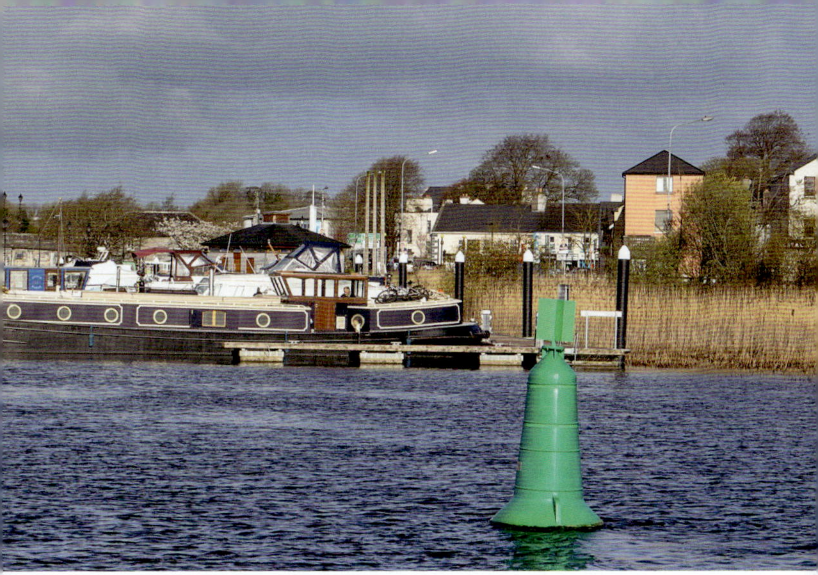

Carrick-on-Shannon, rechts vor der Brücke der öffentliche Anleger

☺ SmardCards erhalten Sie in den Büros der Charterfirmen sowie im Touristenbüro am Anleger direkt an der Brücke (☏ 096/201 70).

✋ Die Straßenbrücke über den Shannon hat zwei deutlich gekennzeichnete passierbare Brückenbögen. Da der Gegenverkehr erst sehr spät zu erkennen ist, sollten Sie immer den auf der Steuerbordseite (rechts) liegenden nutzen.

Carrick-on-Shannon ist die größte Stadt der Grafschaft Leitrim und Zentrum des oberen Shannon. Bereits in einer Chronik aus dem Jahre 1530 wird die Stadt erwähnt. Die neue Marina wurde auf dem Gelände des alten Gefängnisses und Gerichts gebaut, von dem noch einige Gebäude erhalten sind. Vor gerade einmal 150 Jahren wurden an dieser Stelle noch Gesetzesbrecher aufgeknüpft.

✞ Carrick rühmt sich, die kleinste Kapelle Irlands, die gleichzeitig die zweitkleinste der Welt sein soll, zu besitzen. Es ist die 1879 geweihte **Costello-Gedächtniskapelle**, die in der Stadtmitte neben Flynn's Pub steht. Das 9 m hohe Gebäude ist nur knapp 5 m lang und 3,5 m breit. Es wurde von dem reichen Kaufmann Costello als Gedenk- und Grabstätte für seine Frau errichtet. Seit 1891 ruht der Witwer ebenfalls hier.

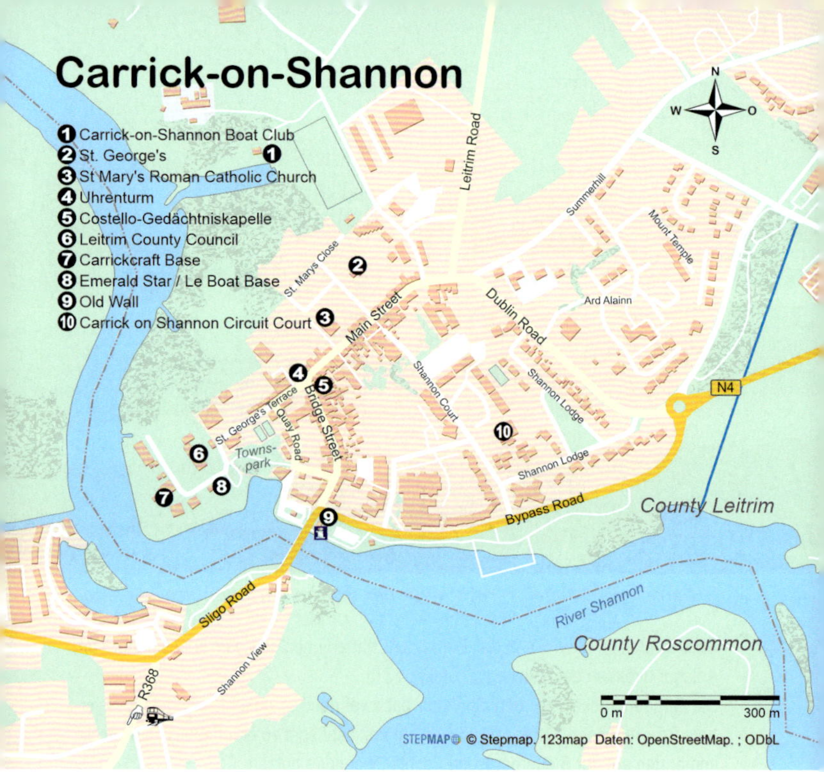

Darüber hinaus ist noch der 1905 errichtete Uhrenturm gegenüber erwähnenswert. In den Market Yards, die 1830 erbaut wurden und hauptsächlich als Umschlagplatz für Farmerzeugnisse dienten, ist heute Kunsthandwerk zu erwerben.

Sehenswert in der Main Street ist auch die katholische St. Mary's Church in gotischem Baustil vom Ende des 19. Jh., die leicht erhöht liegt und über Stufen erreicht wird. Die Kirche St. George's der Church of Ireland liegt etwas dahinter.

Während der Regierung von James I. wurde 1613 eine Burg gebaut, um den Shannonübergang zu schützen. Von dieser Anlage ist heute nur noch ein kleiner Rest – eher ein Haufen – einer Mauer an der Ostseite der Brücke neben der Touristinformation zu sehen.

Die Stadt ist ein wichtiges Angelzentrum. Neben der Möglichkeit, das Hobby im Shannon und seinen Nebenflüssen auszuüben, gibt es im Umkreis der Stadt mehr als 40 weitere Gewässer, in denen geangelt werden darf.

Alles in allem fehlt dem Ort, der eine große Auswahl an Geschäften, Pubs und Restaurants zu bieten hat, aber eine gewisse Atmosphäre. Dies mag daran liegen, dass das Leben in der Stadt im Wesentlichen von den Bootsbesatzungen bestimmt wird, die hier immer nur auf der Durchreise sind bzw. ihre Boote übernehmen oder abgeben.

Die kleinste Kapelle Irlands

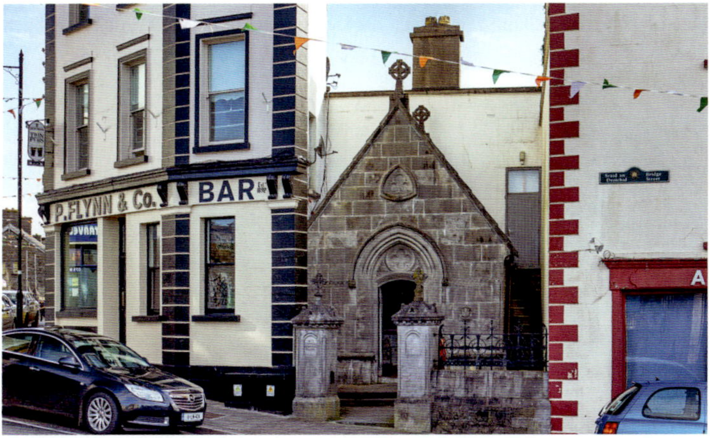

5. Lough Key und der obere Shannon mit Lough Allen

Wenn Sie von Carrick-on-Shannon aus weiter in Richtung Norden fahren möchten, können Sie bald zwischen mehreren Alternativen wählen.

A Zunächst können Sie über den River Boyle in den See **Lough Key** fahren. Lough Key und die Zufahrt über den River Boyle gehören sicher mit zu den schönsten Revieren für Kabinenboote in Irland überhaupt. Für diesen Trip sollten Sie von Carrick aus mindesten zwei Tage veranschlagen.

B Ein weiteres Revier folgt dem Shannon – in weiten Passagen allerdings über einen Kanal – bis in den See **Lough Allen**. Auch für diesen sehr großen See sollten Sie mindestens zwei Tage vorsehen.

☺ Wenn Sie sehr viel Zeit haben, können Sie über den ☞ **Shannon-Erne Waterway** nach Nordirland schippern und dort die beiden hintereinanderliegenden Seen **Upper Lough Erne** und **Lower Lough Erne** befahren. Bei dieser Tour müssen Sie mit einer Mindestdauer von einer Woche rechnen, wobei nach oben hin keine Grenzen gesetzt sind.

Alternative A: Lough Key

Die folgende Aufstellung zeigt Ihnen die Liegeplätze im Revier mit den jeweiligen Serviceeinrichtungen:

	Plätze	WC					@			
Cootehall Brücke	5			X						X
Tara Marina	100	X	X	X	X	X	X	X		X
Knockvicar	5			X						
Murray Marine	80	X	X	X	X	X	X	X		X
Lough Key/Derryvunny	4									
Lough Key/ Drummans Island	8									
Lough Key/Rockingham	3									
Lough Key/New Harbour	40	X	X	X		X	X			X
Boyle	25	X	X	X	X				X	X

Etwa 3 km flussauf von Carrick-on-Shannon mündet der River Boyle, von Westen kommend, in den Shannon. Hier beginnt eines der schönsten und vielfältigsten Bootsreviere der ganzen Insel.

✞ Gleich nach der Einfahrt in den Fluss gelangen Sie an die **Enge von Tumna**, an deren Südufer Sie die Ruine der Kirche von Tumna sehen können. Neben der Kirche befindet sich eine uralte prähistorische Grabkammer, die St. Eidin zugeschrieben wird. Für manche noch interessanter mag die Notiz in einem topografischen Atlas von 1837 sein, wo berichtet wird, dass hier sieben hühnereigroße Goldklumpen ausgegraben worden sein sollen.

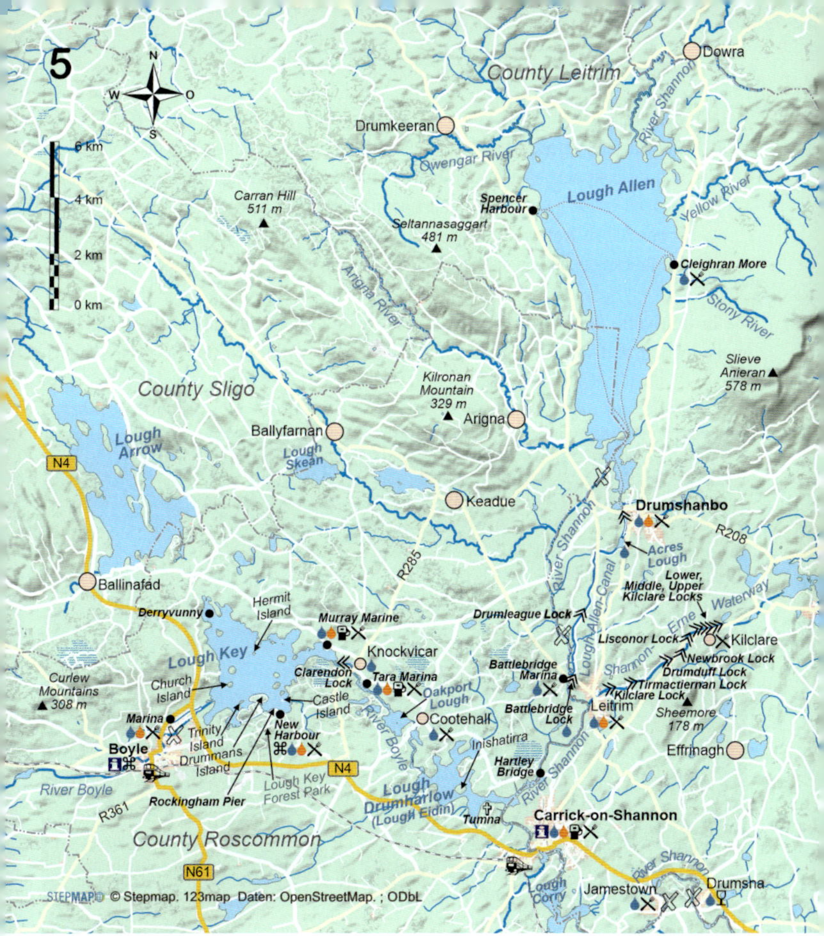

Kurz darauf wird der Fluss breiter und wird zum **Lough Drumharlow** (auch als Lough Eidin bezeichnet). Die mitten im Gewässer liegende Insel Inishatirra kann man südlich oder nördlich umfahren. Dahinter kann man zwei größere Buchten im Norden des Sees vorsichtig erkunden. Sie sollten aber äußerst aufmerksam navigieren, weil sie z. T. sehr felsig sind. Am Ende des Sees verengt sich das Fahrwasser wieder zum Boyle River. Hier müssen Sie sich wegen der vielen Felsen eng an die Fahrrinne halten. Bis zum Anleger an der Straßenbrücke bei Cootehall sind es nur noch etwa 2 km.

Cootehall

Der kleine Anleger liegt rechts vor der Brücke, ist sehr gepflegt und mit Holzbänken und -tischen ausgestattet. Ein guter Platz für eine Übernachtung, wenn man sich nicht an der die ganze Nacht brennenden Beleuchtung stört. Eine Einkehrmöglichkeit finden Sie im Waterfront Restaurant, das Sie nach 200 m erreichen, wenn Sie über die Brücke gehen und dort links der Straße folgen.

In der Nähe der Brücke sind noch die Reste von **Cootehall Castle**, einer ehemals großen, mit vier Ecktürmen und hohen Mauern bewehrten Burg zu sehen.

Der Anleger an der Brücke bei Cootehall ist ein guter Übernachtungsplatz

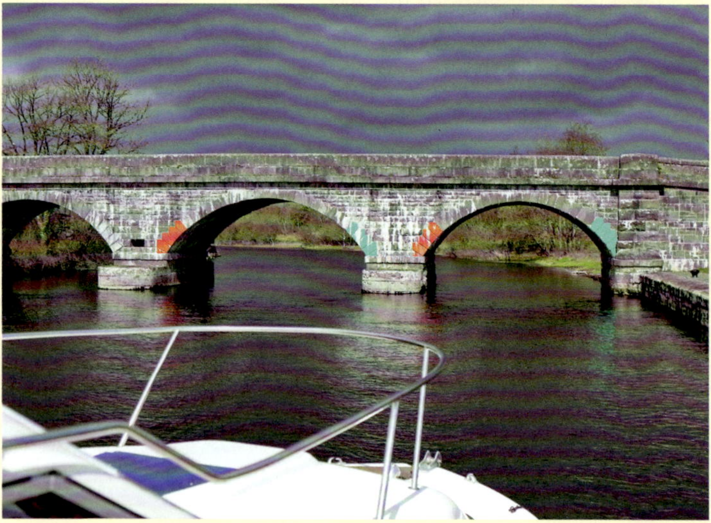

Der Anleger ist auch bei Anglern sehr beliebt, die es vor allem auf Hechte abgesehen haben.

Hinter der Brücke gelangen Sie gleich in den Oakport Lough. Die Ufer des River Boyle sind nun mehr und mehr mit Bäumen bewachsen, was diesen Abschnitt besonders schön macht. Etwa 2 km hinter Cootehall passieren Sie die private **Tara Marina**.

Tara Marina

WC @

Die große private Marina bietet neben Diesel und sämtlichen Ver- und Entsorgungsmöglichkeiten auch ein empfehlenswertes Restaurant, das von vielen Schiffsbesatzungen empfohlen wird.

Von dort sind es nur noch gut 500 m bis Knockvicar.

Knockvicar

Der öffentliche Anleger bei Knockvicar liegt unmittelbar vor der dreibogigen Steinbrücke über den River Boyle, der hier dicht mit Bäumen gesäumt ist. Außer Trinkwasser und Holzbänken und Tisch wird hier aber nichts geboten. Dennoch ein schöner Platz, um an der 1847 gebauten Brücke eine ruhige Nacht zu verbringen.

Von der Brücke aus sind es noch etwa 600 m bis zur Schleuse **Clarendon Lock** (☏ 071/966 70 11), hinter der sich allmählich Lough Key öffnet.

Das Wehr an der Schleuse kann zeitweilig eine sehr starke Strömung flussabwärts erzeugen. Wenn Sie aus dem Lough Key kommen, sollten Sie unbedingt darauf achten, erst die Achterleine festzumachen, damit Ihnen das Boot nicht durch die Strömung gedreht wird und Sie wieder mit dem Bug in Richtung Lough Key stehen. Fahren Sie flussaufwärts, sollten Sie zunächst die Bugleine festmachen.

Etwa 1 km hinter der Schleuse gibt es am Nordufer des River Boyle eine weitere private Anlegemöglichkeit.

Murray Marine

WC @

In der Marina finden Sie alle Ver- und Entsorgungseinrichtungen und können auch Ihren Treibstoffvorrat auffüllen. Besucher schätzen auch das zugehörige Restaurant The Moorings.

Von diesem Hafen ist es noch etwas mehr als 1 km, bis sich der River Boyle zum **Lough Key** erweitert. Der See, im Zentrum des Lough Key Forest Park gelegen, ist einer der schönsten in Irland.

Im gesamten Lough Key sollten Sie sich unbedingt an die in der Navigationskarte vorgegebene Fahrrinne halten, da es viele unmarkierte Untiefen gibt, insbesondere um die zahlreichen Inseln herum.

Bei stärkeren Winden aus Nordwest bis Nordost bietet der Anleger Drummans Island den besten Schutz.

Lough Key Forest Park

WC @

- Lough Key Forest & Activity Park, https.//loughkey.ie, der Park ist ganzjährig geöffnet, das Besucherzentrum von April bis September tgl., im Winter Mo und Di geschlossen.

Es gibt mehrere Liegeplätze im See. Der abgelegenste ist ein schwimmender Ponton (**Derryvunny**) in einer Bucht im äußersten Nordwesten des Sees ohne Landverbindung und ohne jegliche Einrichtung. Ein Anleger für Individualisten. Die einzigen Anleger mit Landverbindung gibt es im Süden des Sees. Hier haben Sie die Auswahl zwischen drei in Sichtweite zueinander liegenden Piers. Am geruhsamsten geht es an dem idyllisch gelegenen Anleger auf **Drummans Island** zu, der Platz für etwa acht Boote bietet, aber ebenfalls über keine Ver- und Entsorgungsmöglichkeiten verfügt. Für mich dennoch der schönste Anleger, weil es hier sehr geruhsam zugeht, man oft allein ist und man auf der Insel, die eigentlich eine Halbinsel ist, wunderbare Spaziergänge in einsamer Natur machen kann. Wer will, kommt auch zu Fuß zum Besucherzentrum (ca. 1,5 km entfernt) und zu den Attraktionen im Park.

Wenn Sie näher an den Sehenswürdigkeiten sein wollen, sollten Sie unterhalb des Moylurg Towers am **Rockingham Pier** (keine Ver- und Entsorgungsmöglichkeiten) oder besser gleich unmittelbar vor dem Restaurant und Informationszentrum des Parks am neuen Hafen (***new harbour***) festmachen, wo Sie auch die Versorgungsmöglichkeiten finden.

Während der Saison sind sowohl Park als auch See fest in der Hand von Touristen. Dazu trägt sicher auch die nähere Umgebung bei, in der man herrliche Wanderungen unternehmen kann. Lough Key, etwa 10 km im Durchmesser, hat 32 meist bewaldete Inseln verschiedener Größe. Auf einigen befinden sich gut erhaltene Ruinen aus dem Mittelalter.

In der Nähe der Anleger können Sie das malerisch auf einer Insel gelegene Lustschloss auf **Castle Island** aus dem frühen 19. Jh. bewundern. Es darf leider nicht betreten werden, da es nach einem Brand nicht sicher genug ist.

Wenn Sie mit Ihrem Boot im neuen Hafen liegen, gehen Sie am besten direkt auf das Besucherzentrum mit Cafeteria und Terrasse zu. Nur von hier aus können Sie durch einen unterirdischen Zugang zum Aussichtsturm gelangen. Ein **Tree Top Walk** führt auf Stelzen in Baumwipfelhöhe durch den Wald am Ufer entlang.

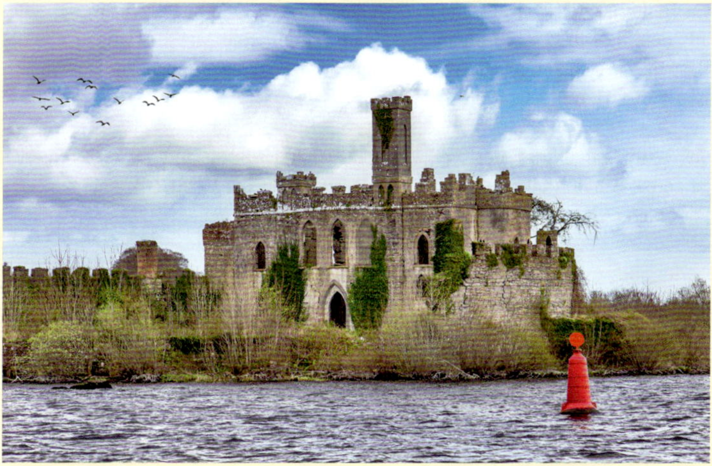

Die Ruine des Lustschlosses Castle Island

Der **Moylurg Tower**, von dem man einen herrlichen Ausblick in die Landschaft hat, ist ein hässlicher Betonturm, der so gar nicht in die grüne Umgebung passt. Er wurde an die Stelle gesetzt, wo das ehemalige Rockingham House stand. Innerhalb der Grundmauern hat man Plattenwege gelegt, die die inneren Mauern des Hauses andeuten sollen.

Das **Rockingham House**, ein typischer Herrensitz aus dem 19. Jh., fiel 1957 einem Brand zum Opfer. Heute sind von dem Gebäude nur noch die unterirdischen, weitverzweigten Gänge erhalten, in denen die Dienstboten ihre Wege erledigen mussten, damit die hohen Herrschaften nicht durch ihren Anblick gestört wurden. Die Gänge und Kellergewölbe sind zum größten Teil noch begehbar.

Sehenswert sind weiter die **Gutskirche**, ein **Eishaus** zum Kühlen von Lebensmitteln, ein kleiner **Pavillon** am Seeufer und natürlich der Park selbst mit seinen verschiedenen Blütenpflanzen, Sträuchern und z. T. riesigen alten Bäumen. Ein Gelände von etwa 300 ha Größe gilt es zu erkunden. Eingebettet in den Park können Sie fünf **Ringforts** besichtigen, die in Irland mehrere Jahrhunderte vor Christus bis ins 17. Jh. zum Schutz vor Überfällen angelegt wurden. Wann diese Verteidigungsanlagen genau entstanden, ist nicht bekannt.

Trinity Island, auch im Süden des Sees gelegen, hat eine sehenswerte Abtei aus dem 13. Jh. zu bieten. Hier findet alljährlich eine Messe statt, zu der die Besucher in Scharen mit Booten strömen. Weitere Kirchenruinen sind auf **Church Island** und **Hermit Island** zu sehen.

Im Lough Key Forest Park kann man nach der Bootsfahrt auf kürzeren oder längeren Wanderungen wieder etwas Bewegung in die Glieder bekommen. Der Park bietet ein ausgedehntes Wanderwegenetz.

Im Südwesten des Sees mündet der River Boyle ein, in den Sie vorsichtig hineinfahren können. Nach knapp 500 m zweigt rechts (nach Norden) ein schiffbarer Kanal ab (der River Boyle ist ab hier gesperrt), der in den Hafen von Boyle führt. Der Kanal ist sehr schmal. Wenn Ihnen ein Boot entgegenkommt, wird es sehr eng.

Boyle

WC

Der Hafen bietet Platz für 25 Boote, ist aber auch außerhalb der Saison schon gut mit privaten Booten belegt. Außer Strom und Tanken finden Sie hier sämtliche Ver- und Entsorgungsmöglichkeiten. Eine große Auswahl an Restaurants und Geschäften gibt es im ca. 2 km entfernten Zentrum.

Der nette Ort mit seinen etwa 2.000 Einwohnern liegt landschaftlich sehr reizvoll zwischen dem River Boyle und den Curlew Mountains.

☺ SmardCards erhalten Sie u. a. in der Touristeninformation (071/966 30 33).

Vom Parkplatz an der Marina folgen Sie der Zufahrtstraße, gehen rechts bis zur Hauptstraße (N61) und dort links. An dem Kreisverkehr nach 650 m liegen auf der linken Seite die Reste einer **Zisterzienserabtei** aus der Mitte des 12. Jh., deren Gründung von den McDermotts gefördert wurde. Im 17. und 18. Jh. wurde sie zweckentfremdet als militärische Garnison genutzt und dabei teilweise zerstört.

Die Kirchenruine zeigt eindrucksvoll den Übergang vom romanischen zum gotischen Baustil: Während an der Südseite die romanischen runden Fensterbögen zu sehen sind, sind die spitz zulaufenden Bögen an der Nordseite typisch gotisch. Im Torhaus befindet sich heute eine kleine Ausstellung.

♦ tgl. von Ende März bis Ende September 10:00-18:00, 40-minütige Führungen immer zur vollen Stunde, Erwachsene € 5, Studenten/Senioren € 4, Kinder € 3

Von der Abtei bis ins Stadtzentrum sind es nur noch etwa 400 m, wenn Sie am Kreisverkehr dem Wegweiser Richtung **town centre** folgen.

Vor dem Ortszentrum kommen Sie am **King House** vorbei. Das 1730 erbaute Haus war Sitz der hier herrschenden Könige. Anfang des vorigen Jahrhunderts diente es als Garnison der Connaught Rangers. Heute beherbergt das restaurierte Gebäude ein kleines heimatkundliches Museum. In einem kleinen Nebengebäude befinden sich ein Kunsthandwerksladen und die Touristinformation (☏ 071/966 30 33).

♦ King House Boyle, ☏ 071/966 32 42, 💻 https://unabhan.ie/king-house-1, Anfang April bis Ende September Di bis So 11:00-17:00, € 5, Senioren, Studenten, Kinder € 3

Wenn Sie anschließend durch den Torbogen gehen, halten Sie sich scharf links, überqueren auf einer Fußgängerbrücke den River Boyle und gelangen so in das Städtchen. Von der nächsten Straßenecke aus erkennen Sie auf einem Hügel das Zentrum mit einem Uhrturm.

Nach dem Ausflug zum Lough Key und nach Boyle geht es wieder zurück auf den Shannon. Dort, wo der River Boyle in den Shannon mündet, fahren Sie Richtung Nordosten, um nach Leitrim und zum Shannon-Erne Waterway oder zum Lough Allen zu gelangen.

Nach etwa 1,5 km erreichen Sie die Hartley Bridge. Halten Sie sich an die vorgegebenen Durchfahrten. Die Strömung kann sehr stark sein und die Passage etwas schwierig machen.

Hinter der Brücke haben Sie noch etwa 3,5 km bis nach Leitrim zu fahren. Der Fluss wird auf diesem Abschnitt zunehmend schmaler.

Kurz vor Leitrim mündet in einer breiten Linkskurve des Shannon der Shannon-Erne Waterway ein. Um in den See Lough Allen zu gelangen, müssen Sie hier dem Shannon nach Westen folgen, also nach links abbiegen.

Alternative B: Lough Allen

Die Schleusen im Lough-Allen-Kanal, über den Sie in den See fahren müssen, haben nur eine Breite von etwas mehr als 4 m. Mit Booten, die über 4 m breit sind, können Sie nicht in den See fahren!

Für alle Schleusen ist nur ein Schleusenwärter zuständig. Falls er gerade nicht an Ihrer Schleuse anwesend ist, können Sie ihn mit Ihrem Mobiltelefon unter ☏ 071/964 15 52 oder 086/812 75 22 und über ein an der Schleuse angebrachtes Telefon erreichen.

☺ Wer gern dem in der Hochsaison manchmal dichten Verkehr, der Hektik und dem Trubel an den Anlegern und den Schleusen aus dem Weg gehen möchte, der ist auf dem Lough Allen genau richtig. Hier sind Sie auch zur Hauptreisezeit oft noch ganz allein unterwegs und sehen weit und breit keine anderen Boote.

In der folgenden Tabelle finden Sie die Liegeplätze im Lough Allen:

	Plätze	WC	Dusche	Wasser	Waschmaschine	Diesel	@	Tankstelle	Slipanlage	Restaurant
Battlebridge/ Schleuse	4			X						
Battlebridge Marina	30	X	X	X	X					X
Acres Lough	20			X						
Cleighran More	18			X						X
Spencer Harbour	16									

Nach etwa 1,5 km erreichen Sie das **Battlebridge Lock**, das eine schmale Kammer mit einem großen Hub hat. Dieser Abschnitt des Shannon ist ein besonders gutes Revier für Angler, die hier dicht an dicht am Ufer stehen.

Battlebridge

WC

Hier zweigt vom Shannon der Lough-Allen-Kanal ab, den Sie durch die Schleuse erreichen. Der Shannon ist jetzt nicht mehr schiffbar. Er kommt von links und erzeugt eine große Strömung, die das Anlegen am sehr kleinen Pier vor der Schleuse erschwert. Ebenfalls nach links geht es in eine private Marina (Battlebridge Caravan & Camping Park, ☏ 071/965 08 24, 💻 https://battlebridgecaravanandcamping.ie), in der Sie gegen eine Gebühr übernachten und die Einrichtungen des Campingplatzes nutzen können. Besonders beliebt ist Beiners of Battlebridge, ein Pub und Restaurant mit Biergarten, wo Sie von dem sehr gastfreundlichen Personal mit schmackhaften Speisen verwöhnt werden und im Sommer an den Wochenenden traditioneller Livemusik lauschen können.

Die öffentlichen Anleger sind gleich nördlich der Schleuse. Dort stehen aber nur vier Liegeplätze ohne jegliche Einrichtung zur Verfügung.

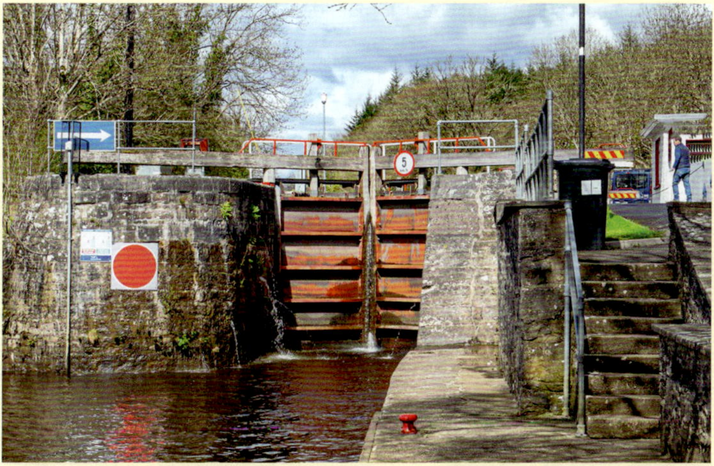

Die Einfahrt in die schmale Battlebridge-Schleuse ist nicht ganz einfach

Der **Lough-Allen-Kanal** wurde Anfang des 19. Jh. gebaut, um Kohle aus den Bergwerken am westlichen Ufer des Sees über den Shannon und Royal Canal nach Dublin zu transportieren. Der Kanal brachte aber von Anfang an keine großen Gewinne. Im Laufe der Zeit wurde er von immer weniger Schiffen benutzt, bis er schließlich im Jahre 1932 ganz aufgegeben wurde und zunehmend verfiel. Erst 1978 wurde er im Zuge der Tourismusförderung bis nahe an den See wieder schiffbar gemacht. Das letzte Stück in den Lough Allen hinein wurde erst 1996 durch den Bau einer modernen Schleuse am Eingang zum See befahrbar gemacht.

Etwa 1 km hinter der Schleuse kommen Sie an eine Fußgängerbrücke, die für alle Boote geöffnet werden muss. Nach weiteren 1,5 km erreichen Sie das **Drumleague Lock**. Nach etwa 3,5 km kurz nach einer Straßenbrücke gibt es in einer kleinen, seeartigen Erweiterung des Kanals, dem **Acres Lough**, noch einen Hafen für 20 Schiffe und Versorgung mit Trinkwasser.

Acres Lough

Der Parkplatz am Anleger ist ein beliebter Treffpunkt für Camper mit Zelt, Wohnwagen und Wohnmobil. Von hier sind es noch etwas mehr als 1 km bis zur Schleuse Drumshanbo Lock, die in den See führt.

An dem neuen **Drumshanbo Lock** endet der Kanal und Sie erreichen den hier noch schmalen See.

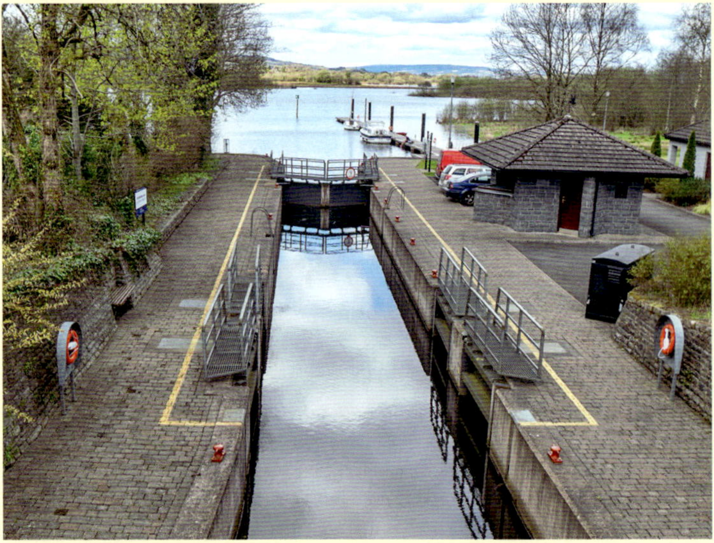

An der Drumshanbo-Schleuse endet der Lough-Allen-Kanal

Drumshanbo

WC

Den Anleger finden Sie hinter der Schleuse an Steuerbord. Er hat Platz für sieben Boote und bietet Trinkwasser, Toiletten, Dusche und sogar eine Waschmaschine sowie eine Abpumpstation. In den kleinen Ort, wo Sie einige Geschäfte, Cafés, Pubs und Restaurants finden, gelangen Sie nach etwa 800 m.

Der Anleger links hinter der Schleuse ist nur für Boote, die auf das Schleusen warten.

☺ An der Schleuse bekommen Sie auch SmartCards (☏ 071/964 15 52 oder 086/812 75 22)

Der kurze Weg in den Ort lohnt sich. Die geschäftige Stadt mit ihrer mit Kirschbäumen gesäumten Hauptstraße lädt zum Bummeln ein. Alljährlich findet hier Ende Juni/Anfang Juli das irische Kulturfestival An Tóstal statt.

www.antostalfestival.ie

Die Schifffahrt auf dem Lough Allen wurde in der Vergangenheit vor allem immer wieder dadurch behindert, dass der Wasserstand des Sees starken Schwankungen unterworfen war. Dieses Problem wurde durch den Bau der neuen Schleuse gelöst. Sie bietet die Möglichkeit, dass das Wasser in beiden Richtungen strömen kann, sodass bei niedrigem Wasserstand im See die Fließrichtung umgekehrt werden kann.

Wer weiter in den See will, sollte sich spätestens hier mit allen nötigen Vorräten und Wasser eindecken, da es derzeit keine Versorgungsmöglichkeit gibt.

Durch die umliegenden Berge kann es auf dem See zu starken Fallwinden kommen, auf die man beim Befahren achten sollte, um nicht in Gefahr zu geraten. Sie sollten sich von den Ufern fernhalten, da sie relativ flach sind. Zur Kennzeichnung sind in Ufernähe ausreichend Tonnen angebracht. Dies gilt auch für die relativ enge Zufahrt in den See hinter Drumshanbo Lock.

Einfahrt in die Drumshanbo-Schleuse

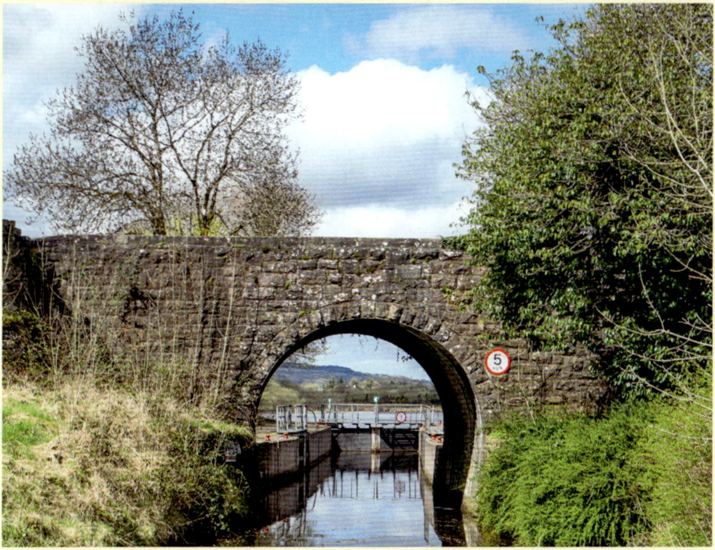

Hinter der Schleuse beginnt der See, der sich langsam zu seiner vollen Größe erweitert. **Lough Allen** ist gut 12 km lang und etwa 8 km breit. Er wird malerisch von hohen Bergen eingerahmt, von denen der im Osten gelegene Slieve Anieran, der Eisenberg, mit 578 m der höchste ist.

Lough Allen hat nur in unmittelbarer Nähe des Ufers einige wenige Inseln und wirkt, zumindest im Vergleich mit Lough Key, daher etwas kahl. Auch gibt es zurzeit nur im Nordwesten (Spencer Harbour, 16 Liegeplätze) und im Nordosten (Cleighran More, 18 Liegeplätze) je eine Anlegestelle, jedoch sind beide ohne Ver- und Entsorgungsmöglichkeit. Bei Cleighran More gibt es allerdings Trinkwasser und das empfehlenswerte Restaurant The Gables, das man nach wenigen Schritten vom Anleger aus erreicht. Hier kann man in gemütlicher, rustikaler Atmosphäre sehr gut essen und trinken. Besonders gut hat mir der Irish Coffee geschmeckt.

Vor Leitrim zweigt der Shannon nach links zum Lough Allen ab

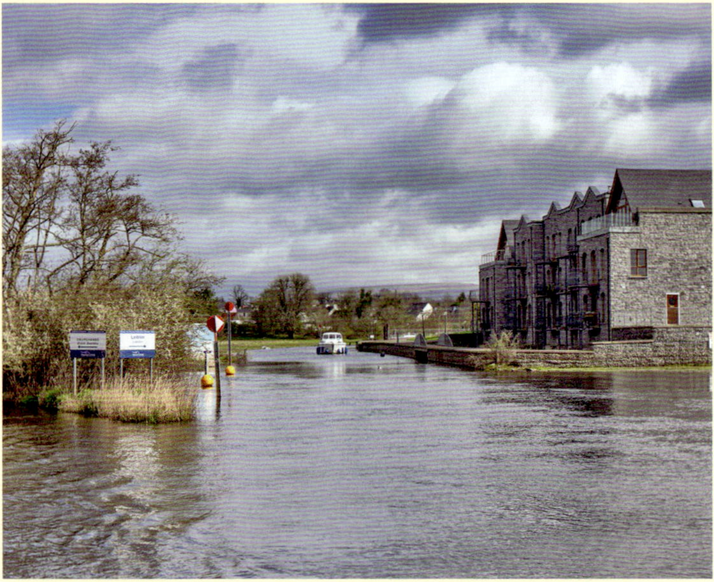

Im Norden des Sees mündet der River Shannon ein. Sie können mit dem Kabinenkreuzer nicht bis zur Mündung vordringen, wohl aber mit dem Dingi. Der Shannon hat von seinem Quellgebiet, dem Shannon Pot an den Hängen des Cuilcagh-Gebirges in der Grafschaft Cavan, bis hierher erst 14 km zurückgelegt, dabei aber schon 104 Höhenmeter überwunden. Auf dem 186 km langen Abschnitt zwischen der Schleuse bei Battlebridge und Killaloe, wo am Südende vom Lough Derg die Reise begann, überwindet er nur noch einen Höhenunterschied von 12 m.

Anfang des 19. Jh. existierten in Irland zwei voneinander getrennte Wasserstraßensysteme: Im Norden war ein ausgedehntes System aus Kanälen und natürlichen Wasserläufen, ausgehend vom Lough Neagh, einem der größten Seen des Landes, gebaut worden. Das System verband Belfast mit den wichtigsten Zentren in Ulster. Über den Ulster Canal bestand eine Verbindung zum Lough Erne und damit auf die Westseite der Insel zum Atlantischen Ozean.

Das übrige Land wurde im Wesentlichen durch die Nord-Süd-Achse des Shannon erschlossen, der inzwischen zu einer Wasserstraße ausgebaut worden war. Vom Fluss aus gab es Verbindungen nach Osten (z. B. durch den Grand Canal nach Dublin), nach Westen (über Limerick zum Atlantischen Ozean) und nach Süden (über den River Barrow nach Waterford).

Was dem irischen Wasserstraßensystem fehlte, war eigentlich nur noch eine Verbindung dieser beiden getrennten Bereiche. Und so wurde im Jahre 1838 ein junger Ingenieur damit beauftragt, einen geeigneten Weg für die nur etwa 60 km lange Lücke zu vermessen.

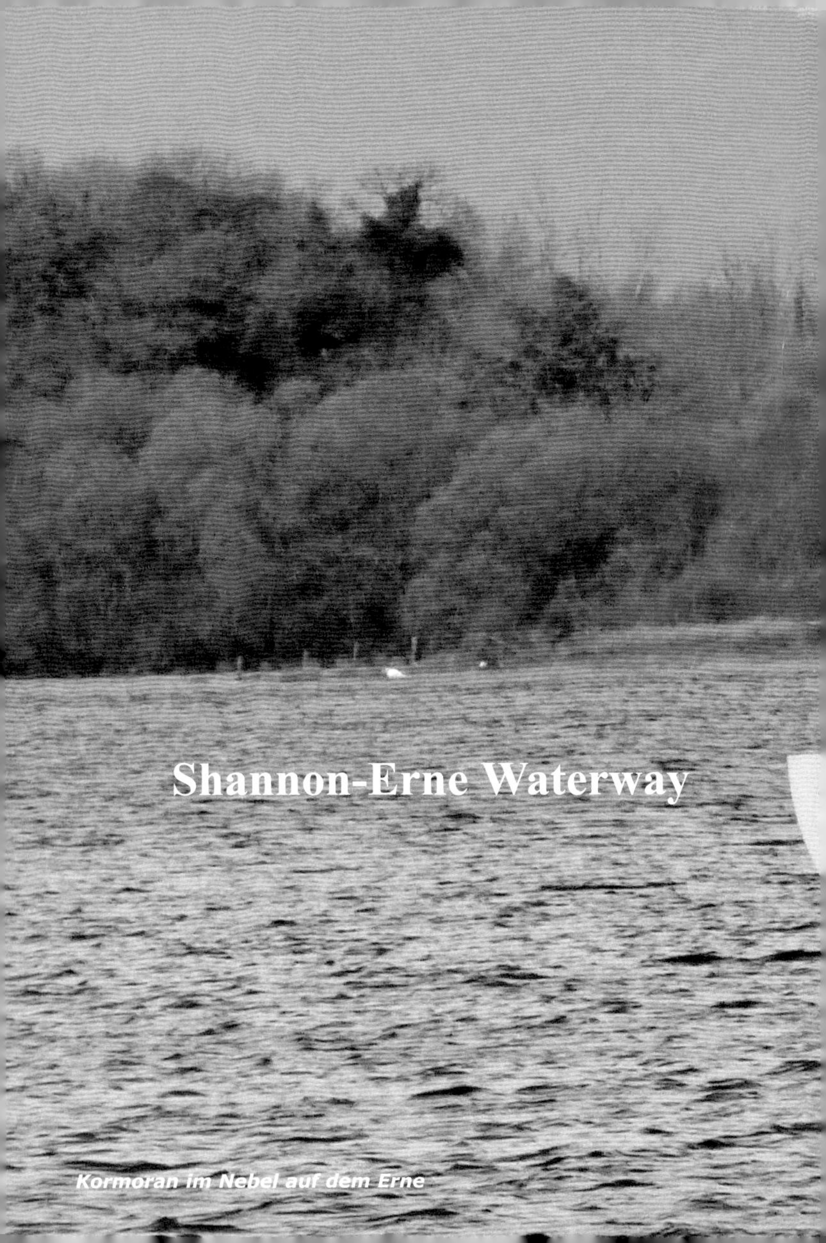

Shannon-Erne Waterway

Kormoran im Nebel auf dem Erne

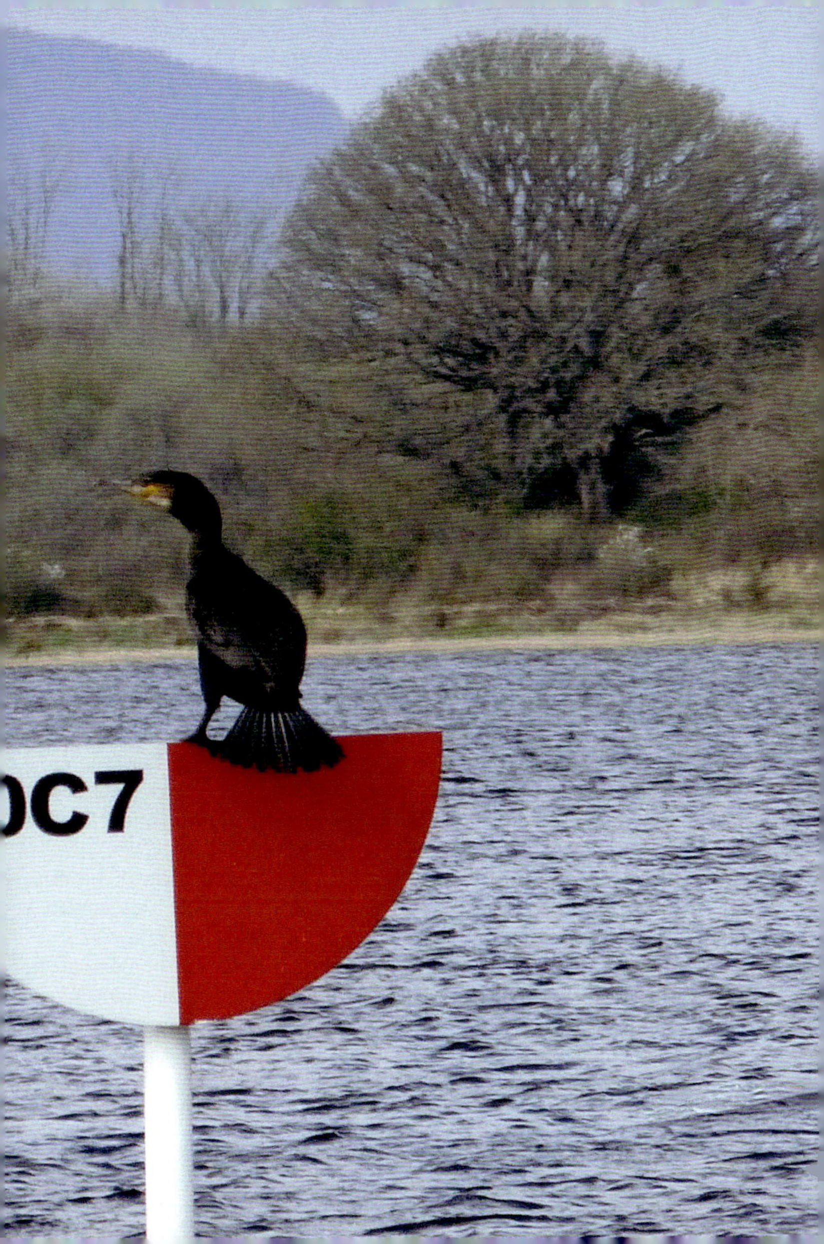
OC7

Zu Beginn des Projektes ging jedermann davon aus, dass es sich bei dem neuen Kanal um eine einträgliche Geldquelle handeln müsse. Die Entwicklung hat dann aber gezeigt, dass der Shannon-Erne Waterway oder **Ballinamore-Ballyconnell-Kanal**, wie er offiziell hieß, eine der größten Pleiten in der irischen Geschichte war.

Die Bauarbeiten begannen im Sommer des Jahres 1846, mitten in der großen Hungersnot von 1845 bis 1847. Obwohl zeitweise bis zu 7.000 Leute gleichzeitig an dem Projekt arbeiteten, ging es nur langsam voran. Der Zeitplan wurde überschritten und, was noch schwerer wog, auch das vorgesehene Budget.

Um die Verbindung dennoch fertigzustellen, wurde Material eingespart und offensichtlich Pfusch am Bau betrieben. Schon am Tag der offiziellen Eröffnung des Kanals am 4. Juli 1860 waren einige Schleusenkammern undicht, Uferböschungen stürzten ein, und stellenweise war das Fahrwasser nicht tief genug. Zusammen mit dem Umstand, dass sich der Warentransport in Irland immer mehr vom Wasser auf die Schiene verlagerte, ist es kein Wunder, dass der Kanal ein totaler Reinfall wurde und schon nach neun Betriebsjahren 1869 wieder geschlossen wurde.

In dieser Zeit hatte die „stattliche Anzahl" von insgesamt acht Schiffen den Kanal passiert. Ausgaben von etwa £ 200.000 standen Einnahmen von gerade einmal £ 18 gegenüber.

Während der nächsten gut 120 Jahre verfielen der Kanal und seine technischen Einrichtungen immer mehr. In den 1970er-Jahren wurde dann durch die Entwicklung des **Bootstourismus** auf dem Shannon und dem Lough Erne eine Verbindung beider Schifffahrtssysteme wieder interessant. Nun sollten nicht mehr Kohle oder Baumwolle transportiert werden, sondern Touristen, die ihre Schiffe sogar selbst steuerten.

1991 wurde dann mit dem neuerlichen Bau am Kanal begonnen. Von den Schleusen waren nur noch acht in einem Zustand, der es erlaubte, sie zu restaurieren. Acht weitere sowie vier Brücken mussten neu gebaut werden.

Beim Bau des Kanals wurden Umweltschutzgedanken nach Möglichkeit berücksichtigt. So sind z. B. die notwendigen Uferbefestigungen naturnah gestaltet.

Die Renovierung des Kanals kostete diesmal IR£ 30 Mio. (umgerechnet etwa € 38 Mio). Geldgeber waren u. a. die irische und die britische Regierung sowie die EU über den regionalen Entwicklungsfond. 1994 wurde der Kanal dann mit einer großen Feier wiedereröffnet.

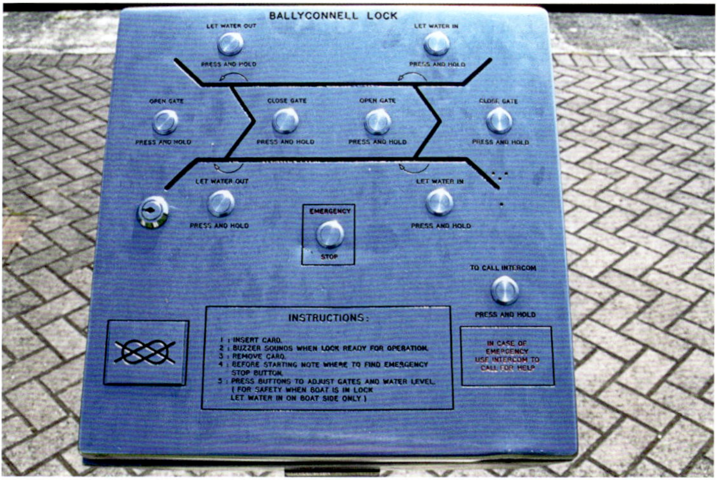

Steuerpult für die Schleusen im Shannon-Erne Waterway

Heute ist der Kanal bei Touristen ein beliebter Wasserweg zwischen den Revieren des Shannon und des Lough Erne. Auch entlang des Kanals entwickelt sich der Tourismus zusehends, was der strukturschwachen Region auf Dauer aus der Krise helfen könnte. Neben Vermietern von Gästezimmern und Booten sind es vor allem Händler, die vom Kanal profitieren. Mit den neuen Möglichkeiten und Perspektiven, die der Waterway bietet, ist er vielleicht doch nicht die ganz große Pleite, für die er immer gehalten wurde.

Hinzu kommt ein weiterer Aspekt: An der Restaurierung des Kanals waren sowohl britische als auch irische Behörden beteiligt, und die Aufsicht über den Kanal teilen sich heute irische und nordirische Behörden. Das funktioniert offensichtlich ziemlich problemlos, sodass der Bau und der Betrieb des Kanals ein Beispiel dafür ist, wie die beiden mehr oder weniger verfeindeten Lager in Zukunft miteinander umgehen könnten.

Bis vor wenigen Jahren wurden Sie an den Straßenübergängen zwischen der Republik Irland und dem britischen Nordirland immer wieder durch massive Absperrungen, die fatal an die ehemaligen Grenzübergänge zur DDR erinnerten, auf den Konflikt zwischen den beiden Nachbarn gestoßen. Das ist zunächst einmal Geschichte.

Auf dem Kanal passieren Sie die Grenze noch bis Ende 2020, ohne dass Sie überhaupt etwas merken. Lediglich bei Landgängen erkennen Sie an den roten Telefonzellen, an den Wegweisern mit Meilenangaben und beim Bezahlen, dass Sie sich in einem anderen Land befinden.

Dieses positive Bild könnte sich aber ab 2021 wieder ändern. Denn mit dem Austritt Großbritanniens aus der EU verlässt auch Nordirland, das zum Vereinigten Königreich gehört, das gemeinsame europäische Haus. Wie es dann weitergeht, wird die Zukunft zeigen.

Der Kanal hat eine Gesamtlänge von 62,5 km. Der Abschnitt von Leitrim bis zur letzten Schleuse vor Lough Scur, wo der höchste Punkt erreicht ist, wird als **Leitrim Reach** bezeichnet. Auf der kurzen Strecke von nur 5,6 km wird mit acht Schleusen ein Höhenunterschied von 21 m überwunden. Vom Lough Scur bis zum Upper Lough Erne geht es wieder bergab.

Von der ersten Schleuse hinter Lough Scur bis zum Lough Erne in Nordirland sind es 24 m Höhenunterschied, die mit ebenfalls acht Schleusen auf einer hier aber wesentlich längeren Strecke von 49,3 km, **Woodford Reach** genannt, überwunden werden. Der Kanalabschnitt zwischen den beiden den Lough Scur einschließenden Schleusen, der **Summit Reach,** ist 7,6 km lang.

Beim Bau des Kanals hat man sich der natürlichen Topografie des Geländes bedient. So mussten nur 8,5 km Kanal neu geschaffen werden. 11,5 km verlaufen in Seen und 42,5 km in kanalisierten Flüssen.

Entlang der Wasserstraße wurden sechs moderne Anlegestellen gebaut, die Telefon, Toiletten, Duschen, Frischwasserversorgung und teilweise auch Waschmaschinen bieten. Zutritt verschafft man sich mit der SmardCard, die auch zum Bedienen der Schleusen benötigt wird.

Auch wenn Sie einige Abschnitte des Kanals möglichst schnell hinter sich bringen wollen, sollten Sie sich trotzdem unbedingt an die strikte **Geschwindigkeitsbeschränkung von 5 km/h** halten – also eine Motordrehzahl von max. 1.100 Umdrehungen. Diese wurde eingeführt, um die empfindliche Uferböschung zu schonen, die durch die Heckwelle der Boote, die sogenannte *Wake*, beschädigt wird. Auf den zwischen den Kanalabschnitten liegenden Seen können Sie ja wieder kurz aufdrehen. Bei Anglern am Ufer gebietet allerdings die Höflichkeit, ebenfalls langsam zu fahren – kein Petrijünger hat es gern, wenn ihm das Wasser in die Wathose schwappt.

Die Seen und einige Kanalabschnitte sind zum Teil sehr seicht. Halten Sie sich unbedingt an die markierten Fahrrinnen!

Bei Einhaltung der Geschwindigkeitsbegrenzung müssen Sie mit den in der folgenden Tabelle aufgeführten Fahrzeiten rechnen. In der Hochsaison kann es vor den Schleusen zu längeren Wartezeiten kommen, welche die Zeiten entsprechend ausdehnen.

von Leitrim nach	**ca. Stunden**
Keshcarrigan	3½
Ballinamore	6½
Garadice Lough	8
Ballyconnell	9½
Aghalane	12
Belturbet	13
Enniskillen	16

6. Von Leitrim zum Lough Erne

Am Shannon-Erne Waterway finden Sie an allen 16 Schleusen Liegeplätze, die aber in erster Linie als Warteplätze gedacht sind und meist keinerlei Ver- und Entsorgungsmöglichkeiten bieten. Natürlich können Sie hier auch übernachten. In der folgenden Tabelle sind die Liegeplätze aufgeführt, wo Sie auch Sanitär- und andere Einrichtungen finden:

	Plätze	WC					@			
Leitrim	10	X	X	X	X	X			X	X
Kilclare	5								X	X
Keshcarrigan	30	X	X	X	X	X			X	X
Ballinamore	25	X	X	X	X	X			X	X
Haughton's Shore	7	X	X	X	X	X				
Ballyconnell	20	X	X	X	X	X			X	X
Aghalane	20	X	X	X	X	X			X	X

Kurz vor Leitrim mündet in einer breiten Linkskurve des Shannon der Shannon-Erne Waterway von rechts kommend ein. Hier verlassen Sie den Shannon und biegen nach Osten ab (also nach rechts). Ausgangspunkt der Kanalfahrt auf dem Shannon-Erne Waterway ist der kleine Ort Leitrim, welcher der Grafschaft ihren Namen gegeben hat.

Leitrim

WC

Vor der engen Straßenbrücke mit der Nr. 1 befindet sich auf der rechten Seite der alte Anleger mit Platz für ca. fünf Boote. Die Wiese dahinter dient im Sommer zeitweilig als Biergarten.

Der neue Anleger mit modernen Toiletten und Duschen liegt hinter der Brücke auf der linken Seite. Im Sommer ist es schwierig, hier noch einen Platz zu ergattern. Also die rechtzeitige Ankunft planen, um am nächsten Tag die Kanalfahrt zu beginnen. Im Ort finden Sie Geschäfte, Pubs und Restaurants.

Darüber hinaus gibt es noch einige private Marinas, die aber keine Liegeplätze für Charterboote haben.

☺ SmardCards bekommen Sie an Schleuse 16 (☏ 087/260 85 69) und im Geschäft Electric Bike Trails (☏ 087/738 64 39 und 017/962 36 09) an der Hauptstraße etwas nördlich der Straßenbrücke.

Das kleine, verschlafene Dorf Leitrim eignet sich gut als Übernachtungsplatz. Sie können Ihre Lebensmittelvorräte auffüllen und in den Pubs, die zum Teil traditionelle irische Livemusik bieten, den Tag ausklingen lassen – beispielsweise im Pub Carthy's, der gleich hinter der Wiese am alten Anleger liegt. Ansonsten hat der Ort, bis auf die Mauerreste des alten O'Rourke Castle oberhalb der Brücke, keine Sehenswürdigkeiten zu bieten.

Der neue Anleger in Leitrim

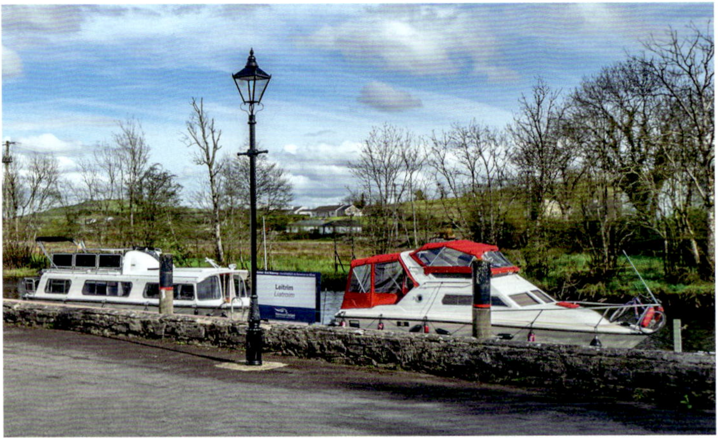

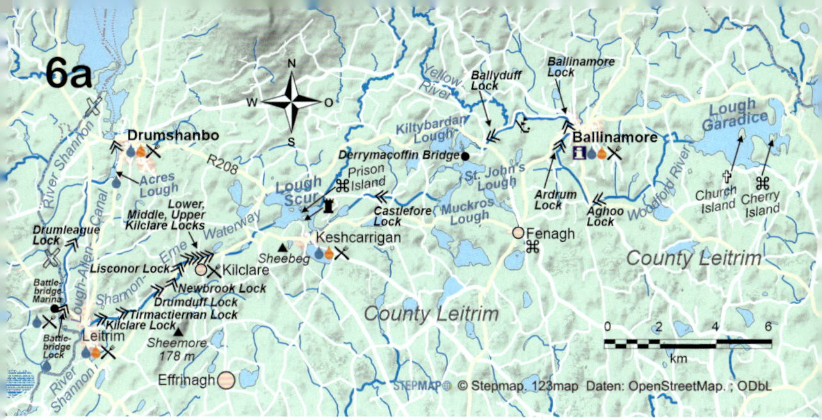

▷ **Schleuse 16, Killarcan Lock**: Die erste der 16 Schleusen (die Nummerierung erfolgt von Nord nach Süd) erreichen Sie schon gut 500 m hinter dem Liegeplatz. Wenn Sie sich in Leitrim keine SmartCard besorgt haben, können Sie sie in der Regel direkt an der Schleuse noch kaufen.

Die Kanalaufsichtsbehörde Waterway Ireland beschäftigt einen Schleusenwärter, der nur dann nicht anwesend ist, wenn er zu einer anderen Schleuse gerufen wurde oder einen Inspektionsgang macht. Der freundliche Mitarbeiter erklärt Ihnen auch den Umgang mit der Technik und ist bei der ersten Schleusenfahrt behilflich. Für jede Schleusung wird eine Unit abgebucht, egal ob ein oder zwei Boote in der Kammer sind (wer sparen will, wartet also auf ein weiteres Boot), für die Benutzung der Duschen in den Häfen werden zwei Units fällig, ebenso fürs Abpumpen des Schmutzwassers. Waschmaschine und Trockner schlagen mit je fünf Units zu Buche. Die Toilettenbenutzung ist gratis.

Bei allen Schleusen sind die einzelnen Vorgänge auf Englisch gut angezeigt, und eigentlich kann man nichts falsch machen. Achten Sie aber darauf, dass die Boote nicht über die gelben Markierungen hinausragen. Diese geben die Positionen der geschlossenen Schleusentore an. Jeder durch Sie eingeleitete Vorgang wird mit einem aufdringlichen Piepen begleitet, also nicht erschrecken.

Befestigen Sie auf gar keinen Fall die Leinen am Boot, sondern legen Sie sie an Land um den Poller und halten Sie sie in den Händen, sodass sich die Leinenlängen dem sich veränderten Wasserstand anpassen können. Von der Benutzung der herunterhängenden Ketten (Lock 16 bis 9) und der eingelassenen Gleitrohre (Lock 8 bis 1) rate ich ab, da Sie sich an den schmierigen Teilen nur die Hände schmutzig machen.

Im letzten Jahrhundert mussten an Lock 16 die Gebühren für die komplette Kanaldurchfahrt bezahlt werden. In Erwartung des hohen Verkehrsaufkommens wurde dafür extra ein zweistöckiges Gebäude errichtet. Reste davon sind neben der Schleusenkammer noch zu sehen.

▷ **Schleuse 15, Tirmactiernan Lock**: Wenn Sie Killarcan Lock passiert haben und sich noch über das gelungene Manöver freuen, kommen Sie nach kurzer Fahrt schon an die nächste Schleuse. Hier müssen Sie nun ohne fremde Hilfe die Schleusenkammer fluten bzw. leeren und die Schleusentore bedienen. Aber keine Angst, es geht ganz leicht, und schon bald werden Sie sich als „erfahrener" Schleusenwärter fühlen.

▷ **Schleuse 14, Drumduff Lock**: Nach gut 1 km folgt schon die nächste Schleuse. Ohnehin kommen Sie auf diesem Abschnitt des Kanals nicht zu einer ungehinderten Fahrt, weil die Schleusen einander in dichten Abständen folgen. Bis zur letzten Schleuse vor dem Lough Scur sind es nur gut 5 km – mit acht Schleusen und einem Höhenunterschied von 21 m.

Nach dem Verlassen der Schleuse passieren Sie die Brücke Nr. 5. Unmittelbar dahinter stoßen Sie schon wieder auf die nächste Schleuse, ...

▷ **Schleuse 13, Newbrook Lock**, der in etwas weiterem Abstand ...

▷ **Schleuse 12, Lisconor Lock,** folgt. Die drei nun folgenden Schleusen liegen dicht hintereinander und werden als ...

▷ **Schleuse 11, 10, 9**: **Lower, Middle** und **Upper Kilclare Lock** bezeichnet. Spätestens hier beherrscht man den Schleusenvorgang sowohl als Skipper als auch als Schleusenwärter perfekt, und man wünscht sich mal wieder eine längere Fahrtstrecke ohne Unterbrechung. Zwischen Lower und Middle Lock finden Sie einen kleinen Anleger (Kilclare Mooring, ohne Ver- und Entsorgung), von dem Sie auf einem Fußweg nach weniger als 100 m nach Kilclare kommen, einem winzigen Dorf mit nur wenigen Häusern, aber einem Restaurant (Sheemore Inn) und einem kleinen Lebensmittelgeschäft (Kilclare Foodstore).

Nach dem Upper Kilclare Lock folgen die Schleusen in wesentlich weiteren Abständen und sind eher eine willkommene Abwechslung als eine unangenehme Unterbrechung der Fahrt.

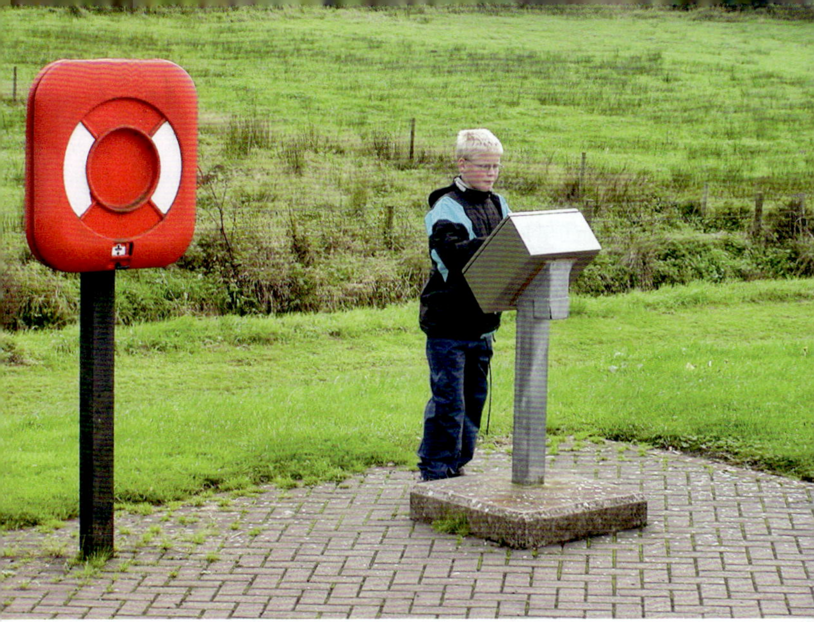

Die Bedienung der Schleusen im Shannon-Erne Waterway ist kinderleicht

Etwa 2 km hinter Upper Kilclare Lock passieren Sie zwischen den Brücken 10 und 11 einen in Fels gehauenen, knapp 1 km langen engen Kanal, hinter dem sich **Lough Scur** öffnet. Sie können den schönen See, der sich nach Norden erweitert, mit einem Dingi erkunden.

In der Gegend um den See wurden viele **prähistorische Funde** gemacht. Die meisten sind im Nationalmuseum in Dublin ausgestellt. Sie beweisen, dass die Gegend bereits in der Steinzeit von Fischern und Jägern besiedelt war. Einige größere Objekte, wie z. B. ein Dolmen, ein vorgeschichtliches Steingrab in Form eines Tisches, sind vor Ort zu besichtigen. Ein unter ☞ Keshcarrigan beschriebener Wanderweg führt um dieses Gebiet.

Lough Scur selbst hat eine ganze Reihe von Inseln, an denen Sie nahe vorbeikommen. Traurige Berühmtheit hat **Prison Island** erlangt. Hier baute Ende des 16. Jh. der einflussreiche Ire John Reynolds ein besonders gesichertes Gefängnis, von dem heute noch eine relativ gut erhaltene Ruine zu sehen ist. Um unter der englischen Krone Karriere zu machen, verriet Reynolds die eigenen Landsleute und ließ sie massenweise enthaupten, was ihm den Beinamen „John von den Köpfen“ einbrachte.

Südlich von Prison Island, auf einer in den See hineinragenden Halbinsel, können Sie die Ruine des befestigten Schlosses **Castle John** sehen. Das eher als Festung gedachte Gebäude wurde ebenfalls von John Reynolds gebaut. Hier soll er einmal die lokalen Fürsten auf hinterhältige Weise beseitigt haben. Er lud sie zu einem Essen ein und ließ sie von seinen Leuten, nachdem sie getafelt und sich am Wein gelabt hatten, massakrieren. Die gemeine Tat hat keiner der ahnungslosen Gäste überlebt.

Durch den Lough Scur verläuft die Wasserscheide, die das Einzugsgebiet des Shannon von dem des Erne trennt. Sie ist zwar als solche nicht erkennbar, wird aber durch den Wechsel der Fahrrinnenmarkierungen nach nordirischem Muster deutlich. Von nun an müssen Sie sich an den Tafeln, Tonnen und Hinweisen orientieren, wie sie auf dem Erne üblich sind. Das bedeutet aber nicht, dass Sie sich schon in Nordirland befinden.

Waren bisher auf der Fahrt nach Norden die roten runden Marker auf der linken Seite und die grünen eckigen auf der rechten, so sind ab hier die Markierungen halbkreisförmig und rot-weiß. Die weißen Hälften des Halbkreises kennzeichnen die Fahrrinne.

Gleich hinter dem See, in unmittelbarer Nähe des kleinen Dorfes Keshcarrigan, wurde ein neuer Hafen gebaut.

Keshcarrigan

WC

Das Dorf Keshcarrigan, nur etwa fünf Minuten Fußweg vom Hafen entfernt, hat ein Restaurant und Pubs, in denen traditionelle Musik live dargeboten wird.

Der Ort bietet sich als Ausgangspunkt für eine kurze Wanderung auf dem **O'Carolan Walk Way** an (7 km, 2 Std.). Dieser Rundkurs führt über den Sheebeg, einen kleinen Berg, an dessen Fuß Keshcarrigan liegt. Vom Sheebeg hat man einen sehr schönen Ausblick auf die Umgebung. Darüber hinaus führt der Weg an einigen prähistorischen Ausgrabungen wie Dolmen und Standing Stones vorbei. Auch Finn McCool, ein berühmter Volksheld aus der irischen Mythologie, soll am Berg begraben worden sein. Der Weg ist dem letzten irischen Barden gewidmet, dem blinden **Turlough O'Carolan** (1670-1738). Er hat hier das auch heute noch oft gespielte Lied *Sheemore, Sheebeg* komponiert.

Von Keshcarrigan aus sind es etwa 3 km bis zur nächsten Schleuse ...

▷ **Schleuse 8, Castlefore Lock**: Hier ist die Wasserscheide überwunden und es geht wieder abwärts.

Die weitere Strecke bis Ballinamore verläuft über mehrere miteinander verbundene kleinere Seen. Die Uferbereiche dieses Abschnittes bilden einen idealen Lebensraum für **Fischotter**, die sonst in Europa schon weitgehend ausgestorben sind, hier aber noch überleben konnten. Die Chance, einen dieser scheuen Gesellen in der Natur zu entdecken, ist allerdings gering. Was Sie aber bei einiger Aufmerksamkeit sehen können, sind die sogenannten Otterstiegen, die dadurch entstehen, dass die Tiere immer wieder an derselben Stelle das Wasser betreten oder verlassen. Stellenweise werden aus diesen Stiegen regelrechte „Otterrutschen".

Insgesamt sind 16 „Selbstbedienungsschleusen" auf dem Weg vom Shannon zum Erne zu passieren

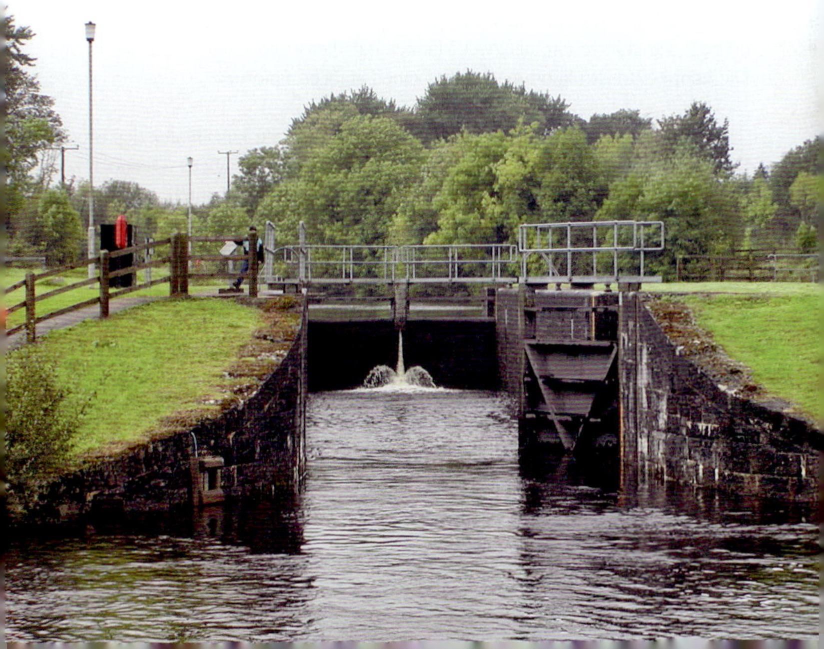

Genauso scheu sind die **Graureiher**, die aufgeschreckt hochsteigen, um sich ein Stück weiter einen weniger unruhigen Platz zu suchen. Die blau leuchtenden **Eisvögel** kann man hier sehr gut bei ihrem pfeilschnellen Flug knapp über der Wasseroberfläche beobachten.

Den ersten See, **Muckros Lough**, erreichen Sie kurze Zeit, nachdem Sie Brücke Nr. 16 passiert haben. Der See ist sehr seicht, und Sie sollten sich unbedingt an das Fahrwasser halten.

Überhaupt sollten Sie in diesem Abschnitt des Kanals sehr aufmerksam fahren. Um genügend Tiefgang zu erreichen, musste das Land beiderseits des Kanals teilweise unter Wasser gesetzt werden. Diese Bereiche sind sehr flach und können nicht befahren werden. Überall ragen links und rechts noch abgestorbene Bäume und Büsche aus dem seichten Wasser.

Nach einer kurzen Kanalfahrt kommen Sie zum **St. John's Lough**. Gleich hinter dem See fahren Sie unter der **Derrymacoffin Bridge** (Brücke Nr. 17) hindurch. Ihre Vorgängerin, 1854 erbaut, hat in der Gegend eine gewisse Berühmtheit erlangt. Sie stürzte ein, als zwei Männer mit Pferd und Wagen über sie fuhren. Die heutige Konstruktion macht aber einen stabilen Eindruck.

Den nächsten See, **Kiltybardan Lough**, erreichen Sie kurz hinter der Brücke. Das eigentliche Fahrwasser verläuft im äußersten Osten des Sees. Dennoch können Sie hier weit in den See hineinfahren, der aus zwei durch eine schmale Zufahrt getrennten Teilen besteht.

Die Enge zwischen den beiden Seeteilen ist gut markiert. Anlegestellen gibt es im See nicht, wohl aber auf der Westseite einen Schwimmsteg für etwa fünf Boote ohne Landzugang.

Hinter dem See gelangen Sie an die ...

▷ **Schleuse 7, Ballyduff Lock:** Von nun an fahren Sie wieder auf einem kanalisierten Gewässer. In Höhe der Brücke 19 passieren Sie den im Süden einer Kanalschleife liegenden Golfplatz von Ballinamore. Gut 2 km weiter erreichen Sie den Ort an ...

▷ **Schleuse 6, Ballinamore Lock:**

Ballinamore

Touristinformation, High Street, ☏ 071/96 44 51 31, www.ballinamore.ie. Das Büro ist in einem Pavillon am ehemaligen Gesundheitszentrum untergebracht.

Der neue, hübsch gestaltete Anleger mit sämtlichen Serviceeinrichtungen liegt links vor der Schleuse direkt oberhalb des rauschenden Wehrs. Wenn Sie befürchten, in die Strömung des Wehrs gezogen zu werden, sollten Sie sich möglichst gleich am Anfang des Anlegers einen Liegeplatz suchen. Darüber hinaus gibt es noch ober- und unterhalb der Schleuse und etwas hinter der Straßenbrücke Liegeplätze, wenn Sie links weiter in den vom Wehr kommenden Flussabschnitt einfahren. Diese Anlegestellen haben allerdings keine Serviceeinrichtungen. Das Zentrum der Stadt mit zahlreichen Geschäften, Pubs und Restaurants erreicht man nach einem Weg von knapp 600 m.

☺ SmardCards gibt es u. a. im SuperValue in der Main Street (☏ 071/964 46 09).

Ballinamore, bereits im 4. Jh. gegründet, ist für den Kanalfahrer vor allem wegen seiner guten Einkaufsmöglichkeiten und der vielen Pubs mit traditioneller irischer Livemusik interessant. Die knapp tausend Einwohner sind stolz darauf, dass der Ort 15 Pubs hat, die aber nicht alle ständig in Betrieb sind. Ein guter Tipp ist der Pub The Poor Scholar, der freitags und samstags Livemusik bietet. Darüber hinaus hat sich das Städtchen als Angelzentrum weit über die Grenzen Irlands hinaus einen Namen gemacht.

Eine kulinarische Spezialität der Gegend ist das als *boxty* bekannte Kartoffelbrot, dessen Geschmack für einige Gaumen aber gewöhnungsbedürftig ist.

Wenn einleitend von der *Cavan and Leitrim Railway* berichtet wurde, die mit dazu beigetragen hat, dass der Kanal seinerzeit kein wirtschaftlicher Erfolg werden konnte, dann muss hier ergänzt werden, dass die Bahn inzwischen selbst eingestellt wurde. Die Gleise verliefen hier auf der Insel zwischen Wehr und Schleuse. Während die Bahn heute keine Bedeutung mehr hat und längst verschrottet ist, wurde der Kanal inzwischen wieder zu neuem Leben erweckt.

☺ Wer Lust auf einen etwas längeren Ausflug hat, sollte sich in das etwa 4 km entfernte, südlich gelegene **Fenagh** aufmachen. Dort kann man die Ruinen einer Abtei aus dem 14. Jh. besichtigen sowie einige Großsteingräber aus der Steinzeit.

Bis zur übernächsten Schleuse (Lock 4) nimmt der Kanal den Weg über einen Fluss, den Yellow River. Etwa 1 km hinter Ballinamore stoßen Sie auf ...

▷ **Schleuse 5, Ardrum Lock:** Von dort sind es etwa 3 km bis zur ...

▷ **Schleuse 4, Aghoo Lock**: Kurz hinter der Schleuse liegt die Marina von Riversdale Barge Holidays. Diese Firma vermietet keine Kabinenkreuzer, sondern ausschließlich nostalgisch angehauchte Langboote.

Hinter der Schleuse fahren Sie auf dem **Woodford River**, der diesem Kanalabschnitt seinen Namen gegeben hat und Sie bis in den Lough Erne führt, weiter.

☺ Der Woodford River ist ein ideales Revier, um Eisvögel zu sehen. Die leuchtend blauen Vögel finden an den Ufern gute Brutplätze und lassen sich bei ihrem schnellen Flug knapp über der Wasseroberfläche sowie beim Fischfang gut beobachten.

Jetzt liegen 5 km Fahrt auf dem kanalisierten Fluss vor Ihnen, bis Sie in den See **Lough Garadice** kommen, der sicherlich der landschaftliche Höhepunkt des gesamten Shannon-Erne Waterway ist. Der mit 4 km Länge größte See entlang des Kanals ist für Botaniker und Ornithologen wegen der Vielzahl verschiedener, auch seltener Arten gleichermaßen interessant.

Der historisch Interessierte kann auf **Church Island**, die man etwa in der Mitte des Sees passiert, die Ruinen einer von ca. 1600 stammenden Kirche und auf **Cherry Island**, die knapp 1 km weiter östlich liegt, die Reste eines Castles sehen. Der See ist ein Segelzentrum und unter Anglern als besonders guter Hechtsee bekannt.

Am östlichen Ende des Sees fahren Sie in einer scharfen Rechtskurve erneut in einen Kanal hinein. Hier liegt gleich rechts eine öffentliche Marina.

Haughton's Shore

WC

Dieser hübsch gelegene Anleger liegt am Kanal gleich hinter einer scharfen Rechtskurve fast direkt an der Brücke Nr. 24. Er bietet WC, Duschen, Trinkwasser, Waschmaschine und Abpumpstation. Der nächste Ort mit Möglichkeiten zum Einkaufen, Newtongore, liegt allerdings eine knappe halbe Stunde Fußweg entlang der Straße Richtung Killashandra entfernt. Sehenswert dort ist die gotische Kirche aus der Mitte des 19. Jh.

Das nächste Teilstück auf dem Shannon-Erne Waterway ist vor allem für den Naturliebhaber interessant, denn es führt durch eine Reihe verschiedener, mehr oder weniger aquatischer Lebensräume mit unterschiedlichen Pflanzengesellschaften.

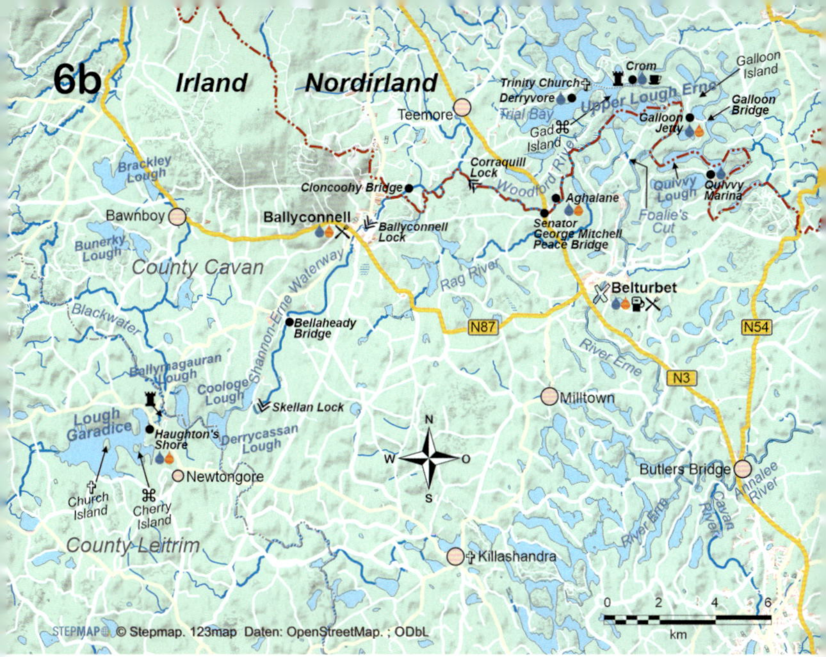

Nach der Straßenbrücke Nr. 24 verläuft der Kanal in einer weiten Schleife, in der die Ruine eines alten Schlosses steht. Kurz darauf erreichen Sie den **Ballymagauran Lough**, den Sie im Süden in einer relativ schmalen Fahrrinne durchfahren müssen. Der nächste See, **Derrycassan Lough**, folgt bald, und gleich darauf durchfahren Sie den **Coologe Lough**.

Die Seen sind sehr seicht, und Sie sollten sich, wenn Sie nicht im Schlick festsitzen möchten, genau an die vorgeschriebene Fahrrinne halten. Dies gilt insbesondere für den Ballymagauran Lough und den Coologe Lough.

▷ **Schleuse 3, Skellan Lock:** Liegt gleich hinter dem dritten See. Bei der Anfahrt sollten Sie sich möglichst rechts halten und vom Wehr fernbleiben.

Sie passieren eine private Marina und an der gut 2 km darauf folgenden **Bellaheady Bridge** (Nr. 26) erwartet Sie ein kleiner Anleger für maximal drei Boote ohne jeglichen Service. Bis Ballyconnell haben Sie nun etwa 2 Std. reine Flussfahrt vor sich.

Ballyconnell

WC

Der neue Anleger mit den Serviceeinrichtungen liegt auf der linken Seite noch vor der Straßenbrücke (Brücke 27). Gleich hinter der Brücke auf der linken Seite gibt es einen weiteren kleinen Anleger. Achten Sie darauf, dass Sie unter der Brücke, in nördliche Fahrtrichtung gesehen, immer rechts hindurchfahren. Wenn Sie einen gut sortierten Supermarkt suchen, gehen Sie über die extra für Fußgänger errichtete Brücke neben der sehr schmalen Autobrücke und ein SuperValu ist erreicht.

Der kleine, sympathische Ort ist ein bekanntes Angelzentrum und lädt zum Verweilen ein. Erstmalig erwähnt wird er 1323. Das Zentrum mit verschiedenen Geschäften und zahlreichen Pubs zieht sich an der Hauptstraße entlang. Die Pubs, die irische Volksmusik live darbieten, beispielsweise das Angler's Rest gleich am Anfang der Main Street, sind nicht nur bei den vielen Anglern beliebt. Erwähnenswert ist noch die **Kirche** aus dem 17. Jh.

Auf dem Shannon-Erne Waterway

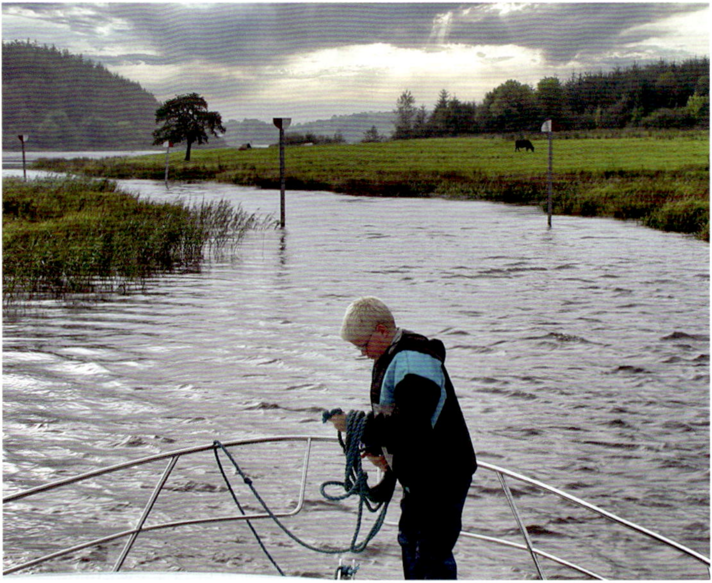

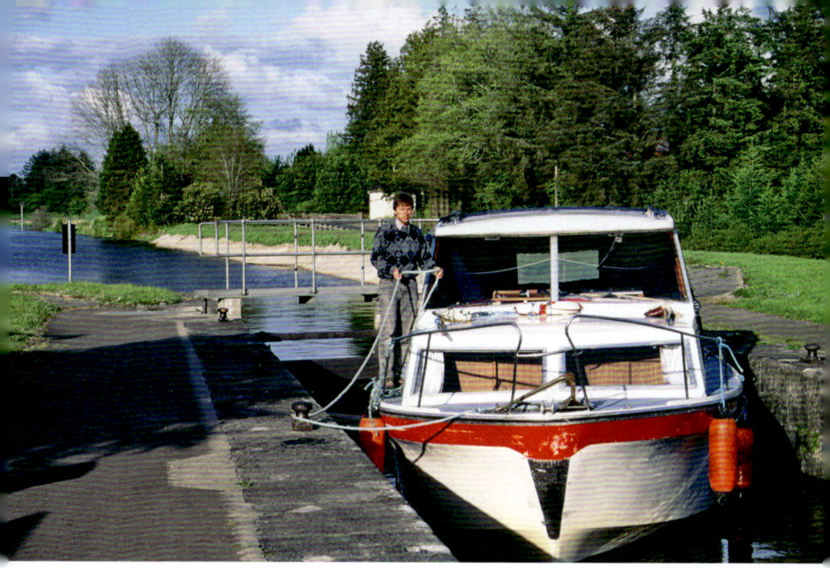

Schleuse im Shannon-Erne Waterway

▷ **Lock 2, Ballyconnell Lock:** Die Schleuse liegt nordöstlich des Städtchens. 300 m hinter der Straßenbrücke müssen Sie sich links halten und gelangen über einen Kanal zur Schleuse. Der Woodford River fließt rechts über ein Wehr weiter. Hinter der Schleuse vereinigt sich der Kanal wieder mit dem Woodford River, auf dem Sie nun weiter bis in den Upper Lough Erne fahren.

Falls Sie sich über die hohen Fabriktürme, die schon von weit vor Ballyconnell zu sehen waren, gewundert haben – sie gehören zu Zementfabriken, die genau wie die grüngrauen Hallen am linken Ufer einem einheimischen Iren namens Sean Quinn (geboren 1947) gehörten. Er gründete seine Firma erst 1973 mit einem Steinbruch zur Zementherstellung und vollzog einen kometenhaften Aufstieg. Er beschäftigte über 6.000 Mitarbeiter nicht nur in Irland und hatte darüber hinaus eine eigene Versicherungs-, Grundstücks- und Hotelgesellschaft gegründet. Noch 2008 galt er als reichster Ire, musste 2011 aber nach riesigen Fehlspekulationen Konkurs anmelden. Der einst reichste Ire, der heute noch in Ballyconnell lebt, ist inzwischen besitzlos, das Imperium wurde zerschlagen und verkauft. In den Hallen am Kanal befindet sich u. a. eine Fabrik zur Herstellung von Glasflaschen, Dachpfannen und Kunststoffverpackungen – also ein richtiges Imperium.

Auf der folgenden Strecke münden immer wieder Altarme des Woodford River, Zuflüsse und kleine Seen ein. Alle diese Gewässer sind sehr seicht und dürfen mit dem Kabinenboot nicht befahren werden.

Kurz vor der Cloncoohy Bridge (Brücke 29) stoßen Sie auf die **Grenze** zwischen der Republik Irland und Nordirland, die bis in den See Upper Lough Erne über weite Strecken in der Mitte des Shannon-Erne Waterway verläuft. Sie können sich also aussuchen, ob Sie in der Republik oder lieber in Nordirland fahren wollen. Ob der Grenzübergang wegen des Brexits nach der Übergangsphase ab 2021 immer noch so einfach ist wie früher, war bei der Abfassung des Buches noch unklar.

▷ **Lock 1, Corraquill Lock:** Wie auch an der Schleuse in Leitrim musste früher an Corraquill Lock, der letzten oder ersten Schleuse auf dem Shannon-Erne Waterway, die Gebühr für die Passage bezahlt werden. Von dem ehemaligen Haus, das auf der künstlichen Insel stand, existiert heute allerdings nichts mehr. Hinter der Schleuse fahren Sie an der Marina von Corraquill Cruising Holidays vorbei, die historische holländische Bargen (Langboote) vermieten.

Etwa 4 km weiter gelangen Sie an die neue Aghalane-Brücke (Senator George Mitchell Peace Bridge), auf der die N3 über den Kanal führt. Etwa 400 m südlich der Brücke befindet sich ein Friedensdenkmal.

Kurz hinter der Brücke passieren Sie die Reste der alten Aghalane-Brücke. Die ehemals dreibogige Brücke aus dem Jahre 1849 wurde während des Bürgerkrieges 1972 gesprengt. Für kurze Zeit gab es noch eine von britischen Soldaten bewachte Behelfsbrücke. Nach deren Abriss war Belturbet für 25 Jahre von seinem nordirischen Hinterland abgeschnitten. Inzwischen ist sie durch die 1999 eingeweihte neue Brücke ersetzt worden und ein Übergang zwischen der Republik und Nordirland ist hier – zumindest bis Ende 2020 – wieder möglich.

Aghalane

WC

400 m hinter der alten Brücke erreichen Sie den letzten der neu geschaffenen Anleger am Shannon-Erne Waterway. Er liegt inmitten einsamer Landschaft, weit und breit ist kein Laden oder Pub vorhanden. Der komfortable, ruhige Anleger mit Picknicktischen ist bei einheimischen Anglern sehr beliebt.

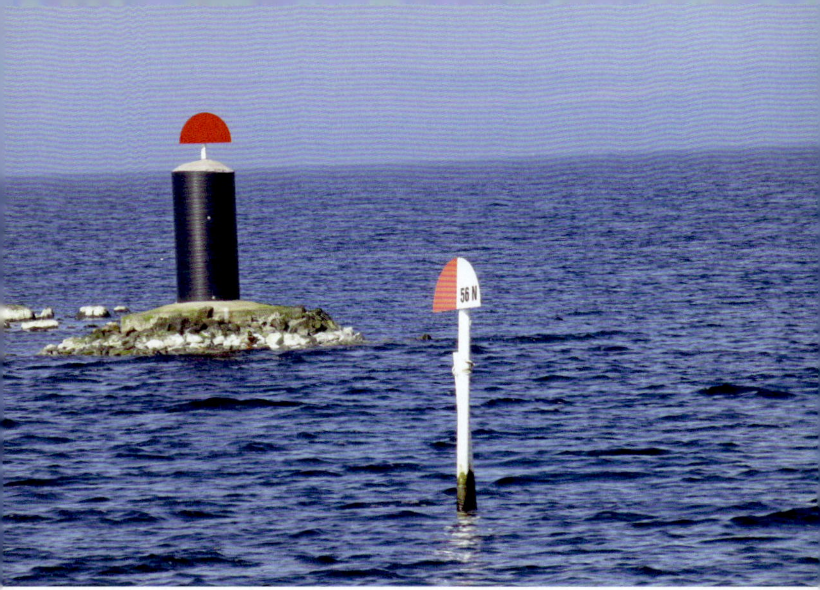

Marker auf dem Erne (ak)

Von hier erreichen Sie die Aghalane Peace Bridge und das Friedensdenkmal in einem 30-minütigen Spaziergang, allerdings sind sowohl die Brücke als auch das Denkmal nicht unbedingt sehenswert.

Nach etwa 30 Min. gemächlicher Flussfahrt (Sie sollten hier die Geschwindigkeitsbegrenzung zum Schutz der empfindlichen Ufer unbedingt einhalten) endet der Woodford River und damit der Shannon-Erne Waterway an einer gut markierten Streckenteilung. Wenn Sie geradeaus weiterfahren, kommen Sie nach Norden in den Lower Lough Erne. An Steuerbord geht es südlich über den River Erne bis zu seinem schiffbaren Ende nach Belturbet.

Lough Erne

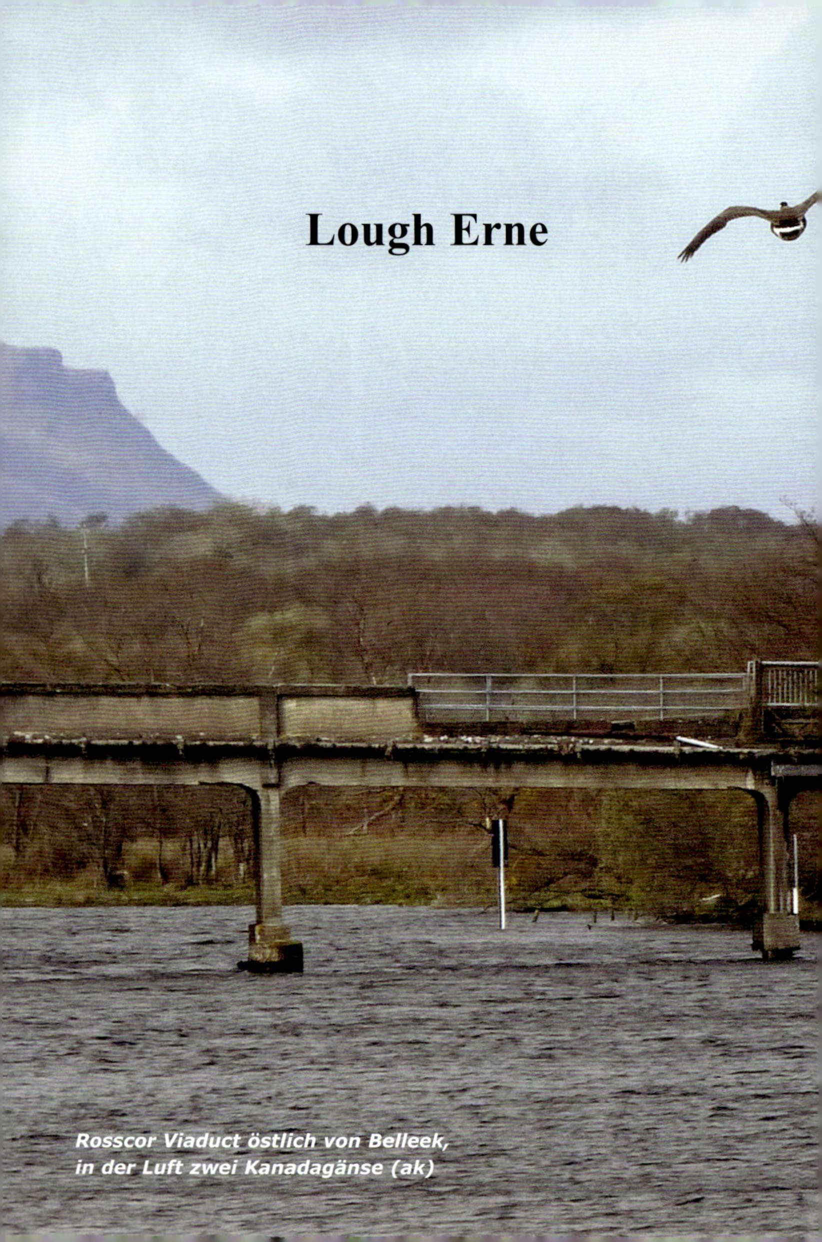

Rosscor Viaduct östlich von Belleek, in der Luft zwei Kanadagänse (ak)

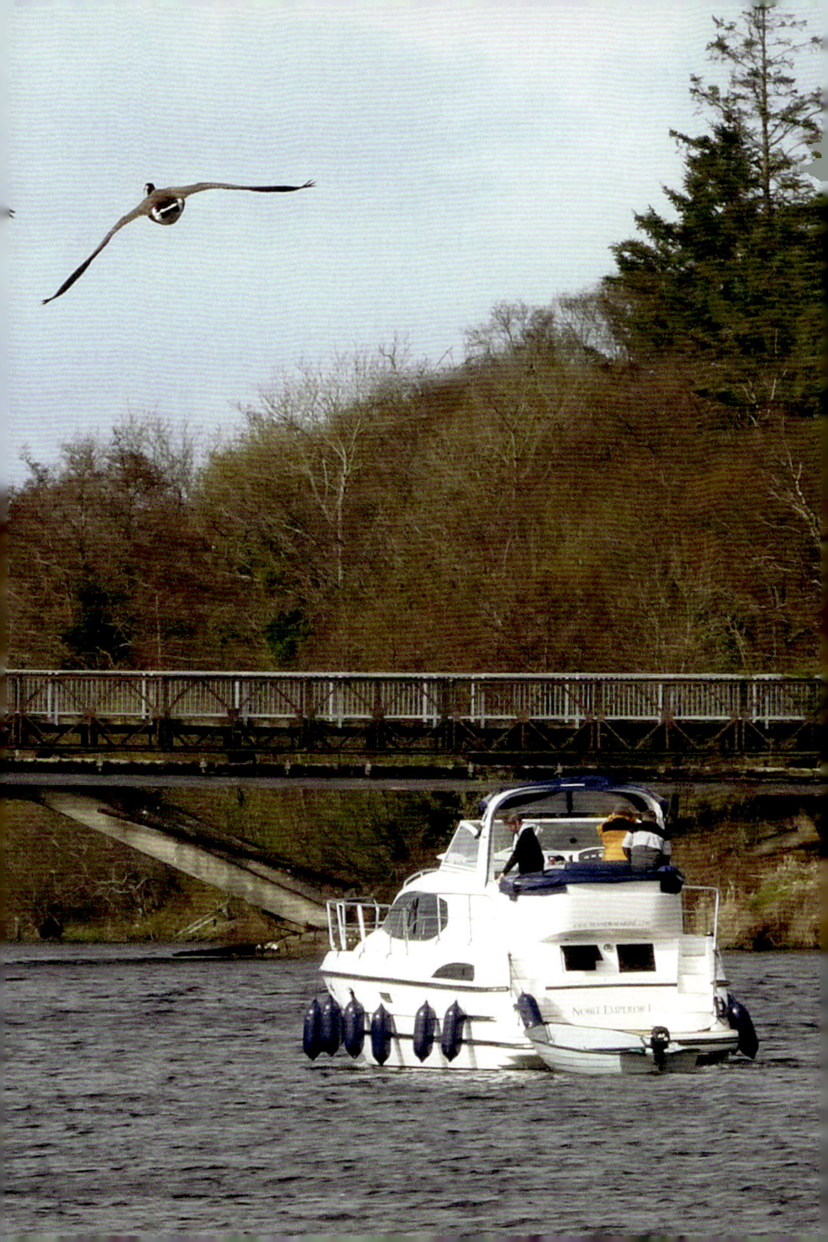
NOBLE EMPEROR I

Der Lough Erne gilt als eines der schönsten Gewässer Irlands. Der See, der zum größten Teil in der Grafschaft Fermanagh in Nordirland liegt, hat eine Wasserfläche von etwa 800 km^2 und ist damit größer als der Stadtstaat Hamburg, der es auf 750 km^2 bringt. Üblicherweise wird das vom River Erne gespeiste Gewässer in **Upper Lough Erne** und **Lower Lough Erne** (von den Einheimischen meist **Broad Lough** genannt) unterteilt, wobei die Grenze an dem Portara Lock in Enniskillen liegt.

Wer es genauer mag, möge sich an die amtliche Sprachregelung halten. Von Süd nach Nord wird das Revier dabei wie folgt eingeteilt: **Belturbet Channel** (oberer Erne bis Foalie's Cut), **Upper Lough Erne** (bis zum Beginn der zweigeteilten Umfahrung der großen Insel Inishmore), **Interlough Channel** (bis zum Portara Lock bei Enniskillen) und **Lower Lough Erne** (bis zum Beginn des Belleek Channels bei Rosscor).

☺ Die häufigen Hochwasser in den Wintermonaten, die besonders den oberen Erne und den Upper Lough Erne betreffen, haben zu folgendem Spruch geführt: Im Winter liegt die Grafschaft Fermanagh im Erne, im Sommer liegt der Erne in Fermanagh.

Das Portara Lock ist normalerweise geöffnet. Nur bei niedrigem Wasserstand wird sie geschlossen, um im Upper Lough Erne einen Mindestwasserstand zu halten, der seit 1950 gesetzlich festgelegt ist. Jede Absenkung des Wasserstandes bewirkt eine Drainage der umliegenden, wasserhaltigen Böden, die dadurch instabiler werden und dem Gewicht von Gebäuden unter Umständen nicht mehr gewachsen sind.

Die letzte größere Absenkung des Wasserstandes erfolgte vor etwas mehr als 100 Jahren. Damals wurde der Wasserstand um 2 bis 3 m gesenkt, Dampferfahrten mussten eingestellt werden. Noch heute ist in Belturbet neben der Erne Bridge der alte hohe Anleger mit den Steinpollern zu sehen und wer genau beobachtet, kann stellenweise, besonders an Inseln und ansteigenden Uferstreifen, noch Anzeichen der ehemaligen Uferlinie erkennen.

Während der Lower Lough Erne noch der Vorstellung von einem „normalen" See entspricht, sieht das beim Upper dem Lough Erne etwas anders aus. Ein Blick auf die Karte zeigt, dass es sich eigentlich nicht um *einen* See handelt, sondern um ein Gewirr von kleineren und größeren Seen, die teilweise miteinander verbunden und teilweise isoliert sind. Eingebettet in diese Wasserlandschaft liegt eine Fülle von meist bewaldeten Inseln und Inselchen.

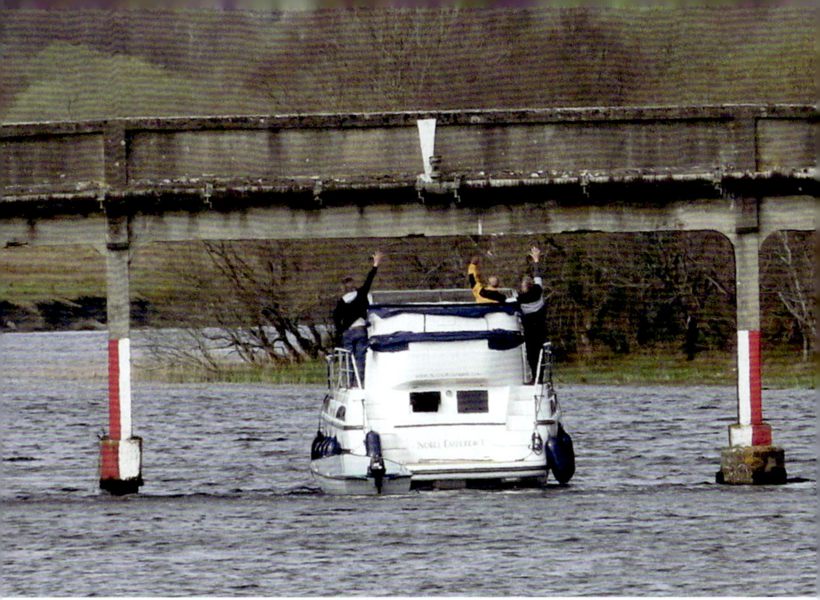

Der Rosscor-Viaduct überspannt den River Belleek etwas östlich vom gleichnamigen Ort (ak)

Diese *drumlins* genannten, meist lang gestreckten oder ovalen Moränenhügel aus der letzten Eiszeit machen etwa 20 % der gesamten Fläche des Upper Lough Ernes aus.

Auch der Lower Lough Erne hat eine Vielzahl von Inseln zu bieten, die sich aber mehr auf den südlichen und westlichen Teil des Sees beschränken. Insgesamt geht man je nach Zählweise von 150 bis über 165 Inseln in beiden Teilseen aus. Beim ersten Blick auf die Navigationskarte mögen Sie einen Schreck bekommen und sich fragen, wie man sich in dem Labyrinth von Wasserstraßen, Seen und Inseln denn überhaupt zurechtfinden kann, ohne sich zu verfahren oder aufzulaufen. Die Fahrrinnen sind aber sehr gut markiert.

Wie auch schon an anderer Stelle empfohlen, sollte der Rudergänger den Fahrweg konstant mit der Karte abgleichen, damit er immer weiß, wo sich das Schiff gerade befindet. Zur Navigationserleichterung sind die Marker und Tonnen mit einer Nummerierung versehen. Anhand der Kennungen können Sie auf der Karte also immer genau Ihre Position verfolgen. Ein Verfahren oder Auflaufen wird damit sehr unwahrscheinlich.

Wie auf dem Shannon sind auch auf dem Erne vor einigen Brücken Airdraft-Anzeiger, Messlatten zur Bestimmung der ungefähren Durchfahrtshöhe (☞ S. 28) aufgestellt worden. Dies betrifft die Lady-Craigavon-Brücke bei Corradillar, The Viaduct auf der westlichen Route um Inishmore, die Rosscor-Viaduct-Brücke vor Belleek und die Gallon-Brücke am Erne. Alle anderen Brücken sind laut Waterways Ireland hoch genug.

Stellenweise herrscht reger Betrieb auf dem Lough Erne. Segeln, Windsurfen und Kanusport sind angesagt, aber leider auch laute und hektische Wassersportarten wie Wasserski- und Jetskifahren. Daneben finden Sie aber überall mehr oder weniger einsame Gegenden, wo z. B. die Angler ihrem Hobby nachgehen, Vogelliebhaber in Ruhe seltene Vögel beobachten können oder man einfach nur die Natur still auf sich wirken lassen kann.

Um den Rahmen dieses Buches nicht zu sprengen, können nicht alle im See vorhandenen Anlegemöglichkeiten in der Beschreibung der beiden Gewässer erwähnt werden. Dafür gibt es einfach zu viele davon. Aufgenommen wurden aber alle Anleger, die zu den touristisch interessanten Orten führen, die meisten Landungsmöglichkeiten, die Serviceeinrichtungen für Boot und Besatzung bieten, sowie besonders schön gelegene Anleger.

7. Upper Lough Erne

Wie auch am Shannon beginnt die Reise auf dem System des Erne im äußersten Süden bei Belturbet. Um Ihnen die Planung zu erleichtern, sind in der Tabelle auf der nächsten Seite die wichtigsten Liegeplätze mit ihren Einrichtungen aufgeführt:

✋ Bei manchen Brücken ist die Durchfahrtshöhe relativ niedrig, je nach Wasserstand passen einige Boote unter Umständen nicht durch und Sie müssen gegebenenfalls umkehren.

☺ Im Erne System gibt es an zahlreichen, meist abgelegenen Stellen gelbe Festmacherbojen (*buoy moorings*), an denen Sie Ihr Boot festmachen können. Mit einem Bootshaken kann man die Boje und das daran befestigte Seil so weit aus dem Wasser holen, bis ein Stahlring sichtbar wird. Durch diesen kann man dann das vordere Festmacherseil ziehen und an einer Deckklampe befestigen.

	Plätze	WC					@			
Belturbet	25			X				X	X	X
Quivvy Marina	20	X	X	X			X			
Galloon	8	X	X	X						
Crom	11	X	X	X						X
Derryvore	14			X						
Knockninny	12	X	X	X						
Bellanaleck	5	X	X	X		X		X	X	X
Killyhevlin	16								X	X
Ardhowen	26			X						X
Enniskillen *	100	X	X	X		X			X	X

* Enniskillen hat acht öffentliche Anleger, Details siehe dort.

Am südlichen Ende des schiffbaren Bereiches des River Erne befindet sich Belturbet.

Belturbet

Die auf der westlichen Seite liegenden Anleger sind Privatbooten vorbehalten. Der öffentliche Anleger mit Abpumpstation und Wasser (aber ohne Toilette), einem Picknickbereich und Spielplatz (hinter der Natursteinmauer) befindet sich gegenüber auf der anderen Flussseite. Von hier sind es etwa 10 Minuten Fußweg in den Ort. Einen weiteren öffentlichen Ponton gibt es kurz vor der Kilconny-Brücke, an der der schiffbare Bereich endet. Tanken können Sie an einer der privaten Marinas.

SmardCards bekommen Sie im Supermarkt Gala im Zentrum (The Diamond, 049/952 98 00).

Belturbet gehört noch zur Republic of Ireland (ROI) und liegt landschaftlich reizvoll auf einem kleinen Hügel oberhalb des River Erne. In der Umgebung lassen sich schöne, ausgedehnte Wanderungen unternehmen, auch ein Spaziergang in und um den Ort lohnt sich.

In der Stadt sind die etwa 150 Jahre alte **katholische Kirche** und die aus dem 17. Jh. stammende **Kirche der Church of Ireland** zu erwähnen.

Darüber hinaus gibt es noch ein altes **Kasernengebäude** aus dem Jahre 1730, in dem seinerzeit 200 Kavalleristen mit ihren Pferden untergebracht waren. Auf einem Hügel im Zentrum liegen das Rathaus und die Post.

Natürlich ist auch Belturbet ein bekanntes Angelzentrum. Um dies zu unterstreichen, wird alljährlich im Juli das *Festival of the Erne* veranstaltet. Ursprünglich eine Veranstaltungsreihe für Angler, ist es inzwischen auch zu einem Sport-, Jugend- und Kulturfestival geworden. „Höhepunkt" des Festes ist die Wahl der *Lady of the Erne*.

An der 1836 erbauten Belturbet (Kilconny) Bridge endet der schiffbare Bereich an einem Anleger. Während der Boomjahre gab es Überlegungen, den Fluss durch den Bau einer Schleuse und flankierende wasserbauliche Maßnahmen weiter in den Süden für Kabinenboote zu öffnen. Diese Idee ist für die nächste Zukunft aber kein Thema mehr.

Der öffentliche Anleger in Belturbet ist bei Anglern sehr beliebt (ak)

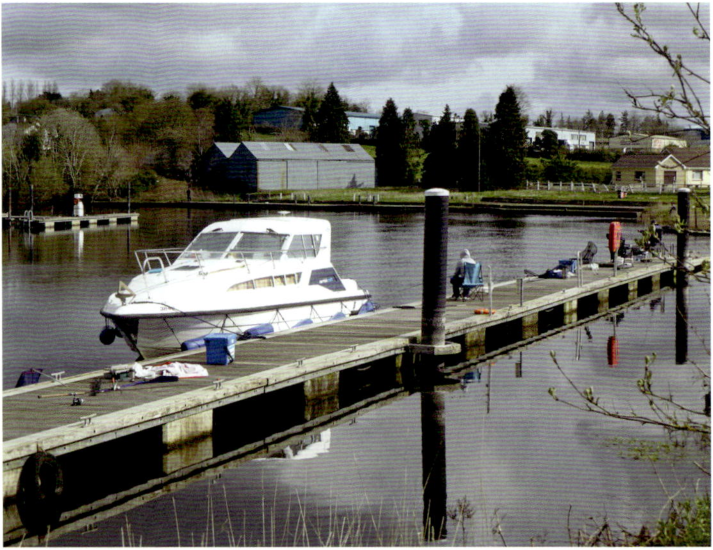

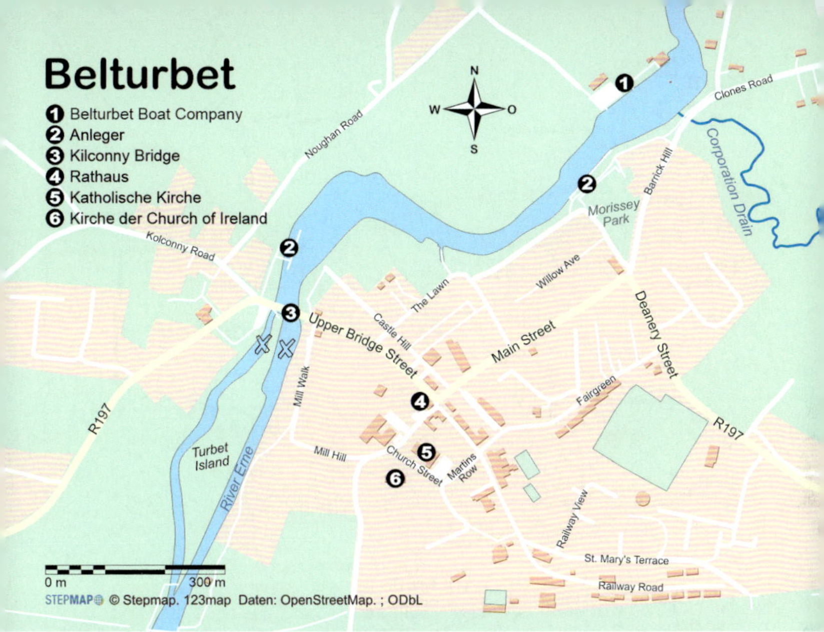

Von Belturbet fahren Sie auf dem Erne wieder Richtung Norden. Achten Sie auf die Geschwindigkeitsbeschränkung von 5 Knoten (knapp 10 km/h). Sie passieren einige private Marinas und stoßen etwa 5 km nördlich der Brücke in einer weiten Rechtskurve auf einen links abzweigenden, schmalen Kanal (**Foalie's Cut**). Wenn Sie schnell nach Norden oder zum Shannon-Erne Waterway wollen, können Sie hier in den Stichkanal fahren. Er mündet nach 500 m in einen See und trifft gut 1 km weiter auf den von links kommenden Woodford River, wo Sie entweder Richtung Shannon fahren können oder weiter den Lough Erne erkunden können.

Wenn Sie auf dem breiten Erne bleiben, stoßen Sie nach 900 m an das Südende der Galloon Island, die Sie sowohl im Westen als auch im Osten umfahren können. Beide Routen führen zum Anleger am Crom Castle. Auf der Westroute (links fahren) sind Sie schon nach 4 km am Ziel, die schönere Ostroute (rechts fahren) ist etwas mehr als doppelt so lang. Sie bietet einige gute Liegeplätze und interessante Seen, die es zu erkunden gilt. Auf ihr müssen Sie allerdings auch die Galloon Bridge passieren, die bei höherem Wasserstand nicht für alle Boote befahrbar ist.

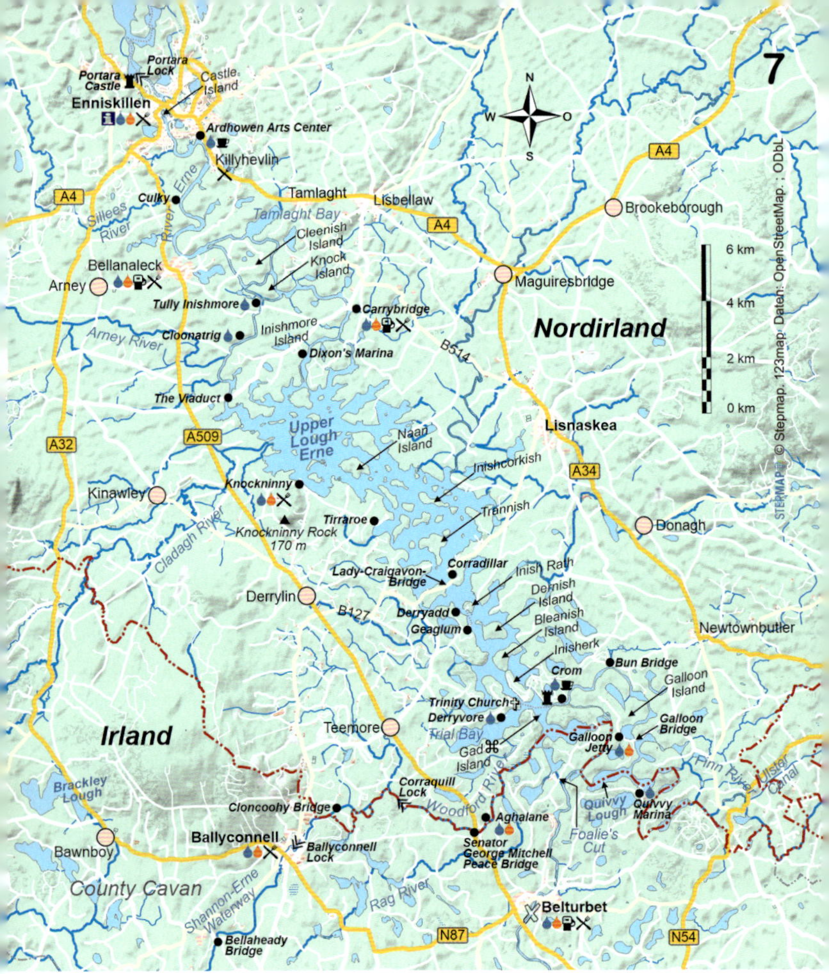

Haben Sie sich für die längere Route entschieden, müssen Sie sich an der Gabelung nach Steuerbord wenden. Sie gelangen nach einer Linkskurve zunächst in den **Quivvy Lough,** wo Sie etwas nördlich zwei gelbe Festmacherbojen sehen. An der Verzweigung gut 1 km weiter müssen Sie sich links halten. Sie können aber auch einen kurzen Abstecher in die Bucht rechts machen, wo Sie nach 500 m die private Quivvy Marina erreichen.

Quivvy Marina

WC

Der gut geschützte Liegeplatz mit Trinkwasser, Duschen, Toiletten und Strom bietet sich für eine ruhige, allerdings kostenpflichtige Übernachtung an.

Von der Marina können Sie mit dem Dingi weiter Richtung Osten zum Finn River bis zur ersten Schleuse des Ulster-Kanals (Schleusennummer 26) fahren. Eine lohnende und sehr spannende Tour. Mit dem Charterboot ist die Schleuse nicht zu erreichen, der Abschnitt ist zu flach und verkrautet.

Den **Ulster-Kanal**, der das System des Erne mit dem Lough Neagh bei Belfast verband, ereilte dasselbe Schicksal wie die meisten anderen künstlichen Wasserstraßen in Irland auch: Er ist schon seit längerer Zeit stillgelegt und nicht mehr schiffbar. Frühere Pläne, ihn zumindest auf dem ersten, 14 km langen Abschnitt vom Erne bis zum Städtchen Clones zu restaurieren und für Touristenboote schiffbar zu machen, liegen derzeit auf Eis.

Auf Ihrer Weiterfahrt gelangen Sie an die Galloon Bridge, die die niedrigste Durchfahrtshöhe aller Brücken auf dem Erne hat. Fahren Sie hier besonders vorsichtig. Für größere Kreuzer ist die Brücke bei höheren Wasserständen nicht passierbar. Außerdem herrscht hier meist eine sehr starke Strömung.

Kurz hinter der Brücke finden Sie auf der linken Seite einen weiteren Anleger.

Galloon Jetty

WC

Der empfehlenswerte Anleger liegt mitten in der Natur und bietet bei Westwinden guten Schutz. Direkt am Ufer ist ein uralter Friedhof mit zahlreichen historischen Grabsteinen bemerkenswert. Von den vier Hochkreuzen sind heute nur noch die teilweise verwitterten Schäfte erhalten.

Etwa 3,5 km weiter nördlich passieren Sie noch den kleinen Anleger **Bun Bridge**. Er bietet fünf Booten Platz und hat keinerlei Einrichtungen, kommt aber für eine Übernachtung infrage, wenn Sie am nächsten Tag Crom Estate einen Besuch abstatten und eine ruhige Nacht verbringen wollen.

Nach 2,5 km stoßen Sie zunächst auf die Ostroute. 100 m weiter erreichen Sie den Anleger Crom.

Crom

WC

Der Anlieger hat Platz für bis zu acht Boote. Außer Trinkwasser wird aber nichts geboten. Sanitäreinrichtungen und eine Teestube finden Sie im ☞ Besucherzentrum.

☺ Im Besucherzentrum bekommen Sie auch SmartCards.

Ein Highlight des Upper Lough Erne ist sicherlich Crom Estate mit seinem Schloss sowie Park und Wald. Wenn Sie sich von Süden (vom Woodford River kommend) mit dem Boot nähern, bietet das in die schöne Parklandschaft eingebettete Schloss ein herrliches Panorama. Noch bevor Sie den Anleger erreichen, passieren Sie auf der linken Seite die winzige Insel Gad mit dem Crichton Tower. Der charakteristische Turm ist ein beliebtes Fotomotiv. Über die Nutzung des 1847 errichteten Turmes ist nichts bekannt, wohl aber der Grund für den Bau. Es war eine von vielen Arbeitsbeschaffungsmaßnahmen des sehr sozial eingestellten Earl of Erne während der großen Hungersnot (great famine) in den Jahren 1845-1850. Noch heute wird der Graf ob seiner Wohltaten gerühmt.

Crom Estate, einst im Besitz der Grafen von Erne, wird heute vom *National Trust* verwaltet, der noch eine ganze Reihe weiterer Kulturgüter und Landschaftselemente (z. B. Berge) in Nordirland sowie in England, Schottland und Wales betreut. Insgesamt beträgt die Fläche des Gutes über 800 ha. Ein Teil davon wird noch von lokalen Pächtern bewirtschaftet. Das Gelände ist eines der bedeutendsten **Naturschutzgebiete** Nordirlands.

Die mehr oder weniger naturnahen Eichenlaubwälder gehören zu den größten in Irland überhaupt. Die meisten Bäume sind um 200 Jahre alt, einige dürften 400 Jahre und älter sein.

Das erste Schloss wurde hier Anfang des 17. Jh. gebaut. Es wurde Mitte des 18. Jh. durch ein Feuer zerstört. Das neue Schloss, im neugotischen Stil errichtet, stammt aus dem Jahr 1830. Besichtigt werden können Garten, Park und Wald sowie das alte Schloss. Mehrere Wanderwege erschließen das Gelände. Das neue Schloss ist in Privatbesitz und für die Öffentlichkeit nicht zugänglich. Einen Besuch wert ist das in einem alten Bauernhaus eingerichtete Besucherzentrum mit einem Café. In einer kleinen Ausstellung erhält man u. a. Informationen zur Heimatgeschichte.

♦ Crom Estate, ☏ 028/67 73 81 18, 💻 www.nationaltrust.org.uk/crom, 🚪 Januar, Februar, November, Dezember Gärten tgl. 10:00-16:00, Besucherzentrum geschlossen, März bis Oktober Gärten tgl. 10:00-19:00, Besucherzentrum tgl. 11:00-17:00, Eintritt Erwachsene £ 6,50, Kinder £ 3,25

Von Crom erreichen Sie etwas weiter flussabwärts die lang gestreckte **Trial Bay**, wo Sie einen Anleger und zwei Festmacherbojen finden.

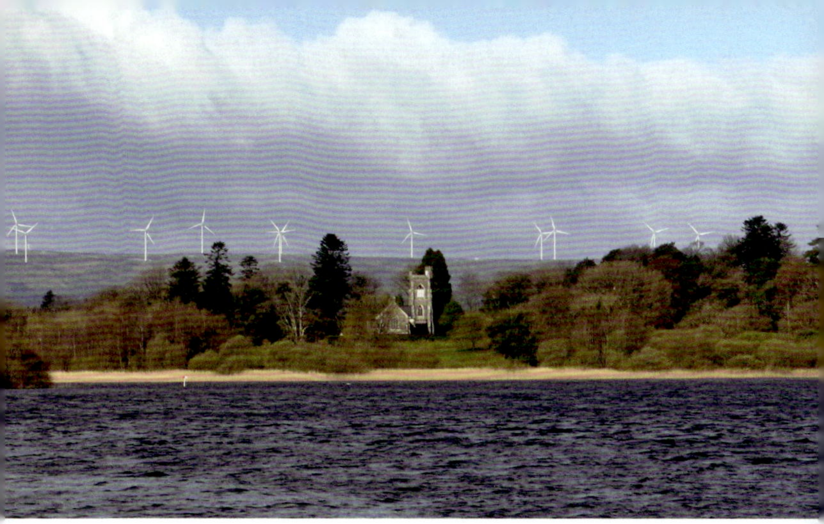

Die Trinity Church, Hauskirche der Earls of Erne (ak)

Derryvore

Der Derryvore Anleger auf der Nordseite der Bucht bietet zwar außer Frischwasser nichts, liegt aber inmitten der Natur und hat ein schönes Picknickareal mit Grillplatz. Die beiden Festmacherbojen (eine schräg gegenüber vom Anleger auf der Südseite der Bucht und die andere an ihrem Nordwestende) sind besonders für Naturliebhaber und Ruhesuchende interessant.

Vom Anleger führt ein 20-minütiger Spaziergang zur Trinity Church, der Hauskirche der Earls of Erne, die auch heute noch vom Grafen zu Gottesdiensten aufgesucht wird. Der schöne Friedhof mit uraltem Baumbestand bietet ein ruhiges Plätzchen, das zum Verweilen einlädt. Übrigens ist die Kirche in Höhe des Markers 23A gut vom Erne aus zu sehen.

Auf dem Weg nach Norden passieren Sie die größeren Inseln Inisherk, Bleanish Island und Dernish Island. Letztere können Sie im Osten oder Westen umfahren. Wenn Sie Backbord, also links, um die Insel fahren, passieren Sie den Anleger Geaglum, der allerdings überhaupt keine Ver- oder Entsorgungseinrichtungen hat. Dahinter gelangen Sie an die Insel Inish Rath. Wenn Sie westlich um die Insel fahren, können Sie zum Anleger Derryadd auf der gegenüberliegenden Festlandsseite gelangen. Aber auch er hat keinerlei Serviceeinrichtungen.

Inish Rath

Der kleine Anleger befindet sich auf der Westseite der Insel. Er bietet Platz für etwa sechs Boote, ist sehr niedrig und hat keinerlei Serviceeinrichtungen. Damit das Boot nicht zerkratzt wird, achten Sie darauf, dass die Fender tief genug hängen.

Auf der Insel befinden sich ein Besucherzentrum und ein Hindu-Tempel der **Hare-Krishna-Sekte** (die mit den weißen indischen Kleidern). Die Mönche freuen sich über jeden Besucher, der sich angemessen verhält. Unerwünscht sind u. a. Fleisch essen, Rauchen und Alkohol trinken. Wer sonntags in der Gegend ist, hat die Chance am sog. „Sunday Festival" teilzunehmen. Von 12:30-15:00 stellen die Mönche ihre Kultur, Philosophie und Lebensweise vor und bieten ein kostenloses vegetarisches Essen (Spenden erbeten) an. Besucher werden dazu am Anleger Gaeglum mit einer Fähre abgeholt (Hinfahrt 12:00 und 12:20, Rückfahrt 15:15 und 16:30).

Von Inish Rath schippern Sie auf die Lady Craigavon Bridge, die Derrylyin mit Lisnaskea verbindet, zu. An beiden Seiten der Brücke finden Sie Messlatten zur Bestimmung der Durchfahrtshöhe. Gleich hinter der Brücke auf der rechten Seite liegt der kleine Anleger von Corradillar (vier Liegeplätze, keine Versorgung, wegen der Straßenanbindung herrscht tagsüber relativ viel Betrieb, bei Westwinden ist eine Übernachtung nicht zu empfehlen).

Der Erne wird nun breiter und ein Gewirr unzähliger kleinerer und größerer Inseln macht die Entscheidung schwer, welche Route man nehmen soll.

Die meisten fahren rechts um die vor Ihnen liegende Insel Trannish herum. Das ist der direktere Weg Richtung Norden. Er führt an der Insel **Inishcorkish** vorbei, auf der früher ein sehr beliebtes Restaurant mit Pub war. Heute ist die Insel Schweinen vorbehalten, aus denen der berühmte Fermanagh Black Bacon hergestellt wird, den man in Enniskillen kaufen kann. Das Anlegen an der Insel ist verboten.

Ruhiger ist es, wenn Sie westlich (also links) um die Insel herumfahren. Dann kommen Sie auch am Anleger **Tirraroe** vorbei, der sieben Liegeplätze und Trinkwasserversorgung bietet. Dahinter kommen Sie wieder ins Hauptfahrwasser. Den nächsten Liegeplatz finden Sie weiter nördlich auf der größeren, heute unbewohnten Insel **Naan Island West**. Der Anleger im Osten der Insel für bis zu 14 Boote ist windgeschützt, bietet aber keine Versorgungsmöglichkeiten. Im Sommer ist die Insel beliebter Anlaufpunkt für Kanuten, die hier gute Zeltmöglichkeiten und eine schöne Feuerstelle finden.

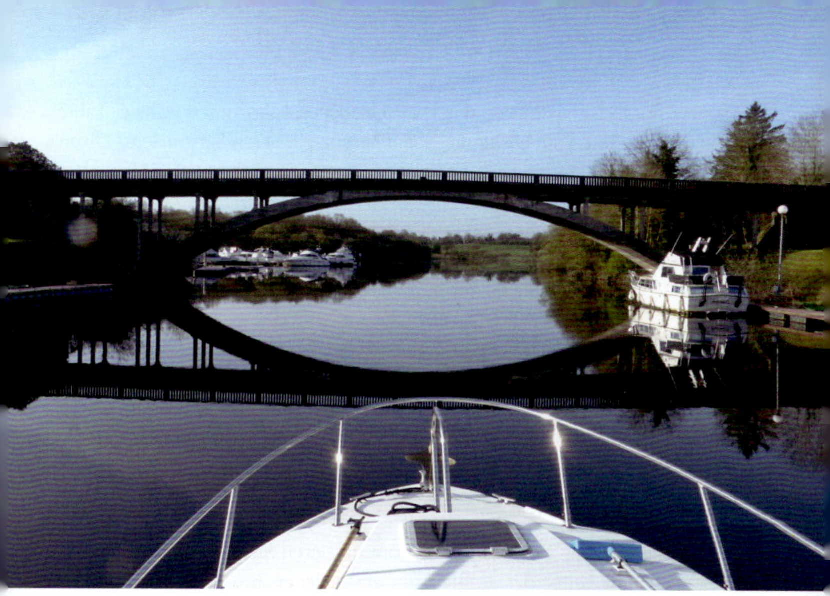

Zufahrt auf die Marina bei Carrybridge (ak)

Lohnend ist auch ein Abstecher zum Anleger von Knockninny, der gut 1,5 km westlich von Naan Island West liegt. Neben dem öffentlichen Anleger gibt es auch eine private Marina.

Knockninny

WC

Der öffentliche Anleger hat Platz für zwölf Boote, verfügt über Trinkwasser, WC und Duschen und hat sogar eine Abpumpstation. Eine kleine Badebucht und Picknickmöglichkeiten runden das Angebot ab. Daneben liegt die private Knockninny Marina mit einem empfehlenswerten Restaurant und Tearoom in einem schönen Herrenhaus.

Wenn Sie sich einen Überblick über den See verschaffen möchten, sollten Sie den kleinen Fußweg zum **Knockninny View Point** auf dem nahe gelegenen Hügel Knockninny Rock gehen. Der höchste Punkt (ca. 170 m) liegt am westlichen Ende. Von dort haben Sie bei guter Sicht einen wunderbaren Blick über die Umgebung. Für den absolut lohnenden Aufstieg (ca. 100 Höhenmeter) benötigen Sie etwa 45 Min.

Weiter nördlich müssen Sie unter verschiedenen Fahrtrouten wählen. Fahren Sie die östliche Route um **Inishmore Island** herum, passieren Sie zunächst Dixon's Marina und kommen dann nach Carrybridge, wo Sie neben privaten Häfen auch einen öffentlichen Anleger finden.

An der Brücke herrscht oft starke Strömung und Sie sollten auch auf die Geschwindigkeitsbeschränkung vor und hinter ihr achten.

Carrybridge WC

Der öffentlich Anleger mit WC, Duschen, Trinkwasserversorgung und Abpumpstation liegt nördlich der Brücke noch hinter der Marina der Carrybridge Boat Company auf der Ostseite des Erne. Am Anleger finden Sie schöne Picknickplätze mit Holzbänken und Tischen. Diesel gibt es in der privaten Marina. Auf der anderen Flussseite finden Sie an der Brücke ein Restaurant.

Auf der westlichen Route um Inishmore passieren Sie eine Eisenbrücke, *The Viaduct* genannt. Unter der kräftig grün gestrichenen Brücke herrscht oft eine

Die Stahlbrücke The Viaduct im Südwesten der Insel Inishmore (ak)

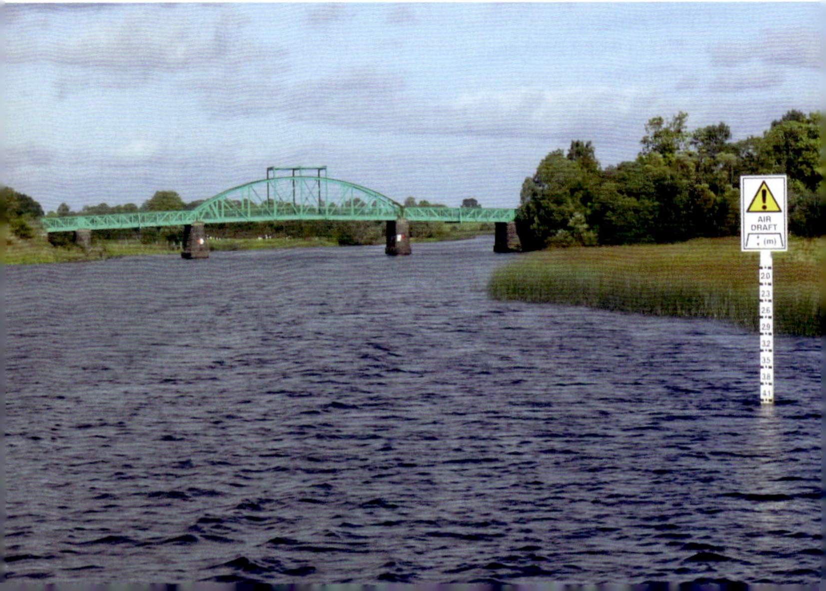

starke Strömung. An Messlatten können Sie die Durchfahrtshöhe bestimmen. Weiter im Norden passieren Sie den links liegenden Anleger **Cloonatrig** (nur Frischwasser), gleich darauf das Corrigans Shore House und etwas weiter den Anleger **Tully Inishmore** (ebenfalls nur Frischwasser) mit Picknickareal und Grillplatz, der auf der rechten Seite liegt. An der Nordspitze der Insel treffen die beiden Routen wieder aufeinander.

An dieser Stelle können Sie wieder wählen, ob Sie die westliche oder die östliche Umrundung von Knock Island und Cleenish Island vorziehen. Auf der östlichen Route kommen Sie am schnellsten nach Bellanaleck. Wenn Sie nach Westen (rechts) fahren, treffen Sie schnell auf die Ostumfahrung von Inishmore Island, wo Sie links fahren. Auf der Nordseite von Cleenish Island zweigt rechts die Tamlaght Bay ab. Hier finden Sie drei gelbe Festmacherbojen, die ideal für Individualisten und Naturfreunde sind. Auch von dort ist es nur noch eine kurze Fahrt zum Anleger bei Bellanaleck.

Am Nordwestende von Cleenish Island treffen auch diese beiden Fahrwasser wieder aufeinander und kurz darauf kommen Sie auf der Westseite des Flusses zum Anleger von Bellanaleck, der in einer weit geschwungenen Schleife des Erne liegt.

Achten Sie auf die Geschwindigkeitsbegrenzung in diesem Bereich des Flusses.

Bellanaleck

WC

Der kleine öffentliche Anleger liegt gleich hinter einer privaten Marina auf der Westseite des Flusses. Er bietet nur Trinkwasser, WC und Duschen (abends geschlossen) sowie einen Picknickbereich mit Grillplatz. Tanken und Schmutzwasser abpumpen können Sie an der Marina The Moorings etwa 500 m weiter nördlich, wo Carrick Craft und Waveline einige Boote stationiert haben. Einkaufen können Sie an der Tankstelle (etwa 500 m entfernt) in dem kleinen Ort. Sehr gut essen kann man im Restaurant der Marina The Moorings.

☺ In den Büros der Chartergesellschaften erhalten Sie SmartCards.

☺ Ein schöner Spazierweg (ca. 20 Min.) entlang des Ufers verbindet Bellanaleck mit The Moorings.

Ab Bellanaleck wird das Navigieren einfacher. Der River Erne ist von hier bis Enniskillen wieder als richtiger Fluss zu erkennen, dennoch sollten Sie sich hier unbedingt an die Geschwindigkeitsbegrenzung von 5 Knoten halten.

Auf dem Weg nach Enniskillen passieren Sie einen weiteren öffentlichen Anleger (Culky, ohne Einrichtungen) und gelangen dann bei Killyhevlin an zwei hintereinanderliegende Anleger, die ebenfalls öffentlich sind.

Killyhevlin

Die beiden Anleger bieten keinerlei Serviceeinrichtungen. Vor allem der nördliche ist wegen des sehr guten Restaurants im oberhalb liegenden Lakeside Hotel beliebt.

Knapp 1 km weiter flussabwärts finden Sie beim Ardhowen Arts Center einen größeren Anleger.

Ardhowen

Der große Anleger (lediglich Frischwasserversorgung), der schon zum näheren Einzugsbereich von Enniskillen gehört, liegt geschützt, ist aber wegen der nahen Straße sehr laut. Neben dem Theater und der Konzerthalle ist für den Flussschiffer das Café von Interesse, das auch über Mittag geöffnet ist.

Vom Anleger aus können Sie zum Castle Cool wandern (ca. 2,5 km). Das aus dem 18. Jh. stammende klassizistische Schloss liegt in einem sehr schönen Park. Das Haus ist nur während der Saison geöffnet, der Park ist das ganze Jahr über zugänglich.

Nach dem Anleger macht der Fluss noch eine Schleife, hinter der sich dann Enniskillen auftut.

Enniskillen

WC

Fermanagh Visitor Information Centre, Enniskillen Castle, Enniskillen, BT74 7HL, ☏ 028/66 32 50 00, www.fermanaghlakelands.com, ganzjährig Mo bis Fr 9:30-17:00, Sa 11:00-17:00, So nur von Juni bis September 11:00-17:00. Das Büro befindet sich im Castle auf der Ostseite des Erne.

In Enniskillen finden Sie über 100 Liegeplätze verteilt auf insgesamt acht öffentliche Anleger (siehe Karte). Die meisten bieten lediglich Frischwasser, Toiletten und Duschen gibt es nur am Round O Jetty (in einem Sanitärgebäude im Park mit großem Spielplatz) und am Anleger Broadmeadow (im Lakeland Forum), Abpumpstation einzig am Anleger Round O, tanken ist nirgends möglich.

Wenn Sie Ihr Boot möglichst nahe am Zentrum festmachen wollen, biegen Sie am **Fermanagh Lakeland Forum**, etwa 200 m bevor sich der Fluss an Castle Island

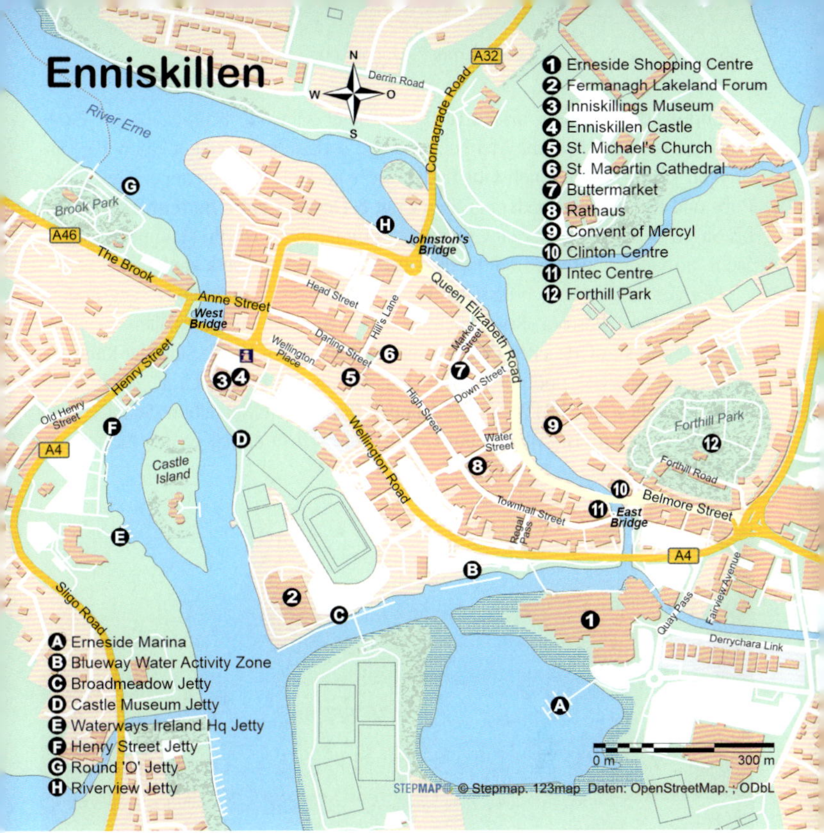

gabelt, rechts ab. Linker Hand finden Sie den Anleger Broadmeadows, der u. a. wegen der Sanitäranlagen im Lakeland Forum sehr beliebt ist. Dennoch findet man meist einen freien Platz.

Etwas weiter zweigt rechts eine Zufahrt zu einem kleinen See ab. Wenn Sie hier hineinfahren und sich dann am linken Ufer halten, kommen Sie zu dem relativ neuen Anleger Ernside. Von dort können Sie mit wenigen Schritten das **Erneside Shopping Centre** erreichen. Im Centre, einer überdachten Einkaufspassage, gibt es eine Vielzahl unterschiedlicher Geschäfte, u. a. einen großen Supermarkt mit vielfältigem Angebot und einen Schnellimbiss. Das Centre (mit Toilette) hat auch sonntags geöffnet.

☺ Smartcards gibt es in der Touristinformation.

Enniskillen, die mehr als 13.000 Einwohner zählende Hauptstadt der Grafschaft Fermanagh, hat eine Menge zu bieten, sodass man hier gut einen Tag verbringen kann. In der Innenstadt finden Sie eine Fülle verschiedener Geschäfte, Pubs und Restaurants. In dem großen **Craft & Design Centre Buttermarket** (🚪 Mo bis Sa 10:00-17:30), dessen Gebäude aus dem frühen 19. Jh. stammen, können Sie u. a. handgemachtes traditionelles irisches Kunsthandwerk kaufen.

Übrigens hat der Schriftsteller **Oscar Wilde** die bereits 1618 gegründete Internatsschule Portora Royal School von 1864-71 in Enniskillen besucht, anschließend studierte er in Dublin. Seine bekanntesten Werke sind die Komödie „Ernst sein ist alles" und der Roman „Das Bildnis des Dorian Gray". Viele Jahre später, nämlich ab 1919, lernte **Samuel Beckett** an derselben Schule. Sein bekanntestes Werk ist „Warten auf Godot", und 1969 erhielt er den Nobelpreis für Literatur.

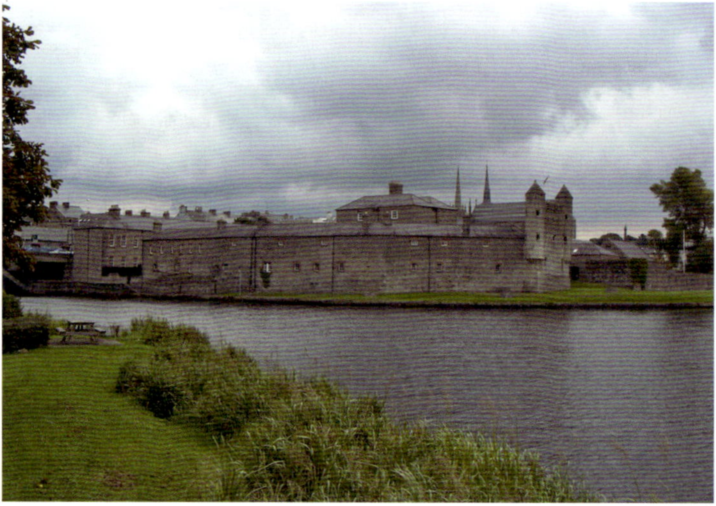

Enniskillen Castle liegt direkt am Ufer des Erne

♜ ⌘ Einen Besuch lohnt das im Westen der Castle Insel an der Brücke gelegene **Enniskillen Castle** mit den Kasernen **Arcaded Barracks**. Das aus dem 15. Jh. stammende Gebäude beherbergt heute das Museum der **Royal Inniskilling Fusiliers**. Es informiert über die Geschichte dieses berühmten Regimentes, das u. a.

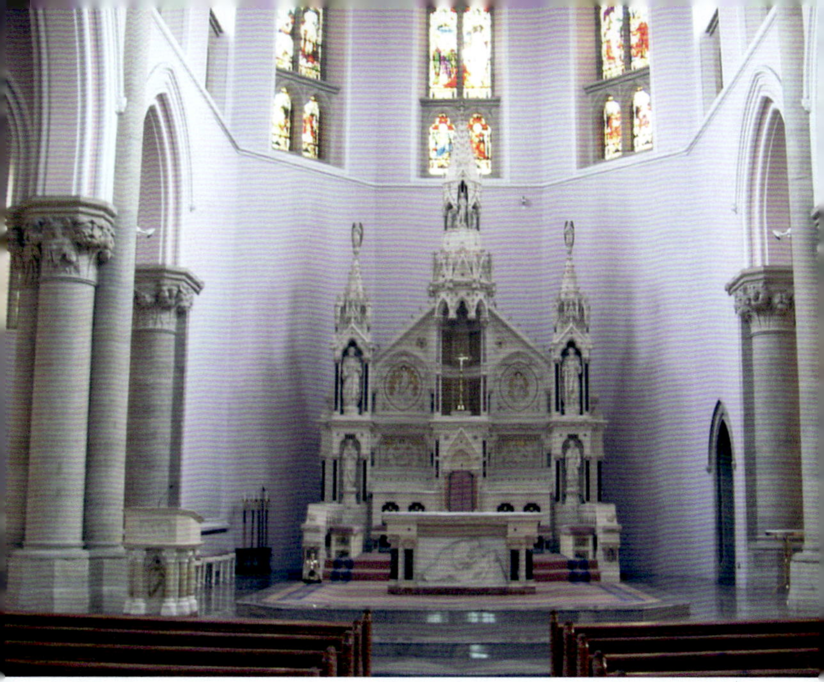

Blick ins Innere der Kirche St. Michaels

bei Waterloo gekämpft hat, von 1689 bis in die Gegenwart. Auch die Historie der Burg wird dargestellt. Eine Ausstellung zur Geschichte der Grafschaft Fermanagh können Sie sich in den ehemaligen Kasernen ansehen. Das äußere Erscheinungsbild des Castles wird durch die beiden im 17. Jh. angebauten Rundtürme bestimmt, die als **Watergate** bekannt sind.

♦ Enniskillen Castle, ☏ 028/66 32 50 00, 💻 www.enniskillencastle.co.uk, ganzjährig Mo bis Fr 9:30-17:00, Sa 11:00-17:00, So nur von Juni bis September 11:00-17:00, Erwachsene £ 5, ermäßigt £ 3,50

✝ Oben in der Stadt steht die katholische Kirche **St. Michaels** in neugotischem Stil mit einer hübschen, aber schlichten Ausstattung. Genau gegenüber liegt die aus dem 17. Jh. stammende **St. Macartin's Cathedral** der Church of Ireland, einer anglikanischen Kirche im viktorianischen Baustil, die aber oft geschlossen ist. Während der Turm noch weitgehend dem Original entspricht, wurde das Hauptgebäude im 19. Jh. völlig umgebaut.

Den schönsten Aussichtspunkt finden Sie im Forthill Park. 180 Stufen führen auf die Spitze von Coles Monument, von wo Sie einen grandiosen Rundblick über Enniskillen und die Umgebung haben.

Mai, Juni, September Sa und So 13:00-15:00, Juli und August Sa, So und Mo 13:00-15:00, Eintritt frei

Pat O'Doherty, der Bacon-König von Inishcornisch, ist nicht nur Metzger, sondern auch Schweinezüchter. Ihm gehören die Schweine auf der Insel im Erne, aus denen der berühmte **Fermanagh Black Bacon** hergestellt wird. In seiner Metzgerei in der Belmore Street (☏ 028/66 32 21 52, www.blackbacon.com) können Sie das Produkt erwerben.

Fahren Sie auf dem Erne durch Enniskillen besonders vorsichtig. Hier herrscht nicht nur reger Motorbootbetrieb, es sind auch viele Paddler und Ruderer unterwegs und unter der West Bridge herrscht zeitweise sehr starke Strömung. Auch an dem Portara Lock sollten Sie sehr aufmerksam sein, da sich nicht alle Bootsführer an die Vorfahrtsregeln halten.

Portara Lock bei Enniskillen, die letzte Schleuse auf dem Weg nach Norden (ak)

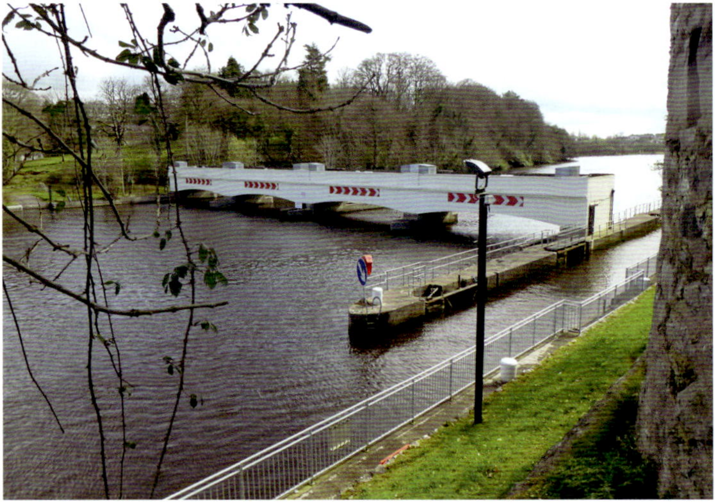

☺ Sehenswert ist bei der Ausfahrt aus der Schleuse die gut erhaltene Ruine des Portara Castle, die man direkt links über sich sieht.

8. Lower Lough Erne

In der folgenden Aufstellung finden Sie die wichtigsten Liegeplätze mit Serviceeinrichtungen im Lower Lough Erne:

	Plätze	WC					@			
Manor House Marine	150	X	X	X	X	X	X	X		X
Rossigh	14	X							X	X
Castle Archdale	8	X	X	X		X				X
Kesh	9	X	X	X					X	X
Belleek	22	X		X		X			X	X

Wenn Sie Enniskillen Richtung Norden auf dem River Erne verlassen, gelangen Sie als Nächstes an das **Portara Lock**, das zur Regulierung des Wasserstandes im Upper Lough Erne dient und in der Regel geöffnet ist, sodass Sie ungehindert (aber vorsichtig) passieren können.

Das Wehr, das sich rechts neben der Schleuse befindet, kann mit einer Brücke verwechselt werden. Hier dürfen Sie auf keinen Fall durchfahren!

Nur wenige Kilometer hinter der Schleuse stoßen Sie auf Devenish Island. Sie können die Insel im Westen oder im Osten umfahren.

Devenish Island

Auf beiden Seiten finden Sie Anleger, allerdings ohne Versorgungsmöglichkeiten. Um die Ruinen zu besuchen, eignet sich der Anleger Devenish East (sechs Liegeplätze) am besten. Er liegt schöner, ist aber oft belegt. Der Anleger auf der Westseite ist ruhiger und hat meist noch freie Plätze.

✞ Sie sollten einen Besuch von **Devenish Island** unbedingt ins Auge fassen, gilt sie doch als eine der wichtigsten **Klosterinseln** Irlands. Gegründet wurde das

Kloster im 6. Jh. von St. Molaise, der auch auf der Insel begraben sein soll. Die gleichnamige, aus dem frühen 13. Jh. stammende Kirche steht vermutlich auf seinem Grab. Neben zwei weiteren Kirchenruinen aus dem 13. bzw. 15. Jh. können Sie noch einen gut erhaltenen, über 25 m hohen Rundturm mit einer Spitze besichtigen. Der Turm stammt aus dem 12. oder 13. Jh. Ein sehenswertes Hochkreuz auf dem Friedhof stammt aus dem 15. Jh.

Den nächsten Anleger mit Versorgungsmöglichkeiten finden Sie gut 6 km nordwestlich in der Killadeas Bay, wo auch eine Chartergesellschaft ihre Basis hat.

Killadeas Bay

WC

Auf der kleinen Hay Island finden Sie einen öffentlichen Anleger mit einem Grillplatz, aber ohne Versorgungseinrichtungen. Gegenüber am Festland liegt die große Manor House Marine, die die Basis der gleichnamigen Chartergesellschaft ist, ein Familienbetrieb, der seit über 50 Jahren existiert. Der Ort ist auf den meisten Karten als Manor House eingezeichnet. Die Marina ist privat, aber auf Nachfrage im Büro (☏ 028/68 62 81 00) können Sie sie auch nutzen. Auch tanken können Sie hier.

Einen Besuch lohnt auch das Manor House Country Hotel, ein riesiger Prachtbau mit einem etwas gewöhnungsbedürftigen Glasflügel, aber mit dem Belleek Restaurant und der Watergate Bar empfehlenswerte Speisemöglichkeiten. Das Essen ist gut und in der Bar auch preisgünstig.

Auf dem **Friedhof** von Killadeas können Sie mehr als 1.000 Jahre alte Steinskulpturen sehen. Am bekanntesten ist ein etwa 1 m hoher Stein, der einen Geistlichen im Relief zeigt. Ähnliche Steine finden sich vereinzelt in der ganzen Region.

Die Bucht im Süden hinter der Landzunge, an der der *Lough Erne Yacht Club* liegt, diente während des Zweiten Weltkriegs der Royal Air Force als Basis für die Catalinas, die als Luftaufklärer eingesetzt wurden. Die langsamen, aber äußerst zuverlässigen zweimotorigen amerikanischen Flugboote mit einer Reichweite von über 4.000 km konnten bis zu 24 Stunden in der Luft bleiben.

Gegenüber auf der anderen Seite des Sees gibt es auf der Ostseite der beiden Inseln **Inish Fovar** und **Inish Lougher** eine Festmacherboje, die gut geschützt in einer Bucht liegt und sich als ruhiger Liegeplatz in schöner Landschaft anbietet, wenn Sie denn frei ist. Westlich der beiden Inseln finden Sie den öffentlichen Anleger Carrickreagh.

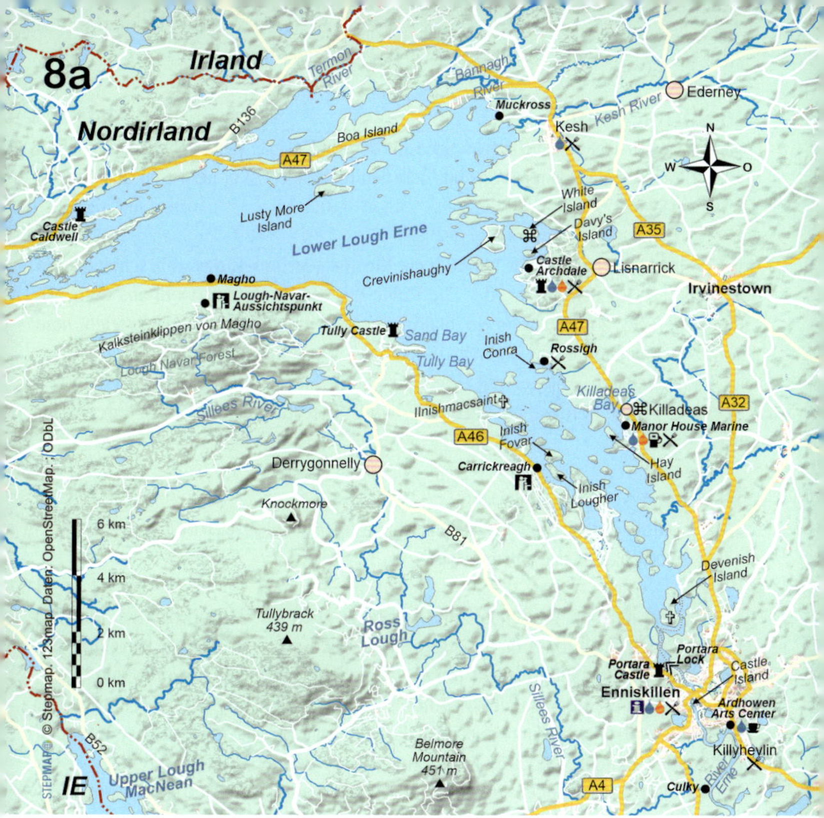

Fahren Sie von der Boje nicht zwischen den beiden Inseln zum Anleger, das Wasser ist dort nicht tief genug.

Carrickreagh

Der Anleger ist mit 16 Liegeplätzen relativ groß, hat aber keine Versorgungseinrichtungen. Er ist vor allem bei wassersportbegeisterten Einheimischen und Anglern beliebt. Entsprechend lebhaft geht es hier an manchen Tagen zu.

Auf der gegenüberliegenden Seite des Sees führt vom Anleger ein etwa 2 km langer Rundweg zum Carrickreagh Viewpoint. Von dem Aussichtspunkt haben Sie einen wunderbaren Blick über den See. Weiter nördlich können Sie an der Insel **Inishmacsaint** anlegen.

Inishmacsaint

Der Anleger befindet sich im Südosten der Insel, es gibt keine Versorgungsmöglichkeiten. Bei stärkerem Wind aus östlichen Richtungen ist er nicht zum Übernachten geeignet.

✝ Im 6. Jh. hat hier St. Ninnidh ein Kloster gegründet, das wahrscheinlich im 9. oder 10. Jh. zerstört wurde. Die Ruine der Kirche stammt wohl aus dem 10. Jh., das große, gut erhaltene Hochkreuz aus dem 12. Jh. Die Anlage erreicht man vom Anleger nach etwas mehr als 100 m.

Den nächsten Anleger mit Toiletten finden Sie auf der gegenüberliegenden Seeseite etwas nordöstlich versteckt hinter der Insel Inish Conra am Weiler **Rossigh**.

Rossigh WC

Die Jetty ist ruhig, aber sehr stark den Westwinden ausgesetzt. Es gibt gute Picknickmöglichkeiten und einen Grillplatz.

Wie bei den großen Shannonseen gilt auch für den nördlichen Teil vom Lower Lough Erne, dass er bei stärkeren Winden sehr rau werden kann und das Boot unter Umständen nicht mehr zu beherrschen ist. In manchen Navigationskarten ist zur Markierung dieses Gebietes eine sog. Gefahrenlinie oder Schlechtwettergrenze eingezeichnet, die von Tully Bay in nordöstlicher Richtung bis Castle Archdale verläuft. Erfahrene Skipper würden die Gefahrenlinie sogar noch weiter südlich legen, etwa auf eine Linie zwischen Inishmacsaint und Rossigh. Überqueren Sie nördlich dieser Linie den See möglichst in Begleitung eines anderen Bootes und warten Sie bei stärkeren Winden ab 4 Bft unbedingt Wetterbesserung ab.

☺ Unter www.windfinder.com mit der Ortsangabe „Enniskillen/St Angelo“ erhalten Sie relativ zuverlässige Tagesprognosen für Windstärken und -richtungen.

Wenn Sie selbst keinen Internetzugang haben, wird Ihnen auch Ihre Chartergesellschaft die Prognosen ausdrucken.

Wenn Sie nun weiter Richtung Norden fahren, wird der See allmählich breiter und die Inseln bleiben auf die Uferregionen beschränkt.

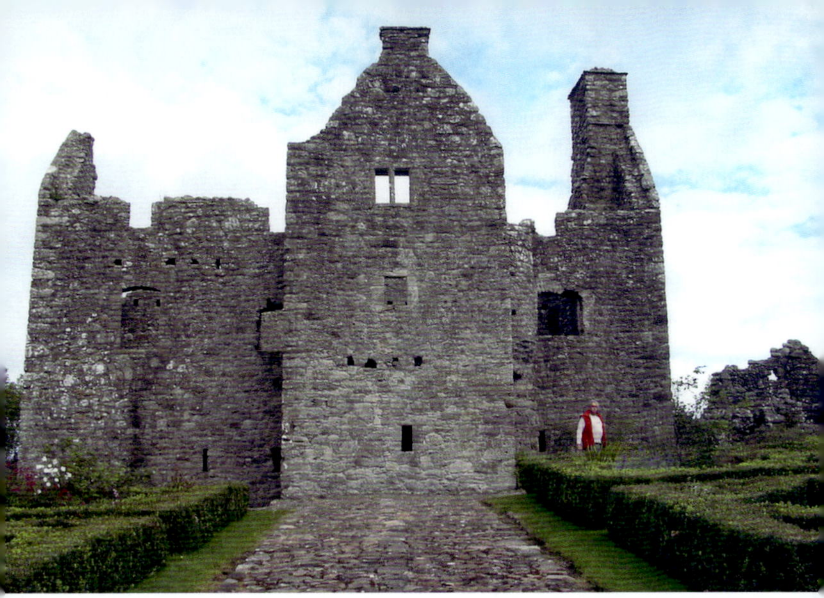

Die Ruine von Tully Castle thront auf einer Anhöhe

Den nächsten erwähnenswerten Anleger finden Sie auf der Westseite schon nördlich der imaginären Gefahrenlinie in der Sand Bay, wo unterhalb der Tully-Burg ein Landungssteg – allerdings ohne jede Versorgungsmöglichkeit – vorhanden ist. Zur Ruine des Castles gelangen Sie über einen Fußweg.

Tully Castle

An der Jetty, die für zehn Boote Platz bietet, gibt es keinerlei Ver- oder Entsorgungsmöglichkeiten. Die Burg, die weithin sichtbar auf einer Anhöhe steht, erreichen Sie nach einem kurzen Fußweg.

Sie wurde zwischen 1612 und 1615 für Sir John Hume erbaut. In der Rebellion von 1641 griff Rory Maguire am Heiligen Abend die Burg an. Lady Hume ergab sich voreilig den Truppen, unter der Bedingung, dass den hier Schutz suchenden Protestanten am nächsten Tag freies Geleit gewährt würde. Das wurde zugesagt. Daraufhin wurden die Frauen und Kinder nackt in die Keller- und Vorratsräume gesperrt und die Männer an Händen und Füßen gefesselt in den Schlosshof geworfen, wo sie die ganze Nacht verbringen mussten.

Am Weihnachtstag wurden alle 16 Männer sowie 69 Frauen und Kinder brutal ermordet, nur die Hume-Familie wurde verschont. Anschließend wurde die Burg geplündert und in Brand gesteckt.

♦ Besucherinformationszentrum, So 12:00-16:00, Eintritt frei; der Zugang zur Ruine ist jederzeit möglich.

Gegenüber, auf der Ostseite des Sees in einer Bucht, liegt Castle Archdale. Beachten Sie die Geschwindigkeitsbegrenzungen in der Bucht.

Castle Archdale

WC

Der öffentliche, windgeschützte Anleger ist sehr klein, beliebt und belebt. Die Chance, einen Liegeplatz zu bekommen, ist im Juli und August nicht sehr groß. Der Anleger liegt malerisch an einem großen Park. Direkt am Anleger gibt es einen Kiosk.

Castle Archdale hat sich inzwischen zu einem Ferienzentrum entwickelt. Von der Burg, die schon vor über 300 Jahren zerstört wurde, sind nur noch wenige Ruinen erhalten, die sich im alten Bereich des Parks befinden. Von dem im 18. Jh. erbauten Herrenhaus sind nur noch der Innenhof und die Nebengebäude geblieben, in denen heute das Countryside Centre & War Museum (Juli und August tgl. 12:00-16:00, ansonsten nur sonntags 12:00-16:00; der Country Park ist tgl. geöffnet) untergebracht ist. Hier finden Sie eine kleine landwirtschaftliche Ausstellung und Exponate aus dem Zweiten Weltkrieg, die z. T. von dem im Krieg gebauten Flugplatz stammen. Integriert ist ein Tearoom.

Im Park mit seinen schönen exotischen Gewächsen, knorrigen alten Bäumen, Blumenwiesen und Insektengarten sowie im angrenzenden Wald lassen sich schöne ausgedehnte Spaziergänge machen.

Während des Zweiten Weltkriegs diente Archdale ebenfalls als Basis für die Flugboote Catalina, die als Aufklärer die alliierten Frachtschiffe vor den Angriffen deutscher U-Boote warnen sollten. Zeitweilig waren hier bis zu 2.500 Militärs stationiert.

☺ Wer auf Ruhe Wert legt, sollte vor allem in der Saison den Anleger Castle Archdale meiden. Eine Alternative wären die beiden Festmacherbojen etwas nördlich, die man hinter Davy's Island erreicht, oder ein Anleger auf einer der Inseln in der Nachbarschaft, von denen es mehrere in der Bucht gibt. Am bekanntesten ist ...

White Island

Der Anleger, mit Platz für zehn Boote, liegt auf der Ostseite der Insel. Die Kirchenruine liegt nur wenige Schritte entfernt.

⌘ Auf der Insel können Sie die Ruine einer Kirche mit einem romanischen Portal aus dem 12. Jh. besichtigen. Erwähnenswert ist aber nicht die Ruine als solche, sondern eine Reihe von acht rätselhaften **Steinfiguren**, die in eine Wand eingelassen sind. Die Steinfiguren sind deutlich älter als die Kirche selbst. Sie stammen vermutlich aus dem 7. und/oder 9. Jh. Man nimmt an, dass einige Figuren Heilige und lokale Könige darstellen sollen. Eine Skulptur zeigt fratzenhaft eine Frau mit auffälligen Geschlechtsteilen. Diese Darstellung galt im Mittelalter als Sinnbild der Sünde und findet sich auch an anderen mittelalterlichen Kirchen.

Crevinishaughy

Von White Island ist es nur ein Katzensprung zur westlich gelegenen Insel **Crevinishaughy** gleich nebenan. Die Insel hat zwei Anleger, einen im Norden und einen im Osten, beide ohne Versorgungsmöglichkeiten. Der Anleger im Norden ist ruhig gelegen, während der im Süden ein beliebter Treffpunkt von Wasserskisportlern ist.

Weiter nördlich gelangen Sie nach Kesh

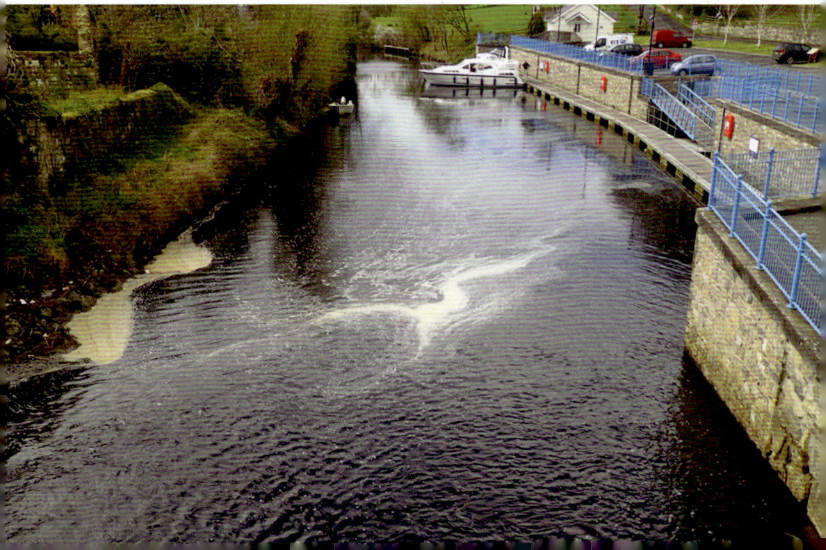

Weiter nördlich gelangen Sie nach ...

Kesh

WC

Nach Kesh kommen Sie über den gleichnamigen Fluss. Bei der Einfahrt in den schmalen Fluss müssen Sie sehr vorsichtig sein, da die Mündung stellenweise sehr seicht ist. Das Gleiche gilt für den Anleger in Kesh, der sich an der Straßenbrücke befindet. Der etwas unterhalb liegende Anleger ist sehr niedrig und bietet nur Platz für zwei Boote. Bedenken Sie auch, dass der Fluss sehr schmal ist und das Wenden mit längeren Booten sehr schwierig werden kann und beachten Sie die Geschwindigkeitsbegrenzung. Der schöne, 1999 gebaute Anleger liegt am nördlichen Rand des Ortes an der Straßenbrücke. Wasser, Toiletten und Duschen befinden sich direkt am Anleger. Das Dorf mit gerade mal 900 Einwohnern im Nordosten des Sees ist einen Abstecher wert. Dort finden Sie u. a. einen Pub und zwei kleinere Supermärkte.

Wenn Sie die kurze Flussfahrt scheuen, können Sie auch den nördlich hinter einer Landzunge gelegenen Anleger **Muckross** ansteuern. Er ist sehr windexponiert, bietet bei klarem Himmel aber grandiose Sonnenuntergänge. Außer einem Sanitärgebäude und einem Grillplatz wird hier nichts geboten. Nach Kesh mit allen wichtigen Versorgungsmöglichkeiten sind es etwa 2 km Fußmarsch.

Weiter Richtung Westen kommen Sie zur lang gestreckten Insel **Boa Island**, über welche die Hauptstraße (A 47) zwischen Belleek und Kesh verläuft.

Das Seengebiet nördlich der Insel ist sehr seicht und mit dem Kreuzer nicht zu befahren. Es lohnt aber ein Ausflug mit dem Dingi in diese noch relativ unberührte Wasserlandschaft.

Südlich von Boa Island liegen mehrere Inseln, von denen Lusty More Island einen öffentlichen Anleger hat.

Lusty More Island

Der Anleger liegt im Nordosten der Insel, hat zwölf Liegeplätze und einen schönen Grillplatz, aber keinerlei Versorgungsmöglichkeiten. Im Innern ist er sehr seicht, deshalb ist vorsichtiges Navigieren angesagt.

Dennoch ist ein Besuch der Insel empfehlenswert. Sie ist ein Naturschutzgebiet und bietet Möglichkeiten, sich in schöner Natur die Beine zu vertreten.

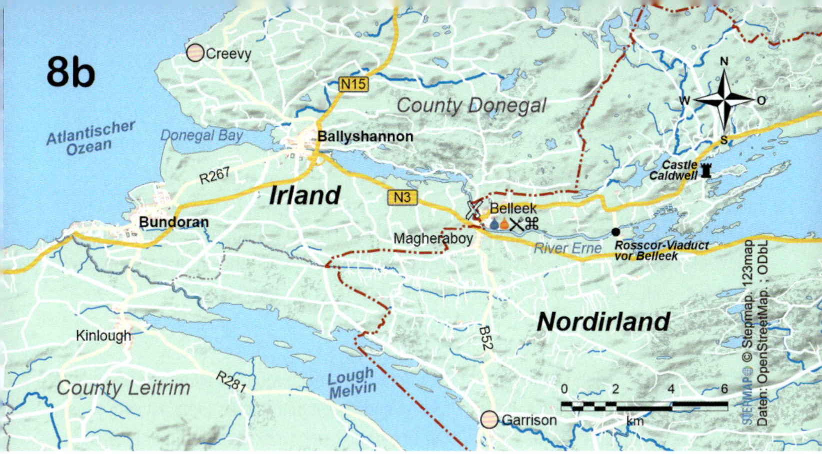

Weiter am Nordufer des Sees entlang in Richtung Westen erreichen Sie am Ende einer lang gestreckten Bucht den Anleger bei Castle Caldwell. Die Einfahrt in die Bucht ist schmal und die Geschwindigkeit hier auf 5 Knoten begrenzt.

Castle Caldwell

Der ruhige, windgeschützte Anleger liegt am Ende einer langen Bucht, die immer seichter wird. Am sichersten ist es, außen am Anleger festzumachen. Wenn Sie innen anlegen müssen, sollten Sie sehr vorsichtig sein, weil der Bereich zwischen Steg und Ufer sehr flach ist. Bei zu niedrigem Wasserstand können Sie das Boot ohne Motor an den Leinen zum Anleger ziehen.

Der Anleger liegt unterhalb der Ruine von Castle Caldwell. Er bietet sich für den Naturliebhaber als Übernachtungsplatz geradezu an. Der umliegende Park ist heute ein bedeutender Lebensraum für verschiedene Vogelarten. Sogar Hirsche leben hier. Auf mehreren markierten Spazierwegen von 30-60 Min. Länge lässt sich die schöne Gegend erkunden. Nur wenige Schritte führen bis zu der an ein verwunschenes Märchenschloss erinnernden, dicht mit Pflanzen zugewachsenen Ruine des 1612 erbauten **Schlosses**, das für über 200 Jahre im Besitz der Familie der Caldwells blieb. Wegen Einsturzgefahr ist das Betreten der Ruine verboten.

1850 entdeckte John Caldwell Bloomfield, dass auf seinem Grund und Boden alle notwendigen Rohmaterialien wie Kaolin, Feldspat, Quarz, Lehm und Schieferton zur Herstellung von Porzellan zu finden waren. Mit zwei Partnern gründete er 1857 eine Töpferei, die heute noch im 6 km entfernten Belleek existiert und weltberühmt für ihre Erzeugnisse ist (☞ Belleek).

Achten Sie bei der Weiterfahrt nach Belleek bzw. Magho auf den Marker 61A. Südwestlich liegen viele gefährliche Felsen, teilweise nicht sichtbar dicht unter der Wasseroberfläche.

Bevor Sie sich zur letzten Station auf dem Erne aufmachen, dem Städtchen Belleek, sollten Sie am Südufer von Lough Erne den Magho-Anleger ansteuern, den Sie vom Marker 61A in südlicher Richtung erreichen.

Magho

Bei der Einfahrt sollten Sie vorsichtig sein und nach Möglichkeit außen anlegen. Im Innenbereich ist es sehr flach. Der Anleger bietet fünf Booten Platz, ist sehr windexponiert und hat keinerlei Ver- oder Entsorgungsmöglichkeiten. Darüber hinaus ist es hier in den letzten Jahren mehrfach zu Diebstählen gekommen. Vor einigen Jahren ist sogar ein Außenborder von einem Dingi gestohlen worden, während die Besatzung zum Aussichtspunkt unterwegs war.

Dennoch lohnt ein Stopp, weil man vom Anleger auf einem Pfad den berühmten **Lough-Navar-Aussichtspunkt** erreichen kann. Vom Anleger führt ein Trampelpfad zunächst zu einem Rastplatz unterhalb der Straße. Von der Straße aus führt dann ein Pfad gut 1 km sehr steil in einen Bruch der über 300 m hohen **Kalksteinklippen von Magho** hinauf, die ein imposantes Bild bieten. Wenn Sie wieder zu Atem gekommen sind, können Sie den fantastischen Ausblick auf den See in vollen Zügen genießen. Ein Ausflug, der sich wirklich lohnt, aber etwas Kondition erfordert.

Der letzte kurze Abschnitt der Fahrt verläuft nun auf dem wieder zu einem richtigen Fluss gewordenen River Erne bis zum Ende des schiffbaren Bereiches im sympathischen Städtchen Belleek.

Im Mündungsbereich des River Erne herrscht eine starke Strömung, die das Navigieren erschwert. Bei der Passage unter der Autobrücke müssen Sie die zentrale Durchfahrt nehmen.

Belleek

WC

Bei der Einfahrt in den Hafen ist besondere Vorsicht geboten. Hier herrscht auf dem Fluss eine westliche Strömung von bis zu 6 Knoten. Um sicher in den rechts abzweigenden Hafen zu gelangen, sollten Sie erst langsam an der Einfahrt vorbeifahren und dann gegen die Strömung des Flusses in den Hafen abbiegen. Der Hafen bietet Frischwasser, Toiletten und eine Abpumpstation und in den Ort mit Geschäften, Pubs und Restaurants ist es nur ein Katzensprung.

⌘ Die Grenzstadt Belleek ist vor allem wegen ihrer weltberühmten **Töpferei**, die unmittelbar am Hafen liegt, bekannt. Seit Mitte des 19. Jh. wird hier hochwertiges Porzellan hergestellt. Interessant ist eine Führung durch die Manufaktur, in der man viel über die Herstellung von Porzellan erfährt. Im Museum sind besonders schöne Stücke ausgestellt, und im *Show Room* können kleine und größere Souvenirs aus Porzellan erstanden werden.

Der Besucherandrang ist groß und neben Ronald Reagan, Bill Clinton und Tiger Woods waren auch schon Prinz Charles und Lady Di hier.

♦ Belleek Pottery Visitor Centre, ☏ 028/68 65 85 01, 💻 www.belleek.com, 🚪 ganzjährig Mo bis Fr 9:00-17:30, Juli bis September bis 18:00, Sa und So Januar und Februar geschlossen, in den übrigen Monaten Sa 10:00-17:30, von Juli bis September bis 18:00, So von März bis Juni 14:00-17:30, Juli bis September 12:00-17:30 und Oktober bis Dezember 14:00-17:0, Erwachsene € 7, ermäßigt € 5

Der gepflegt wirkende Ort bietet eine Fülle verschiedener Läden, Pubs und Restaurants, die sich in farbenfroh gestrichenen Häusern entlang der Hauptstraße befinden. Überraschenderweise gehört das gegenüberliegende Ufer des Erne schon wieder zur Republik Irland.

Im Ort gibt es einen interessanten Rundweg mit beschilderten Sehenswürdigkeiten. Lohnend ist auch ein Spaziergang zum 1798 erbauten Fort auf dem irischen Ufer. Von dort haben Sie eine schöne Aussicht auf den Ort.

In Belleek endet noch vor der Autobrücke der schiffbare Bereich. Hinter dem Ort fällt der River Erne steil ab und fließt nun wieder auf dem Staatsgebiet der Republik Irland. Nach wenigen Kilometern erreicht er hinter Ballyshannon in der Donegal Bay den Atlantischen Ozean.

Weitere Bootsreviere in Irland

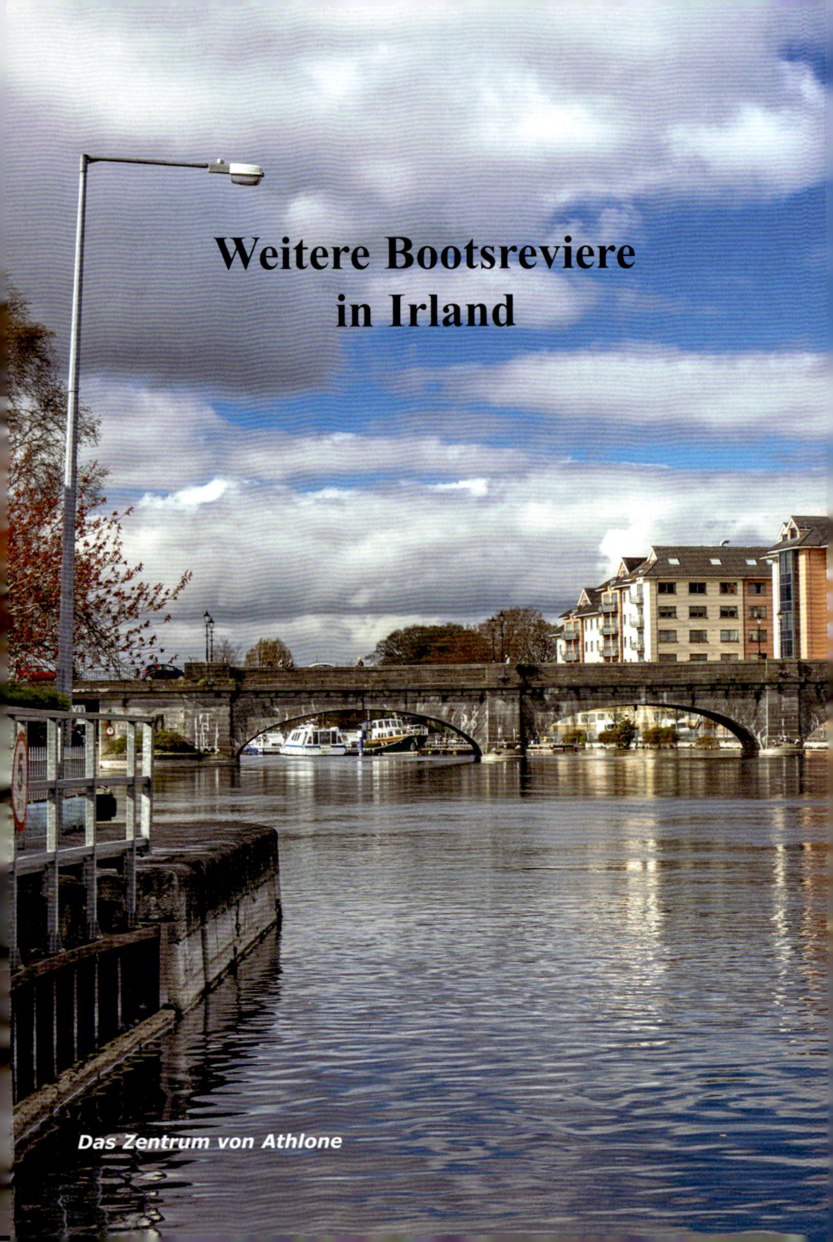

Das Zentrum von Athlone

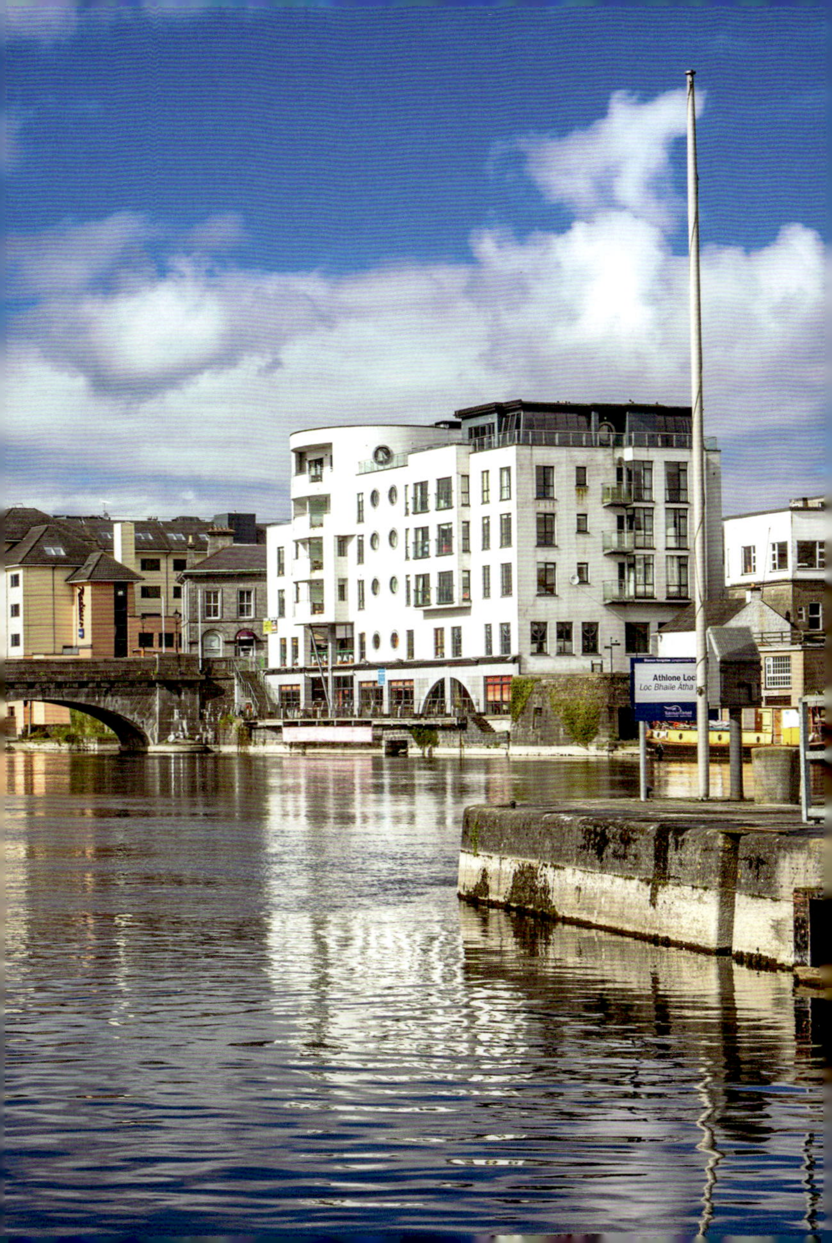
Athlone Loc
Loc Bhaile Átha

Andere Reviere

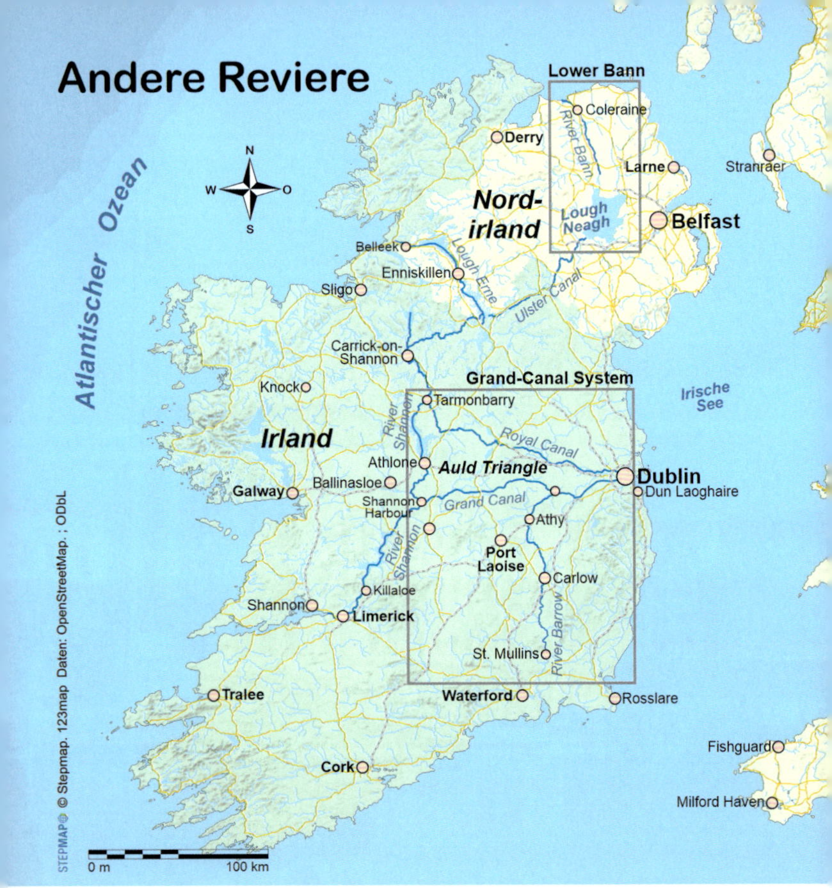

Shannon und Erne, beide durch den 1994 wiedereröffneten Shannon-Erne Waterway miteinander verbunden, sind die klassischen Bootsreviere in Irland. Darüber hinaus gibt es aber noch andere Möglichkeiten, auf der Grünen Insel Bootsurlaub zu machen.

Die Karte zeigt, dass bis auf den Südwesten die ganze Insel mit dem Kabinenkreuzer bereist werden kann. Über den Grand Canal ist ein System aus Kanälen und Flüssen im Südosten direkt an das Revier des Shannon und Erne angebunden.

Der **Grand Canal** verläuft über 131 km von Dublin nach Shannon Harbour. Mit der Seeschleuse bei Dublin sind auf der gesamten Strecke 44 Schleusen zu überwinden.

Vom Grand Canal zweigt bei Lowtown ein Kanal nach Süden ab, der nach 46 km mit 9 Schleusen bei Athy in den **River Barrow** mündet. Von dort hat man 64 km Flussfahrt mit nur kurzen kanalisierten Abschnitten bis nach St. Mullins bei Waterford vor sich. Auf dieser Strecke sind 23 Schleusen zu passieren. Hinter der letzten Schleuse fängt der Tidenbereich an, der mit gecharterten Kreuzern nicht befahren werden darf.

Zu dem System muss auch der **Royal Canal** gezählt werden, der den Shannon von Richmond Harbour bei Tarmonbarry über 145 km mit Dublin verbindet. Der lange Jahre brachliegende Kanal mit seinen 46 Schleusen kann inzwischen wieder von Touristenbooten genutzt werden.

Der Shannon zwischen Shannon Harbour und Tarmonbarry bildet mit dem Grand Canal und dem Royal Canal ein Dreieck, das wie ein auf der Seite liegendes Triangel aussieht und als Auld Triangle bezeichnet wird. Viele irische Bootsbesitzer haben den Ehrgeiz, diesen Triangel einmal in ihrem Leben zu fahren

Der **Lough Neagh** ist über den **River Bann** mit Coleraine an der Nordküste der Insel verbunden. Der See, der eine Fläche von 400 km² hat, ist ein großes Wassersportgebiet. Der teilweise kanalisierte **Lower Bann** führt über 51 km an die Küste.

Ob der Lough Neagh über den Ulster Canal wieder an das Shannon-Erne System angeschlossen wird, muss die Zukunft zeigen. Zumindest sind gegenwärtig Überlegungen im Gange, die ehemalige Verbindung auf Teilstrecken wieder befahrbar zu machen.

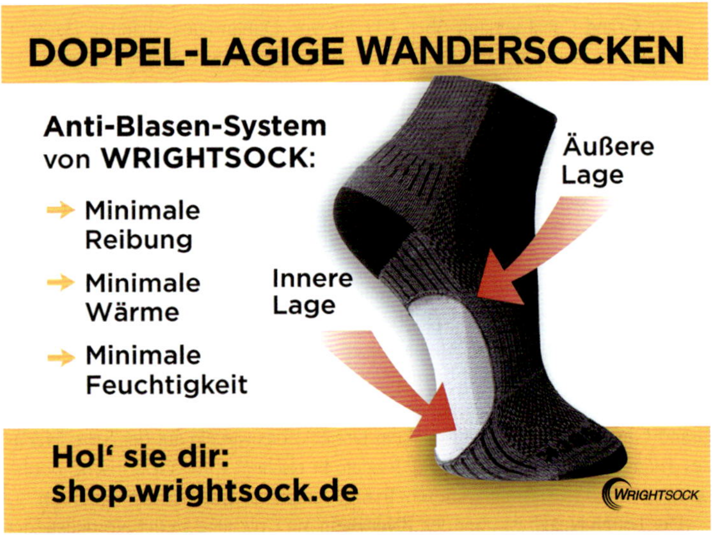
DOPPEL-LAGIGE WANDERSOCKEN
Anti-Blasen-System von WRIGHTSOCK:
Minimale Reibung
Minimale Wärme
Minimale Feuchtigkeit
Äußere Lage
Innere Lage
Hol' sie dir: shop.wrightsock.de
WRIGHTSOCK

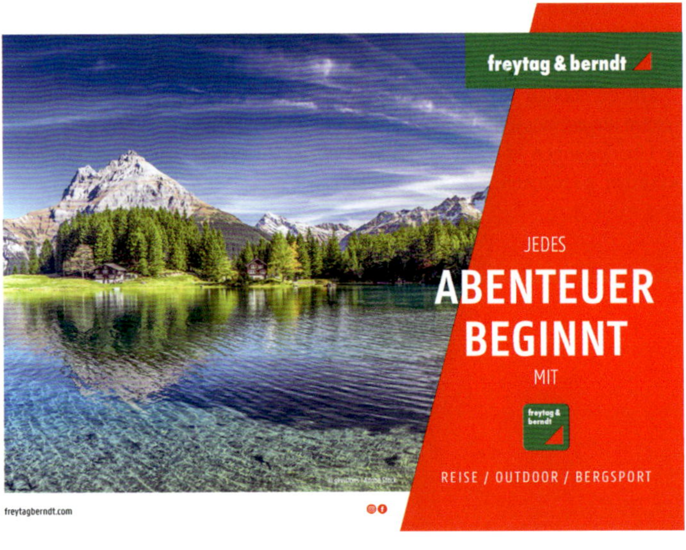
freytag & berndt
JEDES
ABENTEUER
BEGINNT
MIT
freytag & berndt
REISE / OUTDOOR / BERGSPORT
freytagberndt.com

Buchtipps aus dem

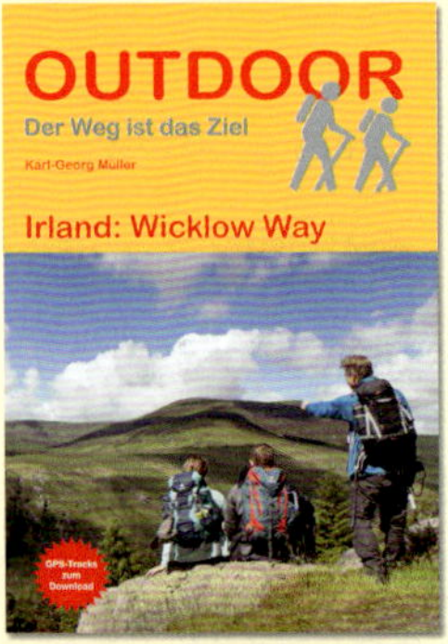

Irland: Wicklow Way

Karl-Georg Müller
OutdoorHandbuch Band 440
Der Weg ist das Ziel
160 Seiten ▸ 56 farbige Abbildungen
11 farbige Karten ▸ 8 farbige Höhenprofile

ISBN 978-3-86686-607-2

>> Im Südosten des Landes begeistert der 130 km lange Wicklow Way zwischen Clonegall und dem Marlay Park in Dublin mit grünen Hügeln, imposanten Bergen und Ausblicken auf die Küste.

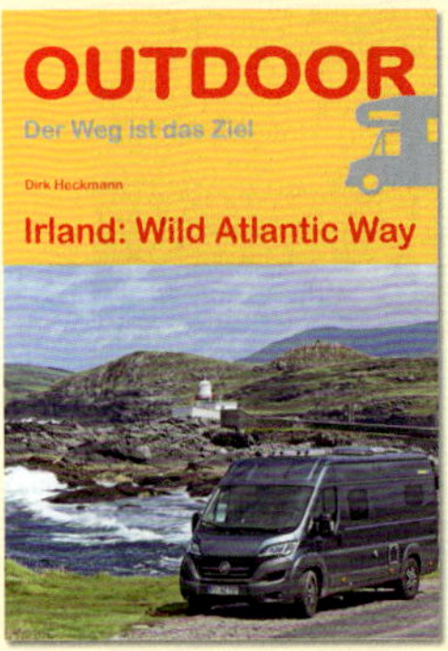

Irland: Wild Atlantic Way

Dirk Heckmann
OutdoorHandbuch Band 297
Der Weg ist das Ziel
224 Seiten ▸ 69 farbige Abbildungen
27 farbige Karten

ISBN 978-3-86686-497-9

>> **Besprechungsdienst für öffentliche Bibliotheken:** *„der einzige Führer für eine mobile Outdoor-Reise entlang der offiziellen Straßenbezeichnung“*

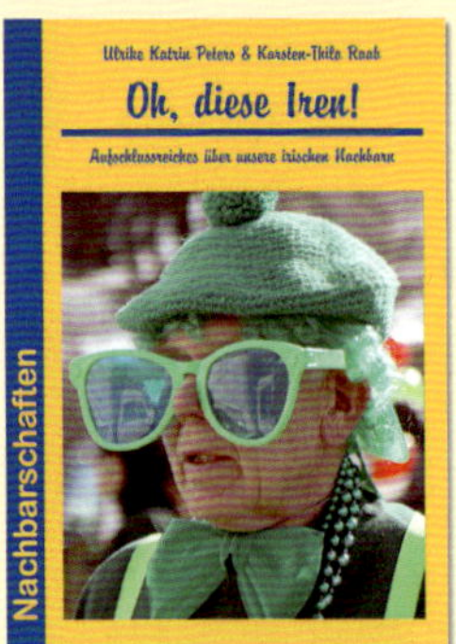

Oh, diese Iren!

Ulrike Katrin Peters & Karsten-Thilo Raab
Nachbarschaften
63 Seiten
20 Abbildungen

ISBN 978-3-86686-804-5

>> In diesem Buch gibt es viel Interessantes, Kurioses, Unterhaltsames und Wissenswertes über die Iren und ihre Lebensgewohnheiten zu entdecken.

Buchtipps aus dem

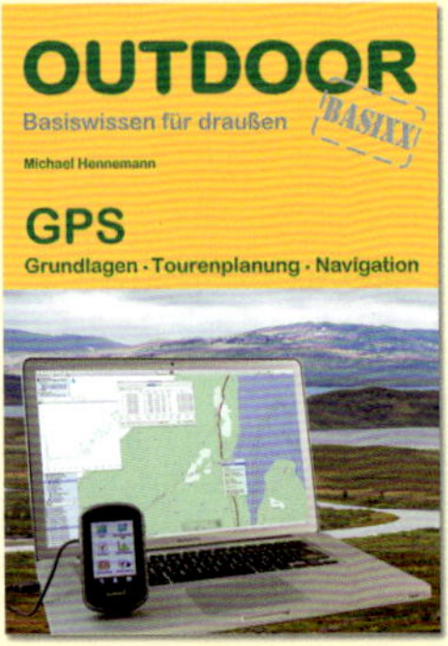

GPS

Grundlagen · Tourenplanung · Navigation

Michael Hennemann
OutdoorHandbuch Band 375
Basiswissen für draußen
160 Seiten ▸ 277 farbige Abbildungen

ISBN 978-3-86686-495-5

>> **Wienerland:** *„Ein topaktuelles Handbuch, das kompetent GPS-Anfänger wie Fortgeschrittene informiert."*

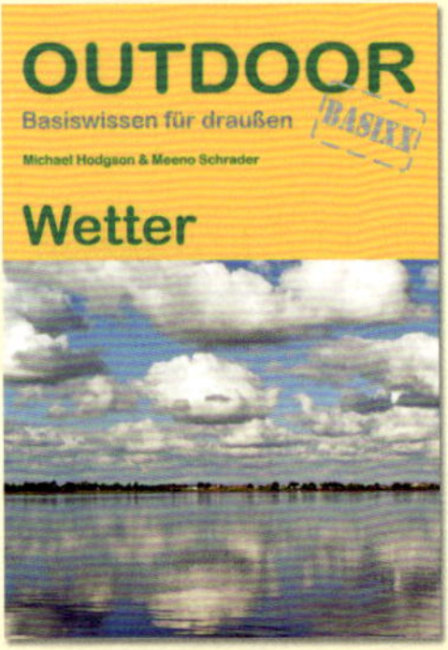

Wetter

Meeno Schrader & Michael Hodgson
OutdoorHandbuch Band 13
Basiswissen für draußen
96 Seiten ▸ 36 farbige Abbildungen
21 Illustrationen

ISBN 978-3-86686-013-1

>> **Nordis:** *„Ein handliches Büchlein auch für unterwegs!"*

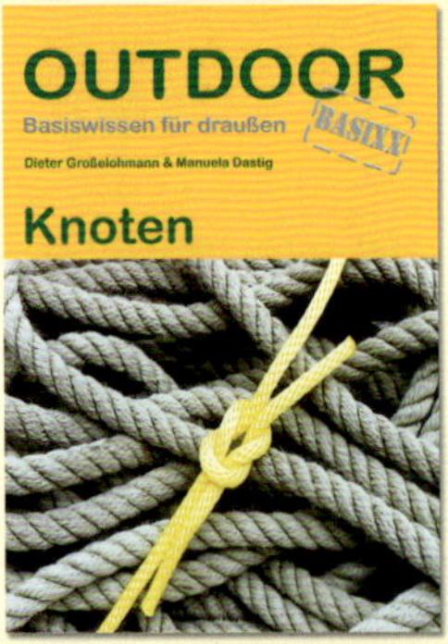

Knoten

Dieter Großelohmann und Manuela Dastig
OutdoorHandbuch Band 3
Basiswissen für draußen
96 Seiten ▸ 14 farbige Abbildungen
43 Knoten beschrieben durch
180 farbige Zeichnungen

ISBN 978-3-86686-377-4

>> **Magazin Sprint**: *„Vom Achterknoten über Palstek und Chirurgenknoten [...], hier sind alle Informationen über Taue, Seile und Nylons zu finden."*

Conrad Stein Verlag

Kochen 2 für Camper

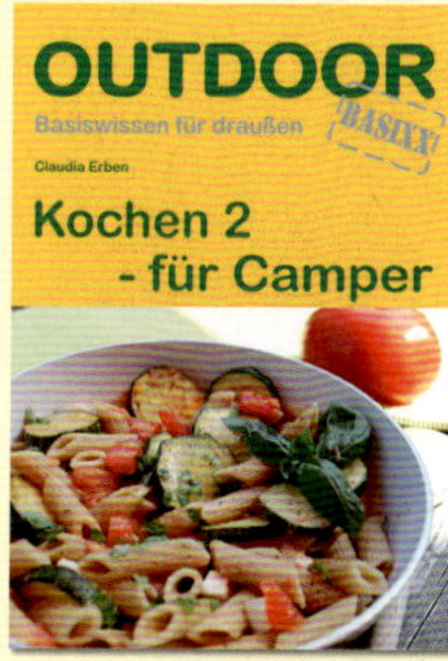

Claudia Erben
OutdoorHandbuch Band 99
Basiswissen für draußen
128 Seiten ▸ 101 farbige Abbildungen

ISBN 978-3-86686-322-4

>> **Jungscharhelfer-Jahrbuch:**
„jede Menge leckere Rezepte"

Geocaching I

Alles rund um die moderne Schatzsuche

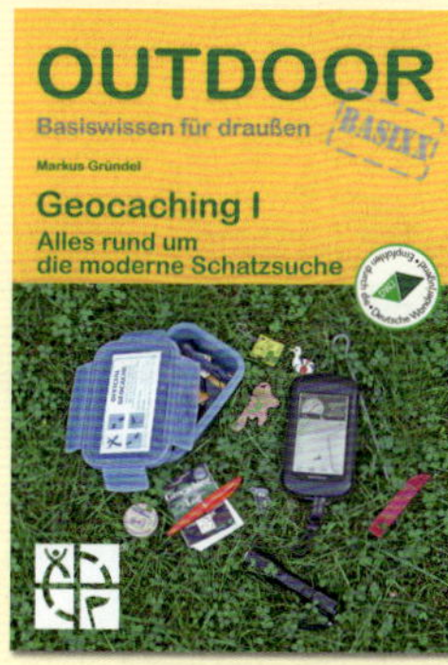

Markus Gründel
OutdoorHandbuch Band 203
Basiswissen für draußen
224 Seiten ▸ 135 farbige Abbildungen
9 farbige Illustrationen

ISBN 978-3-86686-481-8

>> **gocacher.de:** *„224 Seiten geballtes Geocaching-Wissen für Einsteiger aber auch Fortgeschrittene – das beschreibt das Buch von Markus Gründel schon ziemlich genau."*

Der Reisedoktor

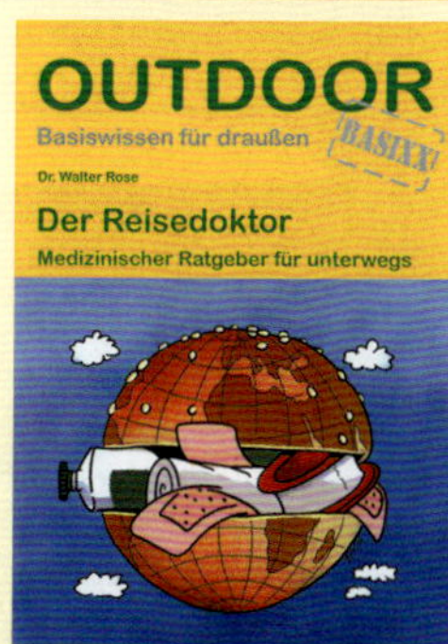

Dr. Walter Rose
OutdoorHandbuch Band 108
Basiswissen für draußen
128 Seiten ▸ 28 farbige Abbildungen
und Illustrationen

ISBN 978-3-86686-108-4

>> **Besprechungsdienst für öffentliche Bibliotheken:** *Schmaler Ratgeber im Taschenformat, der zur Vorbereitung von Reisen und auf Reisen bei akuten Erkrankungen schnelle Informationen zur Medikation und Behandlung liefert."*

Index

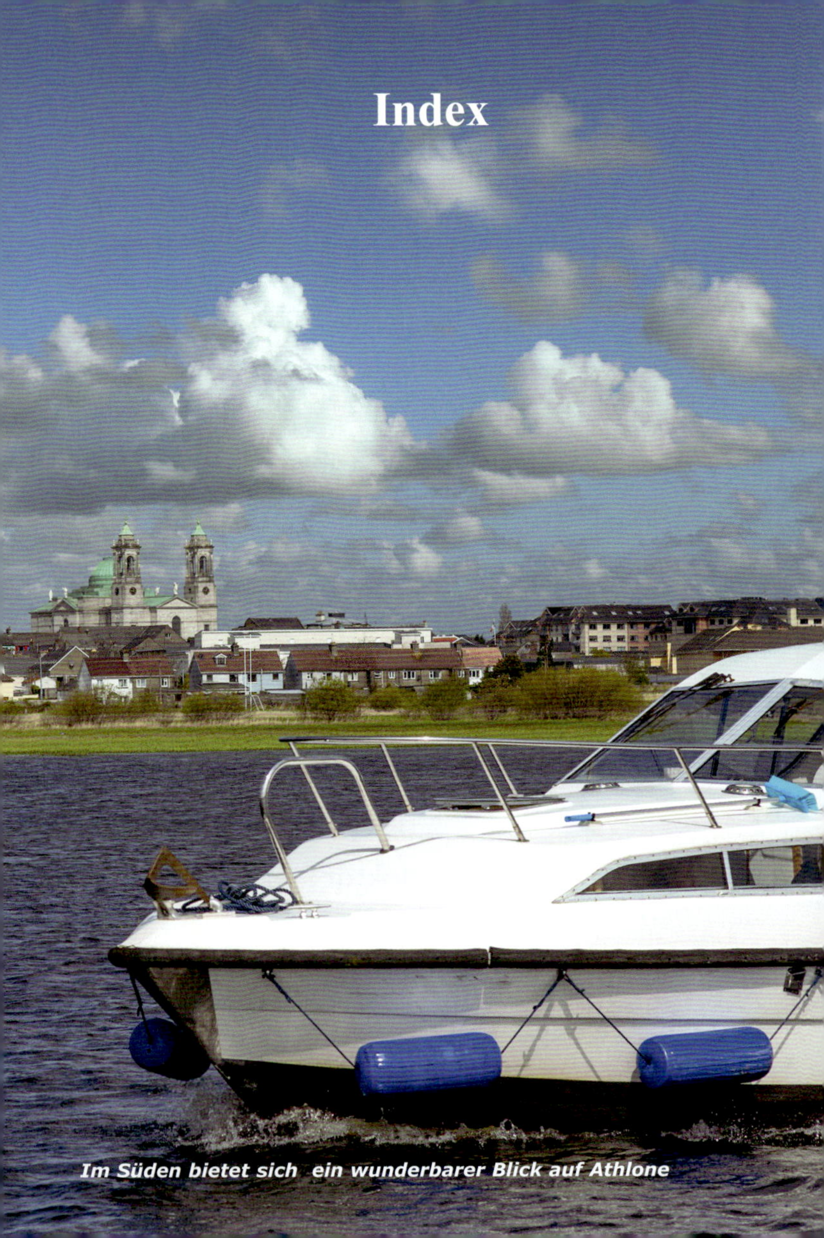

Im Süden bietet sich ein wunderbarer Blick auf Athlone

E

F

G

H

I

J

K